해석과 교육
Hermeneutics and Christian Education

해석과 교육

초판발행	2007년 8월 30일
2쇄인쇄	2012년 8월 30일

발 행 인	김중은
편 집 인	양금희
발 행 처	장로회신학대학교 출판부
주 소	서울시 광진구 샘말길 37
	전화 02)450-0795, 팩스 02)450-0797

등 록	제 4-33호
제 작	(주)보임 02)2267-0006

값 14,000원
ISBN 978-89-7369-192-0 93230

Hermeneutics and Christian Education

All rights reserved.
Publisher : Joong-Eun Kim, President, Dr. theol.
Written by Kum-Hee Yang, Dr. theol.
ⓒ Presbyterian College and Theological Seminary Press 2007
37, Saemmalgil, Gwangjin-gu, Seoul, 143-756, Korea
Tel. 82-(0)2-450-0795 Fax. 82-(0)2-450-0797
E-mail : ptpress@pcts.ac.kr
Printed in Korea

해석과 교육

Hermeneutics and Christian Education ● 양금희 · 저

장로회신학대학교 출판부

●●● 책 머 리 에

 기독교교육은 본질적으로 '해석의 활동'이다. 학습자로 하여금 성서 및 기독교 전통과 만나 자아와 세계를 변형하는 사람이 되게 한다는 기독교교육의 가장 핵심적 과제는 그 자체로 해석의 활동이기 때문이다. 해석이란 독자가 텍스트를 읽을 때 일어나는 '이해'의 사건인데, '이해'란 텍스트의 지평과 독자의 지평이 만나 서로 융합하는 사건이고, 이 만남을 통하여 텍스트의 세계 기획에 따라 독자의 자기이해와 삶이 변형되는 사건이다. 그런 의미에서 '해석'은 시대를 초월한 기독교교육의 가장 핵심적 개념의 하나라고 할 수 있다.
 본 서는 바로 '해석'의 관점에서 기독교교육의 이론과 실천에 접근하여 기독교교육을 해명하는 하나의 시도이다. 엄격히 말하면 '해석'의 관점에서 기독교교육에 접근한 다양한 이론들을 고찰하고, 이를 바탕으로 기독교교육의 이론적 모델을 제시한 하나의 시도라고 할 수 있겠다.
 이를 위해 본 서는 무엇보다 먼저 '해석학'의 흐름을 고찰함으로써 1장, '해석'에 대한 통찰을 얻고자 하였다. 이 과정에서 '해석학'은 단순히 텍스트 해석방법에 국한되는 것이 아니라, 인간의 앎과 삶과의 관계, 인간의 자기이해, 인간과 세계의 변형에 관한 일련의 인식론적 통찰을 제공하고 있다는 점을 발견하였다. 그런 의미에서 해석학은 기독교교육에게 성서해석 방법을 제시하여 주는 방법론으로서만이 아니라, 인간과 세계, 기독교 전통과 기독교교육 자체를 보는 시각을 제시하여 주는 이론적 통로 역할을 한다는 점을 알 수 있다.
 이 같은 해석학의 기초 위에서 본 서는 해석학과 기독교교육을 연결시키고 있는 시도들을 크게 두 부분으로 나누어 고찰하였다. 해석학을 보다 성경 연구의 측면에서 다루고 있는 일련의 시도들과, 해석학을 이론적 틀로 하여 기독교교육 자체를 재구성하는 '기독교교육의 해석적 접근'이 그것이다. 전자는 본 서의 2장, 즉 "기독교교육에 나타난 해석적 성서해석"에서, 후자는 3장, "기독교교육이론형성에 나타난 해석학" 부분에서 고찰하였다. 2장에서는 윙크(W.Wink)와 콘라드(R.Conrad), 헤스(E.Hess)의 해석적 성경공부 모델들을 소개하고 이들 이론에 나타난 해석학의 의미를 고찰한 후, 저자 나름대로 해석적 성경연구 모델을 제시하였다. 3장에서는 그룸(Th. Groome)과, 보이스(M.Boys), 무어(M.E.Moore)의 모델들과 독일어권에서 이루어진 해석학적 기독교교육의 모델들을 소개하였고, 이들 이론에 나타난 해석학의 의미들을 평가하였다. 그와 같은 고찰들을 바탕으로 마지막 장 4장에서 "기독교교육의 해석적 모델"을 제시하였다.

해석학은 오랫동안 나의 학문적 여정을 동반하였던 테마였다. 대학에서 처음 오인탁 교수님을 통해서 해석학을 접한 후 대학원 졸업논문의 테마가 해석학이었고, 유학을 마치고 대학에서 가르치기 시작한 후에 언제나 나의 기독교교육철학 수업의 첫 번째 테마는 해석학으로 시작하였으니, 해석학은 참 오랫동안 나와 나의 학생들의 학문적 여정을 동반하였던 테마였다고 할 수 있다. 해석학은 내게 성서와 세계를 보는 하나의 창문과 같은 역할을 해 왔던 것 같다. 생각해 보면 현대 해석학 자체가 지속적으로 변화했던 것처럼 나에게 미쳤던 해석학의 영향도 지속적으로 변화해 온 것 같다. 철없던 시절엔 해석학이 모든 절대적 가치들을 상대화하는 인식론적 근거의 역할을 하기도 하였고, 또 교회와 사회의 모든 이데올로기적 요소들을 비판적으로 보게 하는 안목을 제공하기도 하였다. 시간이 흐른 지금은 텍스트 자체가 갖는 독자적 세계기획, 즉 텍스트의 타자성을 인정하고 그 앞에서 독자가 자기를 열 때 텍스트의 세계기획이 독자를 변형에로 이끌어가는 것이 곧 '해석'의 사건이라고 하는 점, 그래서 해석의 사건은 단순히 지적 활동이 아니라 계시의 사건이어야 한다는 점 앞에 고개를 숙이게 된다.

그래서 이 책을 내면서 그 누구보다 나의 그동안의 학문적 여정을 인도하신 하나님께 깊게 감사드린다. 한 사람의 긴 여정을 기다려 주시고 포기하지 않으신 하나님의 사랑과 은혜에서 참된 교사됨을 배우게 된다. 사랑하는 어머니 이봉기 권사님, 내 삶의 여정을 함께 해준 남편 김창환과 아들 경인, 이들의 인내와 사랑의 바탕에서 이 책이 나올 수 있었음을 밝히고 싶다.

2007년 8월
아차산 기슭에서
양 금 희

●●● 목 차

책머리에 _ 4

01장 기독교교육의 인식론적 기초로서의 해석학 _ 11

Ⅰ. 들어가는 말 _ 13

Ⅱ. 해석학사에 나타난 해석학자들의 해석학 구조 _ 15
  1. 슐라이어막허의 보편적 해석학 _ 15
  2. 딜타이 – 정신과학의 방법론으로서의 해석학 _ 22
  3. 하이덱거 – 존재론적 해석학 _ 26
  4. 가다머 – 철학적 해석학 _ 30
  5. 하버마스 – 비판적 해석학 _ 40
  6. 리쾨르 – 현상학적 해석학 _ 44

Ⅲ. 해석학적 인식론 _ 54
  1. 인식의 삶 관련성 _ 55
  2. 인격적 – 실존적 지식 _ 57
  3. 인식, 자기 이해, 존재의 변형 _ 62

Ⅳ. 해석학적 인식론의 기독교교육적 함의 _ 65
  1. 학교식 패러다임인가 신앙공동체인가? _ 67
  2. 전통인가 경험인가? _ 71
  3. 전통의 전달인가 전통의 창조인가? _ 78

Ⅴ. 맺는 말 _ 84

02장 기독교교육에 나타난 해석적 성서해석 _ 89

Ⅰ. 인간의 변형을 위한 성서연구 - Walter Wink의 변증법적 해석학 _ 92
   1. 성서비평학 비판 _ 93
   2. 성서연구를 위한 새로운 패러다임 _ 95
   3. 윙크의 "인간변형을 위한 성서해석"에 나타난 해석학 _ 118

Ⅱ. 성서해석의 재구성화 모델 - Vogelsang _ 124
   1. "클래식" 테스트와 "신성한" 텍스트로서의 성서읽기 _ 124
   2. 해석학의 삼 단계 _ 128

Ⅲ. 창조적 갈등모델 - Robert Conrad의 "아래로부터의 해석학" _ 131

Ⅳ. 실천적 성서해석 - 헤스(Ernst Hess)의 모델 _ 134

Ⅴ. 해석학적 성서해석의 특징 _ 139
   1. 텍스트 해석에 있어서의 전이해의 역할 _ 140
   2. 텍스트와 해석자의 삶 간의 관계성 _ 142
   3. 성서비평학의 사용과 한계 _ 144
   4. '위'와 '아래'로부터의 해석학과 '뒤'와 '앞'으로부터의 해석학 _ 147
   5. 해석학적 상상력 _ 149

Ⅵ. 해석학적 성서학습 모델 _ 153
   1. 해석학적 성서학습의 목적 _ 154
   2. 해석학적 성서학습의 단계 _ 155

Ⅶ. 요약 및 결론 _ 165

03장 기독교교육이론형성에 나타난 해석학 _ 167

I. 들어가는 말 _ 169

II. 해석활동으로서의 기독교교육 – Shared Praxis 모델 _ 169
   1. 실천적 앎의 인식론적 배경 _ 170
   2. 공유된 실천(Shared Praxis)의 요소들 _ 172
   3. 공유된 실천의 활동 _ 177
   4. 공유된 실천의 이론형성에 나타난 해석학 _ 180

III. 전통과 변형의 통로로서의 종교교육 – Mary C. Boys _ 183
   1. 전통과 변형에로의 통로로서의 교육 _ 184
   2. 종교교육에서의 성서해석의 문제 _ 191
   3. 보이스의 '전통과 변형'에 나타난 해석학적 인식 _ 198

IV. 전통의 해석과 변형의 과정으로서의 교육
    – 메리 엘리자벳 무어의 전통화(traditioning) 모델 _ 202
   1. 기독교교육사에 나타난 전통과 경험의 딜렘마 _ 203
   2. 전통화 모형의 이론적 기초 _ 205
   3. 전통화 모형 _ 209
   4. 전통화 모형의 이론형성에 나타난 해석학 _ 215

V. 독일어권에서 이루어진 해석학적 종교교육 _ 218
   1. 해석학적 종교교육의 시기(Hermeneutische Phase) _ 219
   2. 문제 중심의 종교수업(Problem-orientierter Religionsunterricht) _ 225
   3. 상징 교수학(Symboldidaktik) _ 231
   4. 독일어권의 해석학적 종교교육에 나타난 해석학의 의미 _ 260

VI. 맺는 말 – 현대 기독교교육에 나타난 해석학의 역할과 기능 _ 263
   1. 성서해석과 수업모델의 이론적 기초 _ 263

2. 기독교교육에 대한 통전적 안목 형성 _ 265
3. 기독교교육학의 학문적 성격 규명 _ 267

04장 기독교교육의 해석적 모델 _ 269

I. 들어가는 말 _ 271

II. 왜 해석적 접근인가? _ 272
1. 패러다임 전환 _ 272
2. 해석과 교육 _ 275
3. 해석과 신앙 _ 277
4. 다학문적 접근 _ 280

III. 해석적 교육의 원리 _ 282
1. 순환성 _ 282
2. 관계성 _ 286
3. 중심성 _ 287

IV. 해석적 교육의 구조 _ 291
1. 교육의 정의 _ 292
2. 교육의 목적 _ 293
3. 교육의 장 _ 297
4. 교육의 내용 및 과정 _ 300
5. 교육의 방법과 교수-학습 과정 _ 307
6. 교사-학생의 관계 _ 313

V. 맺는말 _ 317

참고문헌 _ 319

1장 기독교교육의 인식론적 기초로서 해석학

Ⅰ. 들어가는 말

Ⅱ. 해석학사에 나타난 해석학자들의 해석학 구조
    1. 슐라이어막허의 보편적 해석학
    2. 딜타이 – 정신과학의 방법론으로서의 해석학
    3. 하이덱거 – 존재론적 해석학
    4. 가다머 – 철학적 해석학
    5. 하버마스 – 비판적 해석학
    6. 리쾨르 – 현상학적 해석학

Ⅲ. 해석학적 인식론
    1. 인식의 삶 관련성
    2. 인격적 – 실존적 지식
    3. 인식, 자기 이해, 존재의 변형

Ⅳ. 해석학적 인식론의 기독교교육적 함의
    1. 학교식 패러다임인가 신앙공동체인가?
    2. 전통인가 경험인가?
    3. 전통의 전달인가 전통의 창조인가?

Ⅴ. 맺는 말

기독교교육의
인식론적 기초로서 해석학

I. 들어가는 말

슈바이쩌(Fr.Schweitzer)는 기독교교육은 그것이 언제 어디에서 이루어지든지 근본적으로 공유되는 구조가 있는데, 그것이 "기독교의 역사와 전통과 현재의 상황 사이를 매개하는 것"이라고 하였다.[1] 기독교교육이 추구하는 바가 무엇이든 그것이 기독교교육이라면 본질적으로 '기독교성'을 형성하는 기독교의 역사와 전통을 빗겨 갈 수 없고, 또한 '교육'의 핵심인 피교육자의 상황과 지평을 빗겨 갈 수 없으며, 더 나아가 이 둘을 매개하는 과제를 간과할 수 없다는 말이다. 이렇게 볼 때 기독교교육의 가장 핵심적 과제는 기독교적 전통을 피교육자가 서 있는 현재의 지평에서 해석하고 피교육자의 지평과 전통의 지평이 서로 만나도록 매개하는 것이라고 할 수 있다.

---

1) Fr.Schweitzer, "The Hermeneutic Condition of Religious Education", edited by H.Lombaerts, D.Pollefeyt, *Hermeneutics and Religious Education*, (Leuven Paris, Leuven University Press, 2004) 80.

이것이 의미하는 것이 무엇인가? 기독교교육의 핵심적 활동이 바로 '해석'의 활동이라는 것이다. 해석이란 단순히 텍스트의 뜻을 풀이하는 것이 아니라, 텍스트의 지평과 해석자의 지평이 서로 융합되어, 텍스트가 가지고 있는 세계기획으로 말미암아 해석자의 자기이해가 확장되고, 변형이 일어나는 사건이다. 그렇게 볼 때 기독교의 전통과 학습자의 지평이 만나 학습자에게 변형이 일어나는 사건은 그 자체로 해석의 사건인 것이다.

이 장에서는 기독교교육의 가장 핵심적인 요소로서의 '해석'을 보다 체계적으로 해명하는 것에 관심을 기울여 왔던 '해석학'에 관하여 고찰해 보고자 한다. 해석학은 성서와 같은 텍스트를 어떻게 해석할 것인지에 관한 물음을 추적하는 것으로부터 시작하여, 인간에게서 앎은 삶과 어떠한 관련성 속에서 형성되는지, 또 해석의 사건이 어떻게 해석자의 자기이해와 변형에 관계하는지에 관한 것으로 그 물음을 확대하며 '해석'과 관련한 사고를 전개해 왔다. 이와 같은 물음들은 그 자체로 기독교교육과 밀접하게 연결되는 테마들이고, 실제로 기독교교육의 영역 안에서는 그러한 해석학을 기반으로 하여 기독교교육 전체를 재구성하는 이론적 시도들이 있어왔다.[2]

이 장에서는 먼저 현대의 해석학이 어떻게 형성되고 변화되어 왔는지를 슐라이어막허(Schleiermacher)와 딜타이(Dilthey), 하이덱거(Heidegger), 가다머(Gadamer) 하버마스(Habermas)와 리쾨르(Ricoer)와 같은 해석학자들을 중심으로 살펴본 후, 이들의 해석학에 공통적으로 나타난 해석학적 인식론의 특징을 정리한 후, 해석학적 인식론의 기독교교육적 함의를 살펴보고자 한다.

---

[2] 이 책의 3장, "기독교교육의 해석학적 접근"은 바로 그와 같은 시도들을 고찰해 볼 것이다.

Ⅱ. 해석학사에 나타난 해석학자들의 해석학 구조

해석학(Hermeneutik)은 그리이스어 헤르메네인에서 파생된 말로 통역, 설명, 해석의 기술을 의미한다. 헤르메네인은 그리이스 신화의 신의 메시지를 인간에게 전하여 주는 사신 헤르메스(Hermes)로부터 연원하는데, 헤르메스의 임무는 단순히 신탁을 전하는 것만이 아니라, 신의 명령을 인간이 이해할 수 있는 통로와 언어로 설명해 주는 것이었다. 따라서 해석학은 한 세계의 의미 관련성을 다른 세계에 설명하거나 통역하는 것, 그리고 한 사람의 사고나 생각 자체를 표현하는 것과 해석하는 것까지를 포괄하는 하나의 기술로서의 의미를 갖게 되었다.[3] 이와 같은 기능을 하였던 해석학은 고대로부터 문헌의 해석이나 법전의 해석, 성서의 해석 방법으로 주로 쓰였다. 이와 같이 '해석의 기술'로서의 기능을 하던 해석학이 인식론적 의미를 얻게 되기 시작한 것은 슐라이어막허로부터이다.

1. 슐라이어막허의 보편적 해석학

슐라이어막허는 당시 성서해석학이나 법률 해석학같이 특정 영역에 국한되어 있었던 특수해석학들을 넘어서서 모든 문헌과 텍스트의 해석에 보편타당하게 적용될 수 있는 "보편적 해석학"을 정립하고자 하였다.[4] 신학자였던 그는 특별히 당시 성서 해석학 안에서 통용되고 있었던 교리적 해석이나 알레고리칼 해석들이 성서를 해석하는 일반적 기준을 주지는 못한다는 점을 지적하면서, 문헌(text)을 해석하는

---

3) H.G.Gadamer, "Hermeneutik", Historisches Wörterbuch der Philosophie, Bd3, Hrsg.v.J.Ritter, (Basel, 1974), P. 1061.
4) Schleiermacher, Hermeneutik Nach den Handschriften neu herausgegeben und eingeleitet von H.Kimmerle, (Heidelberg, 1959), P. 75.

일반적이고 보편적인 해석의 원칙들을 정립하고 그 원칙으로부터 성서를 해석하여야 한다는 관점에서 해석학을 전개하였다.

그는 텍스트 해석의 과정이란 텍스트를 '이해' 하는 과정으로 이것은 발화자가 자신의 의미를 단어와 문장의 배열로 표현하면, 청자는 표현된 단어의 배열을 듣다가 그 단어들의 의미를 알아차리게 되는 '대화' 의 상황과 마찬가지라고 생각하였다.[5] 그런데 발화자가 말을 한다는 것(Reden)은 단순히 소리를 내는 것이 아니라 '생각(Denken)' 을 표현하는 것이기 때문에 '말하기(Reden)' 는 '생각하기(Denken)' 의 외적 측면이고, 생각하기는 말하기의 내적 측면이라고 하였다. 텍스트 해석의 방법으로서의 해석학은 그래서 '언어(Sprache)' 와 '사고(Denken)' 라는 이중적 측면에 관계한다고 하였다.

'언어' 와 '사고' 라고 하는 양 측면으로부터 슐라이어막허는 해석의 과정도 이중적 요소 즉 '문법적 요소(grammatische Moment)' 와 '심리학적 요소(psychologische Moment)' 를 포함하여야 한다고 하였다. 문법적 요소가 '언어' 그 자체가 갖는 의미와 구조로부터 저자의 표현을 이해하려는 것이라면, 심리학적 요소는 저자가 텍스트의 창작과정에서 수행하였던 '사고' 의 과정을 추체험하면서, 저자의 생각을 따라가고 재구성하는 과정이다. 문법적 해석이 보편적이고 공통의 통로인 언어에 초점을 맞추는 것이라면, 심리적 해석은 저자 개인의 개별적 사상을 해석하는 것에 초점이 맞추어져 있다.[6] 그는 이 두 해석은 서로 불가분리로 연결되는 내적 순환성을 가지고 있다고 하였다: "우리는 말을 이해하기 위해 그 말을 하는 인간을 미리 알아야만 한다. 그렇지만 우리는 먼저 말로부터 인간을 아는 것을 배워야만 한다."[7]

---

5) Schleiermacher, Ibid., P. 76.
6) Ibid., P. 80.

그는 해석이란 저자의 창작과정을 추체험 하는 것이라고 하였지만, 그것을 위해서 우선적으로 문법적(언어적) 해석이 선행되어야 한다고 하였다. 아무리 자유롭고 창의적인 한 개인의 사고라 할지라도 그가 속한 사회의 문화적 인습적 영향과 제약 아래에 있으면서 그것으로부터 완전히 자유로울 수 없는 것처럼, 개개 저자의 사상 창출은 언어를 통해 이루어지는 것이기 때문에, 언어의 보편성 내지 구속성으로부터 완전히 자유로울 수는 없다. 모든 개개 저자의 개별적 사상은 그가 그 안에서 사고하면서 살고 창작하는 공동체의 언어와 정신에 의해서 미리 형성되고 인도되기 때문이다. 따라서 슐라이어막허는 텍스트의 해석은 우선 문법적 해석으로부터 출발하여야 한다고 하였다. 그는 문법적 해석의 기반이 되는 언어적 지식만으로도 이미 개별적인 많은 뜻을 어느 정도 파악할 수 있다고 하였다.

그러나 작품의 창작과정에서 언어는 작가가 갖는 사고체계의 독특성에 의하여 상이하게 사용되거나 새롭게 창조되기도 하여서 언어의 이해(문법적 이해)만 가지고는 주어진 의미를 파악할 수 없다. 작가의 사유과정에서 독특하게 사용되는 의미관련성을 함께 볼 때에만 언어의 사용은 바르게 이해될 수 있다. 이것은 특별히 작가가 사용하는 은유적 표현들이나 수식들 상징이나 유비적 표현들에서 두드러지게 나타난다. 따라서 그는 문법적 해석으로부터 저자의 주관적이고 개별적인 사유의 과정을 추적하는 '심리학적 해석과정'으로의 이행이 필수적이라고 하였다.[8]

슐라이어막허는 '심리학적 해석'은 작가의 창작과정을 따라가 재구성하는 '추체험(Nachbildung)'의 과정을 통해서만 가능하다고 하고, 이러한 추체험의 과정은 해석자가 저자의 사고 속으로 들어가 그

---

7) Ibid., P. 44.
8) Ibid., P. 115.

의 창작과정을 "다시 형성하는 과정(Nachbilden)"이라고 하였다.9) 그래서 슐라이어막허는 이 과정을 "해석자가 작가의 영혼 속에 들어 있는 작품에 대한 근원적 구상이 전개되는 과정 속으로 자신을 옮겨놓는 행위"라고 하였다. 추체험의 과정은 그에게서 해석자가 '자신을 타자 안으로 옮겨 놓는 행위'이지만, 동시에 텍스트가 자신을 열어서 '해석자인 나 자신으로 바뀌는 것'이기도 하다고 하였다.10) 따라서 슐라이어막허의 심리학적 해석의 과정은 해석자가 자신을 열고 텍스트 안으로 들어가는 것과, 텍스트 자체가 자신을 열어 해명해 주는 쌍방적 개방의 과정이라는 점을 알 수 있다.

이 과정에서 해석자는 작가의 창작 세계에 참여하여 작가의 사고를 공유할 뿐만 아니라, 창작의 과정에서 저자에게 무의식으로 남아 있는 많은 요소들을 의식으로 가져올 수도 있다. 따라서 슐라이어막허는 해석자가 해석의 과정에서 "저자가 스스로를 이해하는 것보다 저자를 더욱 잘 이해할 수도 있다"고 하였다. 이렇게 볼 때 해석이란 단지 해석자와 저자 사이의 거리와 공간을 좁히고 공감을 마련할 뿐만 아니라, 이를 넘어서서 재창조가 이루어지는 과정이라고 할 수 있다.

슐라이어막허는 또한 심리학적 해석은 "자아-유비(Ich-Analogie des verstehens)"와 "자기 자신으로부터의 해방(Befreiung des Ich selbst)"이 동시에 일어나는 과정이라고 하였다. 심리학적 해석은 우선 작가의 창작 사고를 따라가는 것이고, 이를 위해서는 작품에 대한 근원적 구상과 '내적 배아(innerer Keim)'를 이해할 수 있어야 하는데, 이것은 철저히 해석자의 경험의 기반에서만 가능하다: "해석자는 사상 발전의 내적 경과에 대한 그 자신의 경험을 가져야만 한다. 해석자는 이해에 있어 작가의 지반과 같은 그러한 경험을 함께 가져야만

---

9) Ibid., P. 135.
10) Ibid., P. 129.

한다"11) 따라서 작가의 창작과정 따라가기(Nachbilden)는 작가의 사고를 공감할 수 있는 해석자의 경험적 기반이 선행해야 하고, 해석자의 경험적 세계에 근거한 자아-유비가 일어나야 한다.

그러나 이와 나란히 해석자는 자신으로부터 해방되어 자기를 타자 안으로 옮겨 놓고 "타자의 사상을 자신의 생산"으로 이해할 수 있게끔 해주는 자기 해방을 획득해야 한다. 슐라이어막허는 심리적 해석이 단지 해석자의 주관적 왜곡이나 자의적 해석이 아니라 텍스트가 열어주는 세계가 해석자의 것이 되도록 자신의 주관적 사고나 전이해로부터도 해방될 것을 요청하였다:

> "그러므로 우리가 완전하게 이해하고자 원한다면 우리는 해석될 것과의 관계에 있는 자신의 사상으로부터 자유로워야만 한다. 왜냐하면 이 관계는 이해를 하려는 의도를 가진 것이 아니라, 타자의 사상 안에서 자기 자신의 사상과 비례하는 것을 수단으로서 사용하려는 의도를 가진 것이기 때문이다. 모든 것은 그 자체로부터 이해되어야 하고 해석되어야만 한다. 이러한 노력이 가치가 없다면, 해석학적 과제의 해결 역시 어떠한 가치도 갖지 못할 것이다."12)

그의 심리적 해석은 이처럼 해석자의 경험세계를 바탕으로 한 자기-유비를 요청함과 동시에, 해석자가 자신을 넘어서서 텍스트가 열어주는 의미의 관련성을 이해하는 자아-해방이라는 두 요소간의 순환구조 안에 있다고 할 수 있다.

슐라이어막허의 해석학적 사고에는 이와 같은 "해석학적 순환(hermeneutisches Zirkel)"의 개념이 다양하게 나타난다. 앞서 언급한 언어와 사고의 순환, 주관성과 객관성, 전체성과 부분성, 내적인 것

---

11) Schleiermacher, *Friedrich Schleiermacher's Sämtliche Werke*, (Berlin, 1838), 212쪽 이하.
12) Ibid., P. 205.

과 외적인 것의 순환 등은 그의 해석학적 구조의 기본적 뼈대를 이루고 있다. 그 두 요소들은 그의 해석적 과정에서 서로 불가분리로 연결되면서 순환의 구조를 이룬다.

J. 블라이허는 그의 저서「현대해석학」에서 해석학을 크게 '방법'과 '철학' 그리고 '비판'이라는 세 가지 테마로 분류하여 서술하면서, 슐라이어막허의 해석학을 '방법'으로서의 해석학으로 분류하고 있다.[13] 블라이허의 말대로 슐라이어막허의 해석학은 문헌해석의 방법에 대해 관심이 집중되어 있는 것은 사실이다. 그러나 슐라이어막허의 해석학은 단순히 국부적인 해석의 기술을 제시하기보다는 인간의 언어와 대화 그리고 인식의 상황이라는 보다 근본적인 숙고 위에서 해석학적 방법을 전개하고 있는데, 이와 같은 그의 근본적 숙고의 내용이 바로 현대적 해석학의 사고에 방향을 제시하는 역할을 하였다고 할 수 있다.

그에게서 창작의 과정이란 언어와 사고의 변증법적 연결로 이해된다. 창작이란 저자의 개별적 사고를 바탕으로 하면서도 언어라는 보편적, 객관적 요소를 통로로 하여서만 이루어 진다. 이것은 그가 인간의 정신현상 자체가 객관적 세계와 주관적 세계의 변증법적 만남임을 간파하고, 이해의 현상이 그 두 세계간의 순환관계 속에서 일어나는 것임을 시사하고 있는 것인데, 이와 같은 점이 바로 현대 해석학의 인식론적 착점이라고 할 수 있다.

그에게서 이해란 언어로 표현된 인간의 정신현상을 이해하는 일종의 대화상황이다. 인간의 정신현상에 대한 이해는 따라서 자연과학적 이해와 같이 객관적인 통로로 접근할 것이 아니라 작가의 창작과정에 대한 해석자의 추체험을 통한 공감으로 이루어져야 한다. 이러한 과정

---

[13] J.Bleicher, *Contemporary hermeneutics, Hermeneutics as method, philosophy and critique*, 「현대 해석학」, (한마당, 1983), P. 23.

에서 해석자는 텍스트 안으로 자신을 옮기는 개방이 이루어지고, 텍스트의 의미관련성의 세계는 해석자에게 개방되어 해석자가 자신으로부터 해방되어 새로운 의미세계에로 나아가는 만남이 이루어지는 것이다. 이와 같은 슐라이어막허의 해석의 개념은 후에 가다머가 제기하는 '지평융합'이나 리쾨르가 생각했던 텍스트의 '지시체' 개념을 연상시키는 개념이라고 할 수 있다. 그 뿐만 아니라 그의 '해석학적 순환', '전이해'의 개념들은 후에 딜타이나 가다머와 같은 해석학자들에게 수용되어 보다 전문적 해석학 용어로 발전하게 된다.

더 나아가 슐라이어막허가 문법적 해석학과 심리적 해석학의 순환으로서의 해석학을 추구한 것은 이미 그가 해석학이 빠지기 쉬운 주관주의적 위험을 간파하고 객관적 해석과의 보완을 시도하고 있다는 것을 의미한다. 그와 같은 슐라이어막허의 해석학적 성찰은 이미 그 당시에 그가 현대 해석학의 전개과정에서 나타나는 문제들을 간파하고 있었음을 읽게 하는 대목이다. 딜타이 이후의 해석학이 정신과학적 학문의 방법론으로서 '설명'보다는 '이해'에 초점을 두고 주관적 해석으로 기울어질 수 있었던 성향이 있었고, 이에 대하여 리쾨르와 같은 해석학자가 객관적 방법으로서의 '설명'을 다시금 수용하고 있는 것을 볼 수 있다. 그의 주관적, 객관적 통로를 모두 아우르는 해석적 방법은 20세기 이후의 해석학적 흐름과도 일치하는 입장이라고 할 수 있다.

R.팔머는 슐라이어막허가 그 당시 신학이나 문학 혹은 법학에 속하는 특수한 전문적 보조 분야였던 해석학을 모든 문헌을 해석하는 보편적 해석학으로 전환시켰다는 것에 그의 의를 찾고 있다. 그러나 그러한 점과 나란히 앞에 서술한 여러 가지 점들로부터도 우리는 슐라이어막허를 현대 해석학의 출발점이자 뿌리로서 평가하게 하는 착점들을 발견한다.

2. 딜타이 - 정신과학의 방법론으로서의 해석학

슐라이어막허가 해석학을 문헌해석의 방법론으로서 전개하였다면, W.딜타이(1833-1911)는 해석학이 오늘날 인간의 정신현상 총체를 해석하는 "정신과학(Geisteswissenschaft)"의 방법론으로서 해석학을 구상하였다. 딜타이가 활동하였던 시대는 계몽주의 이후 자연과학의 발달에 따라 자연과학의 사고와 연구방법을 정신과학의 연구방식에도 엄격하게 적용하려고 하는 경향이 일반적인 추세였다. 특별히 불란서를 중심으로 일어난 실증주의 방법은 검증가능성, 반복가능성과 같은 원칙을 인간의 정신과 사회현상을 설명하는 데 적용하는 엄격한 과학주의적 노선을 취하고 있었다.

딜타이는 그와 같은 경향에 대해 날카롭게 비판하면서 정신과학은 인간의 내면적 과정, 즉 인간의 내적 체험과 관련되는 현상들을 대상으로 하기 때문에 엄격한 법칙을 적용하는 자연과학적 접근방법과는 상이한 접근이 필요하다고 하였다. 자연과학은 법칙적 인식이 필요하지만 정신과학은 체험과 이해라고 하는 관계에서 접근되어야 한다는 것이다:

> "…자연과학에서 모든 법칙적 인식은 경험과 경험에 포함된 규칙들 중에서도 측정할 수 있고 계산할 수 있는 것을 통해서만 가능했지만, 정신과학에서는 어떤 추상적 명제도 결국은 체험과 이해 속에 주어져 있기 때문에 정신적 생동성에 대한 그들의 관계를 통해서만 정당화될 수 있다."14)

이와 같은 점을 바탕으로 그는 "자연은 설명하고 정신현상은 이해한다(Die Natur erklären wir, das Seelenleben verstehen wir)"라

---

14) W.Dilthey, *Gesammelte Schriften Bd. V*, (Leipzig/ Berlin, 1824), 333쪽.
15) Ibid., P. 144.

는 그 유명한 명제를 이야기하였다.15) 즉 자연과학은 개별적 실재를 일반적 실재에 도달하기 위한 수단으로 간주하면서 개별적 실재간의 일반적 법칙을 찾기 위하여 설명의 방법을 동원하지만, 인간의 정신현상은 개별성을 갖고 있어서 이를 파악하기 위하여는 경험세계를 바탕으로 공감을 추구하는 '이해' 의 방법을 동원해야 한다는 것이다. 다시 말하면 자연과학이 '설명' 을 통하여 객관성을 추구한다면, 정신과학은 그 객관성을 넘어서서 인간의 개별적 체험, 즉 삶의 충만성으로 돌아가야 한다는 것이다.16)

딜타이는 '이해'를 설명하기 위하여 슐라이어마허의 해석학에서 피력된 바 있던 "추체험(Nachbilden)"의 개념을 수용하였다. 인간의 정신현상을 이해한다는 것은 이해하는 사람의 체험세계를 바탕으로 타자의 내적 체험세계를 따라가 재구성하고 추체험할 때 이루어질 수 있는 것이라는 것이다. 슐라이어막허가 이해의 과정을 저자의 "사유(Denken)"과정에 추후적으로 참여하는 것이라고 한 반면, 딜타이는 '사유' 보다는 '삶' 에 초점을 맞추고 있다. 그는 모든 텍스트는 문자로 고정된 "삶의 표현(Lebensäußerung)"이라고 하였고, 이해란 이러한 삶의 표현에 나타나는 타자의 삶의 경험을 추체험 하는 것이라고 하였다.

딜타이는 우리가 타인의 삶의 표현을 추체험 할 수 있는 것은 우리와 타인의 체험간에 유사성이 있기 때문이라고 보면서, 이러한 유사성은 인간이 살고 있는 체험 세계가 근본적으로 서로 공유하는 사회적 역사적 맥락이 있기 때문이라고 하였다. 그는 '이해' 의 현상이란 초공간적, 초시간적 관념으로부터 형성되는 것이 아니라 역사성을 갖는다고 보았는데, 이 '사회적이고 역사적 세계' 안에서 인간들의 감정과

---

16) R.Palmer, *Hermeneutics Interpretation Theory in Schleiermacher*, Dilthey, Heidegger, Gadamer, 이한우 역, 해석학이란 무엇인가, (문예출판사, 1988), P. 138.

의지, 도덕과 가치관들이 공유되고, 이 공유된 세계의 바탕 위에서 인간은 다른 사람의 표현에 나타난 암호를 해독하게 되고 내적 세계에 대한 통찰이 이루어진다고 본 것이다. 따라서 딜타이에게서 이해는 철저히 역사성과 시간성의 영역 안에서 이루어지는 현상이다: "우리는 세계에 대한 어떤 의미도 밖에서 삶 속으로 끌고 들어가지 않는다. 우리는 의미와 의의가 인간과 그의 역사 속에서 비로소 나타날 수 있는 가능성을 열어준다. 그러나 여기서의 인간은 고립된 개별 인간이 아니고 역사적인 인간이다. 왜냐하면 인간은 역사적인 존재이기 때문이다."[17]

딜타이는 이해의 과정을 "체험(Erleben)"과 "표현(Ausdruck)" 그리고 "이해(Verstehen)"라는 삼 단계의 과정으로 설명하고 이 삼 단계의 절차가 정신과학이 성립하게 되는 근본적 구조라고 하였다.[18] 체험이라는 독일어 단어 'Erleben'은 '삶'을 의미하는 leben 앞에 접두사 er가 붙어서 형성된 단어로, 삶 그 자체를 의미한다. '표현'은 독일어 단어 Ausdruck이 의미하는 대로 '밖으로(aus)' '나타냄(drucken)'을 뜻한다. 내적인 삶이 외적으로 나타난 형태가 표현인데, 딜타이는 표현을 통해서 내적 삶이 객관화되어 표현된다고 하였다. 표현에는 예술, 사상, 법률, 언어, 사회형태 등 인간 삶의 표현 전체가 포괄된다. 이해란 타자의 삶의 표현을 추체험 하는 것이다. 딜타이는 추체험으로서의 '이해'는 단순히 앎이라는 현상을 넘어서서 궁극적으로 이해하는 자의 삶과 자기이해에 우회적으로 영향을 미친다고 하였다. 이해의 현상 안에서 인간은 다른 사람의 삶의 표현으로 인하여 자신을 새롭게 깨달을 뿐만 아니라, 자신의 삶을 타인의 표현양식으로 전이시키기도

---

17) W.Dilthey, "Der Aufbau der geschichtlichen Welt in den Geisteswissenschaften", *Gesammelte Schriften, Bd.7*, (Leipzig/Berlin, 1927), P. 290.
18) Ibid., P. 84.

하기 때문이다:

> "… 인간은 이해라고 하는 우회의 길을 통해서 자신을 인식하는 법을 배운다. 우리가 지난날 무엇이었고 우리가 어떻게 발전하여 지금 있는 상태에 도달했는지는 우리가 어떻게 행위 했으며 어떤 삶의 계획을 세웠으며 우리가 어떻게 어떤 직업에 종사했는가를 통해서 경험하며, 또한 오래 전에 잊어버렸던 편지나 이전에 언급되었던 우리들 자신에 대한 판단으로부터 경험한다. 간단히 말해서 이것이 바로 이해의 과정이다. 이 이해의 과정을 통해서 앎 그 자체가 심연에까지 해명된다. 다른 한편 우리는 스스로가 체험한 삶을 자신과 타자의 삶이 만든 여러 표현들의 양식으로 전이시킴으로써 우리 자신과 타자를 이해하게 된다."19)

따라서 딜타이는 이해란 "전위(Trensposition)"이면서 동시에 "변형(Trensformation)"이라고 하였다.20) 이해를 통해서 인간은 자신과 타인의 삶을 보다 심연에서 이해할 수 있을 뿐만 아니라, 자신의 삶을 성찰하고 변형하기도 하는 것이다.

딜타이에게서 해석학은 단순한 문헌해석의 방법이라는 영역을 넘어서서 인간의 총체적 정신현상을 이해하는 방법론으로 확대되고 있는 것을 볼 수 있다. 그는 정신과학 안에 파고든 과학주의를 비판하고, 자연과학과는 다른 정신과학적 접근방법이 모색되어야 함을 제시하면서, 인간 정신 현상의 '이해'라고 하는 해석학의 본질적 과제를 강조하였다. 이와 같은 그의 해석학적 사고를 통해서 그는 인간의 '삶'과 '삶의 표현', '이해' 사이의 밀접한 해석학적 관계, 더 나아가 인간의 인식과정과 삶과의 불가분리성과 같은 명제들을 천명하였고, 이를 통하여 현대 해석학에 근본적 방향을 제시하는 역할을 하였다.

---

19) Ibid., P. 87.
20) W.Dilthey, "해석학의 기원", *Gesammelte Schriften, Bd.5*, P. 333.

3. 하이덱거 - 존재론적 해석학

슐라이어막허와 딜타이가 해석학을 텍스트나 정신현상을 이해하는 '방법'적 차원에서 전개하였다면 하이덱거(M.Heidegger, 1889-1976)에게서 해석학은 '방법'적 차원보다는 인간의 존재를 설명하는 '존재론'적 차원으로 강조점이 옮겨지고 있는 것을 볼 수 있다. 하이덱거는 인간의 존재양태와 실존에 관심을 기울였던 실존주의 철학자로서, 해석학의 중심개념인 '이해'를 인간 실존과의 관계라고 하는 측면에서 해명하였고, 이로서 해석학을 "기초-존재론적(fundamental-ontologisch)" 차원으로 전환하는데 기여하였다.

하이덱거는 그의 저서「존재와 시간(Sein und Zeit)」에서 인간을 "세계 내에 던져진 존재(In-der-Welt sein)"라고 하였다. 이 세계란 단순히 물리적 환경이 아니라, 인간이 삶 속에서 경험하고 의미의 체계를 형성하게 되는 세계이다.[21] 이러한 세계 안에 처하여 진 우리의 삶은 사실 모든 순간 이해와 해석으로 점철되고 있음을 알 수 있다. 우리의 판단, 행동, 결정 등은 모두 나름대로 우리가 오래 전부터 갖고 있는 의미체계와 직접적으로 연결되어 있고, 모든 순간 우리는 의식적이든 무의식적이든 '이해'와 관련되어 있는 삶을 살고 있다. 이해란 따라서 지식을 얻어 가는 하나의 방편으로 '소유'하는 무엇이 아니라, 인간이 살아가는 '존재'의 구조라고 할 수 있다. 따라서 하이덱거는 '이해'야말로 우리 삶의 가장 기초적인 존재적 현상이라고 보았다.

하이덱거는 또한 '이해'는 인간으로 하여금 자신의 존재방식과 가능성에 자신을 기투하고 결단하고 실현하도록 하는 통로가 된다고 하였다. 인간은 자신이 직면하는 삶 속에서 어떻게 자신의 존재를 이해하느냐에 따라 존재의 양식을 달리하게 된다는 것이다. 다른 실존주의

---

21) M.Heidegger, *Sein und Zeit*, (Tübingen, 1953(7판)), P. 65 이하.

자들처럼 하이덱거도 인간의 현존양식을 '실존(Existenz)' 성 여부에 따라 두 양태로 분류하고 있는데, 이른바 "본래적 존재"와 "비본래적 존재"가 그것이라고 하였다.22) 그에게서 "비본래적 존재"가 '자기 자신과 관계 맺는' 실존의 순간 없이 그저 목숨을 부지하고 사는 현존의 양태를 지칭한다면, "본래적 존재"란 '실존'의 순간을 통해서 현존의 상태를 초월하고 가능태로 주어진 자기 자신에로 고양되는 순간을 지칭한다. 하이덱거는 그와 같은 상태를 "가능적 존재(Seinkönnen)"라고 칭하였는데, 실존의 순간에 인간은 '현존적 존재'를 넘어서서 '가능적 존재'에로 고양되는 것이라고 보았다.

이와 같은 실존의 순간, 즉 가능적 존재에로의 고양이라는 개념에 불가분리로 연결되는 개념이 바로 '이해(Verstehen)'이다. 실존이란 인간이 스스로의 존재됨을 의식하는 순간이며, 따라서 그것은 근본적으로 우리의 '이해' 작용을 바탕으로 해서만 가능하기 때문이다. 인간이 자신의 존재를 어떻게 이해하는가, 세계와 자신의 존재에 어떠한 의미를 부여하는가에 따라서 인간은 본래적 존재에로도, 비본래적 존재로도 될 수 있다. 그렇게 볼 때 하이덱거는 이해야말로 인간을 가능적 존재에로 나아가도록 하는 통로가 되는 것이라고 하였다:

> "현존은 이해(Verstehen)로서 자신의 존재를 가능성을 향해 기획한다. 이 가능성을 향해 이해하는 존재는, 그러한 모든 가능성이 열려져 있는 현존재 속으로 되돌아옴으로써 그 자체가 하나의 가능적 존재(Sein können)로 된다. 이해의 기획(Entwerf)은 스스로를 형성하는 자기 자신의 가능성을 가진다. 이러한 이해의 형성을 우리는 해석(Auslegung)이라 한다."23)

---

22) 이규호, 현대철학의 이해, (민영사, 1965), P. 178 이하.
23) M.Heidegger, *Sein und Zeit*, Tübingen, 1953(7판), P. 148.

하이덱거에게 있어서 '이해'는 따라서 인간이 살고 있는 생활세계의 맥락 내에서 자신의 존재가능성을 파악할 수 있는 능력이다. 다시 말하여 '이해'는 인간에게 존재를 해명하며, 깨닫지 못하였던 자기 존재를 발견하고, 새로운 차원의 존재에로 존재의 지평을 열어 주는 통로와 같은 것이다.

하이덱거는 해석의 과정을 '탈은폐(Unverborgenheti)'라고 하였다. 이미 있었으나 인식하지 못하고 감추어져 있었던 것을 탈은폐 시키면서 이해의 차원으로 이끌어 가는 것이 해석이기 때문이다.[24] 인간은 세계 내 존재로 살고 있고, 세계는 그 안에 살고 있는 인간에게 의미의 잠재적 가능성이다. 세계 안에서 살면서 인간은 인식하지 못하였던 것을 "무엇으로서(als etwas)" 파악해 가는데, 이것이 '해석'이다. 따라서 무엇을 무엇으로 이해한다는 것은 없었던 것에 새로운 의미를 부여하는 것이 아니라, 세계 속에서 우리가 이미 만났고, 거기에 있었던 것이 우리의 이해 속에서 밝혀지게 된다는 것이다. 따라서 이해란 우리가 이미 "미리 가지고 있는 것(Vorhabe)"을 해석하는 과정이라고 할 수 있다: "어떤 것을 어떤 것으로서 해석하는 것은 본질적으로 미리 가짐(Vorhabe), 미리 봄(Vorsicht), 미리 붙잡음(Vorgriff)을 통해 기초 지어진다. 해석은 결코 주어져 있는 것의 전제 없는 파악이 아니다"[25]

하이덱거는 인간이 이렇게 언제나 이미 가지고 있었던 존재자의 존재적 이해를 "전이해(Vorverständnis)"라고 칭하였다. 그는 존재자에 관한 모든 이해는 이미 언제나 그 이전에 존재자의 존재이해를 통하여

---

24) "해석이란 이해한 것을 자기 것으로 만드는 것으로서 이미 이해한 쓰임 전체에 관련하여 이해하고 있는 존재 속에서 활동한다. 이해되었으나 아직 은폐되어 있는 것을 자기 것으로 만드는 일은 폭로함에서 수행된다." M.Heidegger, Sein und Zeit, P. 150.
25) Ibid.

"아직 개념화되지 않은" 형태로 존재자 안에 내재하여 있다고 하였다.26) 따라서 전이해는 아직 전개되지 않은 이해의 전 형태이지만, 우리의 이해를 이끌어가고 인도하는 출발점이 된다.

하이덱거는 이해의 개념을 특별히 존재의 변형과 내적으로 연결시키고 있다. 그는 "진리"라는 뜻의 그리이스어 알레테이아(αληθεια)를 동사 어간인 "숨기다(란타네인 λανθανειν)"에다 부정사 α를 접목시킨 단어라고 하였다.27) 따라서 이것은 비은폐성을 의미하고, 진리란 은폐되지 않은 것, 은폐가 벗겨진 것이라는 뜻이 된다고 하였다. '비은폐'로서의 진리는 존재자를 자신의 은폐성에서 끌어내도록 하고, 존재자를 존재자 자체에서 폭로하는 것을 의미하는 것이라고 하였다. 이것은 실존주의자였던 하이덱거의 관심을 반영하는 생각인데, 그에게서 진리란 단순히 지적인 깨달음이 아니라 존재자에게 존재 자체를 깨우쳐 주고 숨겨졌던 것을 드러냄으로써, 존재의 변형을 가지고 오는 힘을 갖고 있는 것이 진리라는 개념이다.28) 이러한 탈은폐로서의 진리개념은 그의 해석학에서 '이해'와도 관련이 된다. 탈은폐로서의 진리를 깨닫는 것이 곧 이해이기 때문이다. 하이덱거에게 있어서 이해란 따라서 단순한 존재의 인식을 넘어서서 존재자의 존재 자체를 변형시키는 차원의 존재론적 의미를 획득한다. 이러한 여러 가지의 관련성에서 하이덱거의 해석학은 "현존재의 해석학"이다.

하이덱거는 이해 자체를 새로운 맥락에서 재정립함으로써 해석학의 기본적 성격을 바꾸어 놓는 것에 결정적인 기여를 하였다. 그에게서 해석학은 문헌해석이나, 정신과학적 방법론으로서의 의미를 넘어

---

26) M.Heidegger, "Vom Wesen des Grundes", (Wegmarken, Frankfurt a.M., 1967), P. 28.
27) M.Heidegger, Sein und Zeit, P. 33.
28) 참조, O.Fr.Bollnow, Das Doppelgesicht der Wahrheit, (Stuttgart, Kohlhammer, 1975), P. 20.

서서 인간의 삶 자체를 이해라는 현상에서 보게 하는 현존재의 해석학이 되었다. 이해는 하이덱거에게 있어서 존재가 스스로를 드러내어 현존케 되는 탈은폐의 신비적 과정이고, 이로서 해석학은 인간의 존재를 해명하는 하나의 철학적 차원으로 변모하게 되었다.

4. 가다머 - 철학적 해석학

가다머(Jans Georg Gadamer, 1900-2002)는 앞에 서술한 바 있는 슐라이어막허와 딜타이의 방법적 관심을 좇기보다는 하이덱거의 해석학적 성향, 즉 이해의 사건으로부터 인간의 존재 자체를 해명하는 철학적 성향에 접목하여 해석학을 전개하였다. 그의 유명한 해석학적 주저「진리와 방법(Wahrheit und Methode)」서문에서 그가 밝히고 있는 것처럼 가다머는 해석의 원리를 마련하는 것보다는 인간 삶의 본원적 현상으로서 '이해'에 관심을 가졌으며, 이해로 인하여 인간에게 열리는 '진리'와 '진리 경험'을 중시하였다.29) 따라서 그의 해석학은 그가 말하는 대로 세계 속에 있는 "인간 현존재의 포괄적이고 보편적 세계경험의 총체에 관한 이해의 시도"이다.

가다머는 인간의 이해현상 자체를 해명하는 것에 관심을 가지면서 하이덱거가 강조한 "전이해"의 개념을 보다 구체적으로 명료화하였다. 그는 하이덱거가 전개한 전이해의 개념, 즉 모든 이해는 언제나 이미 우리가 선구조로서 가지고 있는 '전이해'로부터 시작된다는 개념

---

29) "해석학적 현상은 원래 방법의 문제가 결코 아니다. 해석학적 현상에서는 텍스트를 다룬 모든 경험 대상과 마찬가지로 학적인 인식에 예속되게 하는 이해의 방법이 중요한 것이 아니다... 여기에서는 인식과 진리가 중요하다. 즉 전승의 이해에서는 텍스트만 이해되는 것이 아니라, 통찰(인식)도 획득되고 진리도 인정된다... 이 연구의 관심사는 과학적 방법론의 지배영역을 넘어서는 진리의 경험을 도처에서 찾아내어 그 고유한 정당성에 관해 물으려는 것이다" H.G.Gadamer, Wahrheit und Methode, (Tübingen, 1960), 서문, XXVII.

을 수용하면서, 인간의 모든 인식은 이처럼 삶 속에서 이미 형성된 전이해로부터 형성되기 때문에, 무전제적 인식의 구축이란 불가능하다는 점을 역설하였다. 그는 인간의 인식은 그 자체로 삶과의 관련 구조 안에서 형성되기 때문에 모든 이해는 본질적으로 삶의 경험으로부터 이미 형성된 '전이해(Vorverständnis)' 혹은 '선판단(Vorurteil)'에 의존되어 있고 그에 의해 인도된다고 하였다.30)

그와 같은 점은 무엇보다 인간이 역사적 존재라고 하는 점에서 보다 분명히 확인된다고 하였다. 가다머는 인간은 역사에 속해 있는 존재이고 따라서 우리 자신을 이해하기 훨씬 앞서 우리는 우리가 살아가는 가족이나 사회, 국가 속에서 우리 스스로를 이해하고 있다고 하였다. 그는 "역사가 우리에게 속해있는 것이 아니라 우리가 이미 역사에 속해 있기" 때문에, 우리의 "개체적 성찰은 역사적 삶이라는 폐쇄 회로 속에서 빛나는 작은 빛일 뿐"이라고 하였다. 그렇게 볼 때 모든 이해는 그 상황의 '지평(Situationshorizont)'을 가지고 있고 현존재의 근본적인 유한성과 역사성에 따라 역시 그 이해도 유한성과 역사성으로부터 벗어날 수 없다. 이러한 유한성은 그러나 결코 어떤 결핍 상태, 극복되어져야 할 부족상태가 아니라 현존재의 고유한 근본상태로서 바로 이해의 기반이 된다. 역사적 존재로서의 인간에게 전이해란 그의 존재론적 근거요 인식론적 근거라고 할 수 있다.

가다머는 이와 같은 전이해의 개념은 그러나 계몽주의 이후에 객관적이고 명확한 판단을 내리는데 있어서 장애물과 같은 작용을 하는 부정적 요소로 받아들여져 왔다고 하였다.31) 가다머의 말대로 계몽주의

---

30) H.G.Gadamer, *Wahrheit und Methode*, P. 254.
31) "개념사적 분석은, 계몽주의로 인하여 비로소 선판단의 개념이 우리들에게 익숙하게 된 부정적인 의미를 제공하게 된다는 사실을 말하여 준다" G.Gadamer, *Wahrheit und Methode*, P. 255.

이후 실제로 서구의 사고에서는 전이해, 선판단에 대한 부정적 견해가 일반화되어서 영어나 독일어권에서 전이해는 편견 혹은 선입견과 같은 의미로 쓰여져 왔고,32) 그것에 대한 자유로운 평가와 이해가 저해되어 왔던 것이 사실이다. 가다머는 오히려 계몽주의 이후 과학주의가 인간의 삶의 구조에서 필연적으로 생기는 인식의 과정인 전이해를 부정하고 "객관주의", "방법론적 거리두기", 또는 "인식론적 방법주의"를 추구하였던 것을 비판하면서, 전이해야말로 인간 인식의 필연적 과정이라고 정당화하였다. 그는 모든 이해는 전이해로부터 시작된다는 점을 강조하여 "전제 없는 해석은 있을 수 없다"고 하면서, 계몽주의가 선입견 자체를 극복하려 한 그 자체가 또 하나의 선입견이라고 하였다: "계몽주의의 일괄 요청이라고 할 수 있는 모든 선입견의 극복은 그 자체가 또 하나의 선입견임이 증명되었다"33)

이와의 관련성에서 가다머는 계몽주의 이후 부정적 의미로 받아들여져 왔던 '전통'의 개념을 복원하려 하였다. 그는 인간에게 전이해가 삶의 본원적 현상이라면 전통이야말로 우리가 그 속에서 사고하는 사고의 틀이자 지평이 된다고 하였다. 전통은 역사 속에 천착되어 우리의 삶의 기반이 되었고, 그런 의미에서 우리의 전이해와 불가분리로 연결되어 있기 때문이다. 전통은 따라서 그에게서는 우리의 사고의 대상이 아니라, 우리가 그 속에서 사고하는 사고의 바탕이 된다. 그는 또한 전통을 부정적 의미의 권위 개념으로 해석하면서 이를 이성적 자유와 대립시켰던 계몽주의적 사고를 비판하면서, 전통 역시 자유의 한 계기이며, 역사 자체의 한 계기라고 하였다. 전통이 모든 역사적 변천에도 불구하고 늘 함께 작용해온 것은 그것이 갖고있는 보존력 때문이

---

32) 선판단의 경우 독일어로 Vor-urteil이고, 영어로 prejudice인데 이 둘의 경우 모두 편견, 사실에 입각하지 않은 선입견과 같은 부정적인 의미를 내포하고 있다.
33) H.G.Gadamer, *Wahrheit und Methode*, P. 295.

고, 이 보존력은 이성적 바탕 위에서 검증되었다는 뜻이기도 하다는 것이다. 따라서 그는 전통을 이성과 대립되는 무엇이 아닐 뿐만 아니라, 우리의 진리경험의 외적 장애요인도 아니고 오히려 진리 인식의 한 계기로 긍정적으로 수용해야 할 요소라고 평가하였다.34)

가다머의 해석학에서 중요한 의미를 차지하는 또 하나의 단어는 '지평(Horizont)'이다. 그는 역사적 존재로서 인간이 처하여 있는 상황과 한계성을 '지평'이라고 정의하면서, 지평이야말로 우리에게 이해라는 해석적 행위의 지반이 되고 해석학적 상황이 된다고 하였다. 지평은 모든 해석자, 모든 인간에게 이해의 기반이 될 뿐만 아니라, 우리가 그 속에 들어가 활동하고 우리와 함께 변천하기도 하는 무엇이다. 따라서 지평이란 해석의 부정적 의미를 갖는 것이 아니라 누구에게나 해석을 시작할 수 있는 착점이 된다. 그렇기 때문에 가다머는 지평이 해석의 필수 불가결한 요소가 된다고 하였다. 그는 우리가 어떤 한 지평에 서 있어야만 그 지평으로부터 모든 사물의 의미를 바르게 평가하게 되는 것이고 더 나아가 자신의 지평을 뛰어 넘을 수도 있는 것이라고 하였다. 지평이 없는 사람은 충분히 넓게 보지 못한다고 까지 하였다:

> "어떤 지평을 갖지 않는 사람은 충분히 넓게 보지 못하는 사람이다. 그래서 그는 그에게 가까이 있는 것을 과대 평가하게 된다. 이와는 달리 지평을 갖고 있다는 것은 결코 가까운 것에만 자신을 제한시키는 것이 아니라 오히려 그것을 넘어설 수 있음을 의미한다. 지평을 가진 사람은 그 지평 안에서 모든 사물의 의미를 가깝든 멀든, 크든 작든 간에 바르게 평가하게 된다. 이에 따라서 해석학적 상황을 완성한다는 것은 전승에 직면한 우리에게 제기된 질문의 지평을 획득한다는 것을 의미한다."35)

---

34) Ibid., P. 256.
35) Ibid., P. 286.

그래서 그는 지평이란 '멀리 봄(Weitsicht)'을 표현해 주는 말이라고 하였다. 지평을 획득한다는 말은 자기에게 가까운 것 혹은 너무 가까운 것을 넘어서 보는 법을 배운다는 것을 뜻하기 때문이라는 것이다.

가다머는 상기한 대로 지평이라는 것이 우리의 이해의 기반이라고 하는 점을 바탕으로 해서, 해석의 사건은 일종의 "지평 융합(Horizontverschmelzung)"의 사건이라고 하였다. 해석의 상황이란 텍스트에 나타나는 지평과 해석자의 지평이 만나게 되는 것인데, 해석이란 두 지평 사이의 의사소통을 매개하여 둘 사이의 지평이 융합을 이루는 일이라는 것이다.

이러한 의미의 지평융합은 그가 말하는 "영향사(Wirkunsgeschichte)"의 카테고리 안에서 함께 생각할 수 있다. 그는 전승과 전통은 그의 시간적 간격에도 불구하고 단순히 과거사로서 남는 것이 아니라, 우리의 역사적 삶과 사고에 영향을 주면서 해석자의 현재 지평에 말 걸어오고 우리에게 영향을 미친다고 하였다. 이와 같이 역사적 실존이 우리에게 부단하게 작용하는 힘이 곧 "영향사"이다. 이 영향사의 힘은 인식되는 것과 무관하게 역사적 실존의 이해에 부단한 작용을 하고 있는 힘이다.[36]

'영향사 의식'이란 바로 그러한 영향사를 인정하고 전통에 자신을 개방하는 태도를 말한다. 영향사 의식은 텍스트를 단지 과거에 있는 객관적인 타자로 파악하지 않고 전통을 통해서 영향을 주고, 말하는 상대자로 파악할 뿐만 아니라, 자신의 현재지평을 진리의 절정으로 간주하지 않고 전승이 우리에게 말하는 것에 귀 기울이며, 전승의 지평에 우리의 지평을 융합하는 태도인 것이다. 따라서 영향사 의식은 텍스트의 진리가 요구하는 바에 대해서 자신을 열어놓는 태도이다. 그러

---

[36] 김영한, 하이덱거에서 리쾨르까지, (박영사, 1987), P. 258.

한 태도로부터 우리는 자신의 지평과 텍스트가 열어주는 세계의 지평 간의 융합을 이루게 되고, 더 큰 지평을 형성할 수 있다:

"우리의 영향사적 의식이 역사적 지평으로 몰입해 들어가게 되면, 이것은 우리들 자신과 상관없는 낯 설은 세계로 멀어져 가는 것이 아니라 오히려 낯선 세계와 자기 자신의 세계가 하나 되어 안으로부터 움직이는 더 큰 지평을 형성하는 것이다. 따라서 이 지평은 현재 지평의 한계를 넘어서 우리 자신의 자기 의식의 깊은 역사를 포섭하는 것이다."37)

가다머는 지평융합의 과정을 설명하면서 '몰입(Sichversetzen)'이라는 단어를 쓰고 있다. 지평융합이란 우리가 현재의 지평에서 다른 지평으로 몰입하는 과정이라는 것이다. 그러나 그는 우리가 우리의 지평에서 텍스트의 지평에로 몰입하는 것이 단순히 자신의 지평을 배제하는 것이 아니라고 하였다. 자신의 역사적인 상황에서 어떤 다른 지평을 획득한다는 것은 항상 이에 앞서 자신의 지평을 가져야 하고, 자신의 그러한 상황을 동반할 때 그 상황과 더불어 다른 지평에의 몰입이 가능하다고 하였다. 따라서 몰입이란 스스로를 다른 사람의 형편에 몰입시킴으로써 타자의 타자성 즉 타자의 불가분적 개체성을 의식하게 된다는 것이다. "이러한 몰입은 타자로의 감정 이입을 의미하지 않으며, 자신의 본래의 기준 아래에 타자를 굴복시키는 것도 아니다. 오히려 이것은 자신의 개별성을 극복하고 더 나아가서는 타자의 개별성도 극복하여 한층 더 높은 보편성으로 고양되어 가는 것을 의미한다."38)

그렇기 때문에 진정한 영향사 의식은 자기 자신을 배제시키지 않는 것이고, 자신의 현재를 함께 보면서 역사적 타자에 대해서나 자기 자

---

37) H.G.Gadamer, *Wahrheit und Methode*, P. 288.
38) Ibid.

신에게 대해서나 올바른 관계를 형성하는 것이다. 지평융합은 따라서 과거에 자신을 성급하게 동화시키는 것이 아니고, 전승 스스로가 그 자신의 의미를 현재의 우리에게 들려주려는 바를 들을 수 있는 것이다.

가다머는 지평융합의 과정에는 "몰입(Sichversetzen)"과 나란히 "배제(Abhebung)"의 과정이 필수적이라고 하였다. "몰입"에서 자신 스스로를 텍스트의 지평에 함께 데리고 들어갔다면, "배제"의 과정은 자신을 배제시키는 과정이다. 모든 이해는 전이해로부터 시작되고, 이 전이해와 더불어 우리는 이해의 지평을 형성한다. 그러나 배제의 과정에서는 자신을 규정짓고 한계시키기도 하는 선이해로부터 자신을 배제시키고, 그로써 "배제해야 할 어떤 것으로부터 자신을 배제시킬 수 있는 과정이다."39) 여기에서 우리는 우리들의 선이해, 선입견을 끊임없이 음미해야 하고, 우리의 현재의 지평을 새롭게 형성할 수 있는 것이다. 그러한 의미에서 우리의 현재의 지평이란 끊임없이 재조정되고 열려진 지평이 된다.

그러한 의미에서 가다머는 "적용(applicatio)"이야말로 이해수행 과정에서 반드시 포함되어야 하는 과정이라 하였다.40) 적용은 해석자가 텍스트의 주도적인 요구에 스스로의 입장을 재조정하는 과정이다. 이 과정에서 해석자는 텍스트의 요구를 따라야 하는 동시에 그 요구의 의미를 번역해서 다시 현재 속으로 투영시키게 된다. 그런 의미에서 그는 법률적 해석학이나 신학적 해석학이 해석학의 모델이 될 수 있다고 하였다. 그러한 해석학들은 낯선 지평으로 들어가 그와 현재 상황

---

39) H.G.Gadamer, *Wahrheit und Methode*, P. 289.
40) "이해함에 있어서 이해되어질 원문은 언제나 해석자의 현재 상황에 적용되어서 발생한다. 따라서 우리는 이해와 해석 뿐만 아니라 여기에 적용까지도 하나의 통일적인 과정 속에 포함시켜서 이해해야 한다... 즉 적용의 문제는 이해나 해석과 마찬가지로 해석학적인 과정을 이루는 통합된 한 요소이기 때문이다." H.G.Gadamer, Ibid., P. 290.

간의 거리를 극복하고, 텍스트가 말하고자 하는 것에 자신을 맞추어 가는 '적용'을 필수적 과제로 삼기 때문이다. 그러한 사고는 해석자가 텍스트 자체의 지배적인 요구에 의해 자신을 전유하는 예를 보여준다. 이러한 접근법은 따라서 텍스트를 현재의 빛에 비추어 해석하기는 하지만 현재가 텍스트를 지나치게 지배하지는 않는다. 오히려 텍스트의 요구가 있는 그대로 나타날 수 있도록 노력하고, 원문이 제기하고 있는 요구에 자기 자신을 합치하는 노력이 동반되며, 이것의 결과 해석자는 구체적 상황 속에서 자기 이해를 변화시키게 된다.[41] 그런 의미에서 해석은 존재론적 의미를 갖는 것이다. 이해를 통해서 해석자는 새로운 자아이해에로 열리게 되고, 자아의 변형을 이루게 되는 것이다.

가다머는 그의「진리와 방법」의 제 1부를 '예술'과 '놀이' '미학적 해석'과 같은 테마를 다루는 데 할애하였다. 제 1부 전체를 흐르는 기본적인 테마로 앞에 이야기하였던 "해석학의 존재론적 의미"에 초점이 맞추어져 있다. 그는 예술을 인식론적 관점이 아니라 존재론적으로 접근하면서 예술품의 유효성이란 그것이 주는 미적 쾌락에 있는 것이 아니라 우리에게 존재를 개시(開示)하는 데 있다고 하였다. 예술 이해는 따라서 인식론적으로 그것을 대상화시키고 객관화시키는 것으로 이루어지는 것이 아니라, 오히려 예술작품이 우리에게 드러내는 존재의 진리에 우리가 참여함으로서 이루어진다. 따라서 우리가 예술의 세계를 이해한다는 것은 우리로 하여금 예술작품이 개시하는 진리의 세계에 참여하여, 그 세계에 자신을 열고 새로운 자기이해의 계기로 삼는데 있다는 것이다. 예술품을 볼 때, 우리는 우리 의식의 일상세계로부터 벗어나, 작품의 세계가 우리를 지배하게 하고, 그것이 열어주는 존재의 진리 속으로 자아를 변형하는 경험을 한다는 것이다. 따라서

---

[41] H.G.Gadamer, Ibid., P. 291.

가다머는 예술가의 예술적 현실변형은 존재의 진리 속으로의 변형이라고 하였다.42)

그는 이와 같은 경우 단순한 변화(Veränderung)가 아니라 변형(Verwandlung)을 말해야 한다고 하면서, 변화가 '변화된 것이 동시에 동일한 것으로 남아있는 것'을 말한다면, '변형'은 어떤 것이 다른 것으로 되는 것이며, 변형된 결과의 것이 진정한 존재라고 하였다. 이런 맥락에서 그는 예술품은 "경험하는 자를 변형시키는 경험"이라고 하였다. 그는 지속적 예술경험의 주관은 그것을 경험하는 자의 주관이 아니라 예술품 자체라고 하였다.43)

가다머는 이와 같은 예술품의 존재방식이 "놀이(Spielen)"의 구조에서도 나타난다고 하였다. 흔히들 놀이는 노는 사람들이 거기에 참여하여 자신들의 쾌락을 얻는 데 이용되는 활동이라고 생각하지만, 놀이도 예술품의 존재방식과 같이 놀이를 즐기는 자나 혹은 놀이를 창조하는 자의 행동에 달려있는 것이 아니고, 놀이 그 자체가 주관이 된다고 하였다: "놀이의 주관은 노는 자가 아니다. 놀이가 단지 노는 자를 통해 설명될 뿐이다."44) 노는 사람은 물론 어느 놀이를 선택할 것인가에 대해서 주체적으로 선택할 수 있다. 하지만 일단 놀이가 선택되면 놀이는 그 자신의 독자적인 정신을 가지고 놀이자를 이끌어 간다. 놀이자는 놀이의 세계 안에 들어가게 되고, 놀이는 자기의 모티브에 의해 스스로를 진행시킨다. 즉 놀이는 스스로 이루어지는 것이다. 그래서 가다머는 "놀이는 놀이자의 의식이나 행위 속에서 그 존재를 지니지 않고, 반대로 놀이자를 그의 영역 속으로 이끌고 그의 정신으로 채운

---

42) H.G.Gadamer, Ibid., 1965(2), P. 106.
43) Ibid., 이와 같은 가다머의 입장 후에 리쾨르의 해석학에 나타나는 "텍스트 자체가 지시하는 세계", 혹은 "텍스트 앞에 열린 의미의 세계" 등의 개념과 기본적으로 같은 착점이라고 할 수 있다.
44) Ibid., P. 98.

다."고 하였다.45)

놀이나 예술품은 그 자체로 자기의 고유한 자율성을 지니고 관람자 혹은 놀이자에게 존재의 진리를 드러낸다. 이와 같은 가다머의 이해는 앞에서 살펴본 그의 해석학적 입장에서 나타난 텍스트 자체가 개시하고 있는 진리의 세계와 그에 대한 해석자의 존재적 변형의 개념을 예술작품이라는 것을 통해서 표현한 것이라고 할 수 있다.

가다머의 「진리와 방법」은 슐라이어막허에게서 시작하여 하이덱거에 이르기까지 전개되었던 해석학적 관심영역들을 체계화하는 역할을 하였고, 푀겔러의 말대로 해석학을 세계적 논의의 대상으로 격상시키는데 결정적 역할을 하였다.46)

가다머는 해석학의 핵심 개념인 '이해'를 '전이해', '지평융합', '영향사' 등과 같은 개념을 심도있게 해명함으로써 해석학을 체계화하는데 결정적으로 기여하였다. 이러한 과정을 통해서 그는 이해를 삶의 본원적 표현으로 살아가는 인간자체의 존재방식을 해석학적으로 재 해명하였다고 할 수 있다. 그에게서 인간은 역사적 존재이고, 역사적 지평 위에서 앎과 삶을 구성하는 존재이며, 따라서 인간은 일정한 시공간 속에 이미 천착되어진 전통이나 기타 여러 가치들을 바탕으로 하는 '해석의 지평', 혹은 '삶의 지평'들 위에 서 있는 존재이다. 이러한 해석의 지평은 그러나 고정되고 폐쇄된 지평이 아니라 '전통'과 '역사' 혹은 그가 '예술작품'이라고 표현하는 타인의 삶의 표현들 – 이 모든 것을 우리는 텍스트라고 명명할 수 있다 – 과의 대화와 만남들을 통해서 그 세계가 해명하는 진리의 세계에 의하여 수정되거나 확대될 수 있는 개방적 지평이다. 그러한 개방적 지평 위에서 인간은 끊

---

45) Ibid., P. 104.
46) O.Pöggeler, *Hermeneutische Philosophie*, (München, Nymphenburger Verlagshandlung, 1972), 박순영 역, 「해석학의 철학」, 서광사, 1993, P. 371.

임없이 텍스트가 지시하는 진리의 세계에서 새로운 자기이해를 획득해 가고, 그러한 자기이해로 인하여 끊임없이 자신을 변형시켜가는 존재이다. 가다머는 해석학을 통하여 이처럼 인간 자체에 대한 이해를 새롭게 하였고, 언어와 역사, 전통과 같은 개념들과 더불어 인간의 앎과 삶의 과정을 숙고하였다. 이와 같은 맥락에서 우리는 그의 해석학이 일반적으로 '철학적 해석학'이라고 칭하여지고 있는 이유들을 보게 된다.

5. 하버마스 - 비판적 해석학

하버마스(Jürgen Habermas 1929-)는 그 이전의 해석학자들에게서는 강조되지 않았던 '비판'과 '해방'의 관심을 그의 해석학에서 집중적으로 사고함으로써 해석학에 비판적 차원을 부여하였다. 그는 가다머가 말하고 있는 대로 인간은 역사적 존재이고, 따라서 어느 주어진 지평 위에서 이해작용을 수행할 수밖에 없다는 점을 인정하지만, 그럼에도 불구하고 의식은 자신의 발생사(Stehungs-geschichte)를 돌아보고 되추적하여 자신의 선입견의 근원, 즉 자신이 몸담고 있는 전통의 뿌리를 살펴봄으로써 그 구속에서 벗어날 수 있는데, 이것이야말로 정신이 가진 "반성의 힘(Kraft der Reflexion)"이고 또한 '비판의식'이라고 하였다. 하버마스는 이러한 반성과 비판이야말로 이해의 과정 안에서 우리가 필수적으로 수행해야 하는 과정이라고 하였다.

그는 "가다머의 진리와 방법에 관하여"라는 글에서 가다머의 해석학에서는 이러한 비판과 반성이 결여되어있고, 그의 이해개념은 단지 전통에의 "동화(Aneigung)"를 의미할 뿐이라고 비판하였다[47]. 그는

---

[47] J.Habermas, Zu Gadamers "Wahrheit und Methode", *Hermeneutik und Ideologiekritik*, (Frankfurt, 1971), P. 48.

또한 가다머가 전통의 권위를 인정하며 그에 대한 수용을 강조함으로써 비판되어야 할 선판단을 권위적인 진리영역으로 복권시키고, 비판적 이성의 힘을 부인하였다고 하였다. 가다머가 말하는 대로 이해가 전이해의 작용으로 이루어지는 것은 물론 부인할 수 없지만, 애당초 잘못된 전이해에 의해서 유도된 이해의 상황은 도처에서 일어날 수 있고, 그러한 경우 일어나게 되는 왜곡된 의사소통을 비판하고 저지하며 바른 의사소통을 통한 진리에로의 접근과 바른 사회 형성을 이루는 것이야말로 해석적 과제가 되어야 함을 역설하였다.

하버마스는 특별히 언어와 언어를 바탕으로 한 일상적 의사소통 속에 오히려 생산과 노동관계, 폭력관계를 합법화하는 이데올로기적 요소들이 숨어있음을 보아야 한다고 하였다. 언어란 가다머가 보는 것처럼 단순한 전승의 존재방식이 아니라 "지배와 사회적 힘의 도구"로서의 기능을 하고, "조직된 폭력관계의 합법화"에 봉사한다고 하였다.[48] 언어는 그 자체로 사회의 지배관계, 노동과 생산관계 등에 의해 이미 방향 지워졌고, 그러한 언어의 공유로 인하여 사회는 언어 안에 투영된 사회의 지배관계와 노동-생산의 관계가 유지되는 방향으로 인도된다는 것이다. 또한 가다머가 인간 이해의 존재적 기반이라고 부르는 전승도 이미 그러한 사회적 관계성을 투영하고 있고, 그러한 사회적 연관이 전승 자체를 상대화하여, 전승사건과 사회적 관계 사이에는 이미 연계체제가 형성되어 있다고 하였다.[49]

따라서 하버마스는 가다머의 존재론적 해석학 이해의 이데올로기적 한계점을 지적하면서, 체계적으로 왜곡된 의사소통의 형태를 진단할 수 있는 보다 심층적인 해석학과 더불어, 억압되지 않은 의사소통 행위의 조건들과 왜곡된 의사소통의 상황을 다룰 수 있는 보다 실효

---

48) Ibid., P. 53.
49) Ibid., P. 54.

있는 의사소통이론을 수립하여야 한다고 보았다.50)

이를 위하여 하버마스는 첫째, '해석학'이 가다머에게서 처럼 단순히 철학적 해석학에 머물러서는 안되고 '비판적 사회이론의 한 분야가 되어야 한다고 하였다. 비판적 사회이론의 한 분야로서 해석학은 해석학적 구조를 밝히는 것으로부터 관심을 환원하여, 사회의 질서와 가치체계 뒤에 있는 이데올로기적 요소를 비판하고, 기존의 역사과정들에 대해서도 때때로 객관적이고 비판적인 입장을 취하면서 자유로운 사회를 세우는 것에 기여할 수 있어야 한다는 것이다. 이를 위해서 해석학은 단순히 해석과 이해의 현상을 해명하는 것에서 넘어서서, 이론과 대상, 이론과 경험, 이론과 역사, 이론과 실천이 서로 매개되는 변증법적 과정 속에서 이 과정을 설명하기 위한 이론이 되어야 한다는 것이다.

하버마스는 둘째로 해석학은 정상적 의사소통 영역에만 머물지 않고 정신분석의 이해를 수용함으로써 왜곡된 의사소통 영역을 해명하고, 전통에 대한 맹목적인 복종과 진리확신의 종속적 사고에서 벗어나게 하는 해방적 반성을 수행하게 하여야 한다고 하였다. 여기에서 해석학은 "메타해석학", 혹은 "심층해석학"이 되어야 한다.51) 메타해석학은 단순한 역사적 해석과는 달리, "자기 대상화의 단계를 통해 반성적으로 자신의 삶의 역사를 설명해 내는 해석학"이다. 그는 이와 같은 "메타 심리학을 통해서만 형성과정의 체계적 일반화가 가능해지고, 그렇지 않으면 역사기술에 머물고 말 것이다"고 하였다.52)

이를 위하여 하버마스는 "장면적 이해"라는 개념을 사용하는데, 장면적 이해(Szenenverstehen)란 정신분석학에서 빌어온 개념으로 언

---

50) 참조, 윤철호, 「기독교인식론과 해석학」, 한국장로교출판사, 2001, P. 279.
51) J.Habermas, *Erkenntnis und Interesse*, (Frankfurt, a.M., 1968), P. 314.
52) Ibid.

어의 체계적인 왜곡으로 이끌었던 최초의 갈등상황 혹은 어린 시절의 장면을 지적해내어 재구성함으로써 갈등을 유발하는 요구들을 탈상징화로부터 끄집어 내어 다시 상징화할 수 있는 가능성을 부여받게 되는 과정이라고 할 수 있다. 이러한 장면적 이해의 영역에서는 체계적으로 왜곡된 표현들의 의미내용의 원인들을 추적하여 증후적인 장면의 생성을 그 왜곡 자체의 시초조건과 관련시켜 설명(erklären)할 수 있어야 비로소 이해불가능한 삶의 표현의 의미가 이해(verstehen)되기 때문이다.

이렇게 볼 때 장면적 이해는 언어의 체계적인 왜곡으로 이끌었던 최초의 조건을 지적해 낼 수 있다는 점에서 일종의 설명적 이해라고 할 수 있다. 해석학은 딜타이가 "자연현상은 설명하고 정신현상은 이해한다"라는 명제를 천명한 이래로 '설명'적 방법을 배제하는 경향을 띠었다. 슐라이어막허가 제시한 '추체험(Nachbildung)'의 개념대로, 인간의 정신현상은 경험의 세계를 바탕으로 한 공감의 방법으로 '이해'되어야 하는 것이지, 그것을 인식의 대상으로 객관화해서는 되지 않는다. 그러나 메타해석학은 해석자가 포착하지 못하고 있는 말의 유형이 어떻게 나타나는가를 설명하려 한다. 해석자의 지평에서는 자유롭게 볼 수 없는 여러 가지 문제들을 해석학적 거리두기를 통해서 설명해 내고 비판해 낸다. 정신분석에서 의사와 환자는 장면적 해석으로 환자가 갖는 갈등상황의 원인을 구체화하고 해석하면서, 왜곡되지 않은 의사소통과 자기이해를 위하여 공동으로 새로운 언어를 창조하게 된다.[53] 그러한 방법으로 해석학은 사회-정치적으로 연관된 목적과 지향점을 규명하고, 의사소통과정을 방해하는 의사소통의 장애물을 제거해 낼 수 있다.

---

53) Ibid., P. 120.

하버마스는 해석학에 비판이론적 관점을 첨가하여, 지금까지 인간의 이해현상에 대한 해명으로서의 해석학적 기능을 사회비판적 이론으로 전환케 하는 계기를 마련하였다. 그에게서 해석학은 인간에게 참다운 자기이해를 차단하는 모든 형태의 개인적 사회적 구조적 요소들을 진단하고, 왜곡된 의사소통의 형태를 밝힐 뿐만 아니라 자유로운 의사소통을 위한 새로운 언어창조의 기능을 감당하는 비판적-변증법적 사회이론이 된다. 그에게서는 물론 딜타이 이후 해석학이 취하여 왔던 과학주의나 객관주의에 대한 비판이 동일하게 수용되면서도, 동시에 상황을 비판적으로 보기 위한 '객관적 거리두기'가 해석의 과정서 수용된다. 하버마스에게서 해석학은 추체험을 통한 공감적 '이해'를 넘어서서, 사회나 개인적 문제를 비판적 안목으로 볼 수 있는 '설명(erklären)'의 과정을 수용하게 된다. 철학적 해석학이 전통의 매개작용을 꾀하며 현재에 대한 과거의 의의를 결정하려고 노력한다는 점에서 과거지향적이라고 한다면 상기한 바와 같은 하버마스의 비판적 해석학은 현실을 단순히 해석하기보다는 보다 나은 사회를 위하여 현실에 대한 변혁을 추구한다는 점에서 미래지향적이라고 할 수 있다.

6. 리쾨르 - 현상학적 해석학

리쾨르(Paul Ricoeur)는 그동안 해석학에 나타난 상이한 여러 가지 입장들을 중재하면서 현상학적 해석학이라는 그 나름대로의 독특한 방향으로 해석학적 논의를 이끌어 갔다. 그는 하이덱거에게서 나타난 존재론적 해석학과, 가다머의 영향사적 해석학, 그리고 하버마스에게서 나타나는 비판적 해석학의 착점들을 수용하면서 각 입장들의 특성을 변증법적으로 서로 연결시키고 있다.

리쾨르는 우선 슐라이어막허와 딜타이의 '방법'적 차원의 해석학과 하이덱거와 가다머의 존재론적으로 정위된 해석학적 '철학'의 양 측면을 상호대립적으로 보지 않고, 상호긴장관계로 보면서 그 둘을 변증법적으로 서로 연결시키는 "텍스트 해석학"을 전개하였다. 그는 여기에서 물론 문자로 표현된 텍스트를 해석하는 방법에 대하여 제안을 하고 있다. 그러나 그의 해석학은 단순히 방법적 차원을 넘어서는데, 그에게서는 텍스트 자체가 새롭게 이해되고 있기 때문이다. 그에게서 텍스트의 의미는 하나의 세계와 세계기획을 포함하는 자율적 의미구조이고, 그러한 텍스트를 '해석'한다는 것은 독자가 텍스트의 의미 구조에 들어가서 '자기이해'를 새롭게 하고 존재론적 변형을 이루는 존재론적 의미를 가지는 사건이 된다. 해석학적 우회로를 통해서 해석자는 텍스트가 지시하는 세계에 자신을 열고 진정한 자기이해에로 나아가게 되는 존재론적 변화를 맞게 된다. 리쾨르는 이렇게 하여 '방법'으로서의 해석학과 '존재론적' 해석학을 변증법적으로 상호 연결시키고 있다.

리쾨르는 또한 철학적 해석학이 영향사와 지평융합의 이름으로 강조하였던 주관적 측면과 하버마스가 비판적 해석학을 바탕으로 시도하였던 객관성의 측면을 모두 수용하여 그 둘을 중재하고자 하였다. 그는 '이해'와 '설명' 모두를 해석의 과정에 수용하여 주관성과 객관성을 서로 연결하고, 비판의 기능과 해석을 통한 자기이해의 기능을 강조함으로써 존재론적으로 정위된 해석학과 비판적 해석학의 상호-변증법적 연결을 시도하였다.

리쾨르의 해석학이 특별히 현상학적 해석학이라고 불리우는 것은 그가 해석학을 현상학과, 현상학을 해석학과 서로 연결시키려는 시도를 하고 있으며, 그 스스로도 자신의 철학을 "해석학적 현상학"이라고 칭하고 있기 때문이다.[54] 리쾨르는 현상학으로부터 영향을 받아 그의

---

54) 리쾨르는 이미 그의 해석학적 초기 저술 「악의 상징」을 해석학적 현상학의 입장에서 저술하였고, 후에 그의 대표적 해석학 주저인 「해석의 갈등」 서문에서는 그 책을

전 생애동안 현상학을 자신의 철학적 방법으로 활용하였으면서도, 동시에 현상학을 비판적으로 숙고하고 해석학적 사고를 바탕으로 현상학의 약점들을 보완하였다.[55]

그는 특별히 훗서얼(E.Husserl; 1859-1938)의 현상학의 관념론적 성격을 비판하였는데, 현상학이 추구하는 '전제 없는 궁극적 출발점'이란 해석학적으로 보았을 때 불가능하다는 것이다. 훗서얼은 원본적으로(orginaly) 부여되는 직관이 인식의 원천이라고 하였지만, 해석학적으로 보았을 때 이해는 언제나 선이해구조를 지니고 있고, 직관된 그 무엇도 해석 없이는 이루어질 수 없다고 하였다. 따라서 그는 해석학과 현상학간에는 상호적으로 서로 보충되는 "상호적 귀속성(mutual belonging)"이 이루어져야 한다고 하였다. "현상학은 해석학이

쓰는 목적인 '현상학 방법에 해석학의 문제를 접목시킴으로써 현대 철학에 새로운 길을 제시하는 것'이라고 명시하고 있다. P.Ricoeur, Le Conflit des Interpretations, 양명수 역, 「해석의 갈등」, (서울, 아케넷, 2001), 5쪽. 참조, 정기철, "리쾨르의 악의 상징", 정기철 편, 「철학과 신학」, (서울, 한들출판사, 1997), P. 216.

55) 현상학은 훗서얼(Husserl)이 정초한 철학으로 스스로를 "엄밀한 학으로서의 철학"이라고 부르면서 절대적 시초에 관한 소위 "제 1철학"을 추구하였다. 훗서얼은 이를 위해 절대로 의심할 수 없는 최초의 진리를 "명증(Evidenz)"이라고 칭하였는데 바로 이 명증을 획득하는 것이 현상학의 과제라고 하였다. 명증을 획득하기 위하여 우선 "지각의 원본성"에로 돌아가야 한다고 하였다. 원본적으로 주어지는 직관이야 말로 모든 현상을 파악하는 순수의식으로, "사물 그 자체(Dinge ansich)"를 보았을 때 의식이 직관적으로 파악하는 작용이라는 것이다. "사물 그 자체"는 이미 자신의 선구조를 가지고 있고 이것이 인식하는 자의 주관에 주어진다. 이것은 주관이 능동적으로 작용하기 앞서서 사물 그 자체는 그것대로 역사를 가지며 그 나름의 질서를 갖춘다는 말이다. 우리가 인식한다는 것은 질료로서 이미 주어져 있는 사물을 우리가 알 수 있는 형태로 밝혀내는 것이고 그런 의미에서 인식은 대상화 작용, 객관화 작용이라고 할 수 있다. 훗서얼은 그러한 대상화 작용에서 부정적 영향을 미치는 이차적이고 비본질적인 것, 실존적 조건들 등 외계의 일체 대상은 "괄호 치기(Einklammern)"를 통하여 배제되어야 하고, 존재의미를 벗겨내는 "선험적 환원"과 "형상적 환원"을 통하여 사실의 영역에서 본질의 영역으로 옮겨갈 때 사물 그 자체의 명증성이 획득된다고 보았다. 후서얼은 이러한 입장에서 "노에시스(noesis)"와 "노에마(noema)"의 상관 관계에 있어서의 의식의 본질적인 구조를 분석, 기술하고 자연적인 사물, 유기체 더 나아가, 사회, 문화 등 일체의 대상의 규정을 논하고 다수의 주관의 상호적 또는 공동적인 문제에까지 현상학을 전개하였다.

넘어설 수 없는 전재로 남아 있어야 하고, 해석학적 전제 없이 현상학은 스스로 성립될 수 없다"는 것이다.56) 그와 같은 관점에서 리쾨르는 현상학적 전제를 바탕으로 하는 해석학의 방향을 제시하였다.57)

리쾨르의 해석학에 나타나는 현상학적 특징 중 하나는 그가 해석의 과정에서 해석자 자신의 삶의 경험이나 선이해로부터 시작하기보다는 현상학이 추구하였던 "사물 그 자체(Dinge an sich)"에 대한 인식으로부터 시작하고 있다는 것이다. 그는 사물 자체가 이미 의미의 선구조를 가지고 있다는 현상학적 착점에 근거하여, 해석자의 주관에 선행하여 텍스트 자체가 갖고 있는 의미의 구조를 따르는 해석을 시도해야 한다고 하였다. 예를 들어 그는 인간의 사유의 행위는 "생각하는 생각"과 "생각 나는 생각"의 두 유형으로 볼 수 있는데, 생각나는 생각이란 해석자가 주체적으로 의도하는 생각이 아니라, 텍스트 자체가 이끌어 가는 의미체계에 해석자의 사유가 이끌려지는 것을 의미한다고 하였다.58) '상징'이나 '은유'와 같은 표현들은 우리에게 생각나는 생각을 유발시키는 대표적인 형태이다. 상징이나 은유가 스스로를 드러내면서 일으키는 직접적인 생각 없이 생각하는 생각은 불가능하

---

56) P.Ricoeur, "Phenomenology and Hermeneutics"(1975), *Hermeneutics and The Human Sciences*, de. by J. B.Thompson, London, (Cambridge University Press, 1981), P. 101.

57) 첫째, 해석학적 이론은 이해의 '언어성'과 관련하여서만 해석학적 이해를 위한 조건들을 해명할 수 있다. 리쾨르에 있어서 이것은 해석자의 자기의식이나 전이해에 앞서서 의미가 선행한다는 것이다. 언어는 해석자의 이해에 선행하여 의미구조를 가지고 있기 때문이다. 둘째, 경험적, 언어적 세계를 제거하는 현상학의 "판단중지(epoche)"는 해석학 안에서 "소격", 즉 "거리두기"의 과정으로 수행될 수 있다. 이 이 과정을 통해서 주체의 귀속성에 대한 비판적 사고가 가능하다. 셋째, 현상학적 전제에서 가장 근본적인 것은 존재에 관한 물음은 그 존재 자체의 의미에 관한 것이라는 것이다. 넷째, '생활 세계적 현상학'은 해석학에 역사적, 문화적 상황 속에서의 종합적인 지각경험의 의미차원을 해명하는 방법적 관점과 이러한 의미를 일반학문의 언어로 재현할 수 있는 기반을 제공한다는 것이다. P.Ricoeur, "Phenomenology and Hermeneutics", P. 97.

58) 폴 리쾨르, 악의 상징. p. 349.

다. 이렇게 텍스트 자체가 가지고 있는 의미체계에 자신을 열고 인도되는 것은 '사물'을 그 자체에서 파악하려고 하는 현상학의 전제와 일치된다. 리쾨르는 주체가 주체를 포기하여야 텍스트가 가리키는 세상이 내 것이 된다고 이야기한다. "스스로 주인이 되는 자기를 버리고 텍스트의 열매인 나를 찾는다." 이것이 리쾨르의 현상학적 해석학의 메시지이다. 주체의 자기 이해는 텍스트 앞에서 생기며 그때 주체는 스스로 주인이 되는 자가 아니라 해석을 통해 존재의 뜻을 찾는 주체가 된다.59)

리쾨르는 특별히 "문서화된 텍스트" 자체의 해석에 집중적으로 관심을 기울였다. 「악의 상징」(1960)이나 「프로이드와 철학」(1965) 등이 쓰여졌던 그의 전기(前期) 저서에 나타나는 해석학은 '상징 해독'을 지향하는 이해작업으로 정의되었었다. 그러나 그의 후기 해석학 이론에서 리쾨르는 해석학을 일반 언어의 문제와 텍스트 이론과 연결시키면서 '텍스트해석'의 이론으로 전개된다.60)

그는 '텍스트'란 구문으로 고정된 '대화' 상황과 동일하다는 슐라이어막허의 입장을 수용하면서도, 이에서 더 나아가 텍스트는 그것의 모체가 되는 대화상황, 그리고 대화상황을 일으켰던 사건을 넘어서서 그 자체로 독립된 새로운 의미의 구조를 갖는다고 보았다. 말하여진 내용이 문자로 고정되면서 텍스트는 이제 저자의 의도나 청자의 기대를 넘어서서 텍스트 자체의 의미를 획득한다는 것이다: "텍스트에 의해서 개방되는 사상은 저자의 의도나 독자의 느낌이나 기대가 아니라 텍스트 자체의 의미이다."61) 그래서 그는 텍스트와 저자의 의도는 일

---

59) 양명수, "리쾨르의 해석학과 현상학", pp. 213-214.
60) 리쾨르는 해석학적 영역의 이러한 확장은 다양성과 애매성이 상징에만 국한되지 않고 말과 문장의 수준에 있는 일반 언어에도 부착하고 있다는 사실을 인식한 것이다.
61) P.Ricoeur, *Interpretation Theory, Discourse and Surplus of Meaning*, Fort Worth, (Texas Christian University Press), 1967, P. 31.

치하지 않을 수도 있다고 하였다: "글로 쓰여진 담화에서 저자의 의도와 구문의 의도는 일치하지 않으며… 구문 나름대로의 발전은 저자의 삶에 의해 이루어진 유한한 지평을 벗어나게 된다"62) 대화가 문자로 고정 되면서는 직접성과 직시적 지시대상이 상실되고, 저자의 의도로부터 '말하여진 내용'이 분리되는데, 이렇게 하여 문자화된 구문들은 '자율성'을 획득하게 된다. 이 텍스트의 자율성에서 독자는 텍스트를 통한 언어의 완전한 개방성 속에 놓여지고 텍스트 세계에서 제시되는 새 의미를 만날 수 있게 된다.

텍스트의 특징은 담론이 그 속에서 고정화됨으로써 '저자로부터 분리되고, 자율적이고, 그 자체에 의미를 지닌 언어체가 된다는 데 있다. 그러므로 텍스트는 구두적 담화와 구분되며 저자의 의도나 청자나 독자의 의도에 따라서 임의적으로 해석되어질 수 없다. 텍스트는 독자적이고 언어적으로 고정된 권위를 지닌다. 텍스트는 그 자체의 지시체(reference)를 지니고 있고 그에 의하여 열리는 세계명제(world-propostions)를 가지고 있는데, 해석이란 일차적으로 텍스트가 말하는 바, 텍스트의 고유한 언어세계와 사고세계를 해석하는 텍스트 지향적 해석 방법을 추구해야 한다고 하였다.

텍스트 자체가 가지고 있는 고유한 언어와 사고세계를 해석하는데 있어서 리쾨르는 '소격화', 즉 일종의 '거리두기'가 필수적이라고 하였다. 기존의 해석학이 독자와 텍스트 사이의 거리를 '추체험'이나 '지평융합' 등을 통하여 텍스트의 의미에 참여함으로써 좁혀서 극복할 것을 추구하였다면, 리쾨르에 따르면 독자와 텍스트 사이의 거리를 두어서 텍스트 자체가 가지고 있는 이해의 선구조가 독자의 선이해나 기대에 속박됨 없이 일어나게 해 주어야 한다고 하였다. 텍스트의 해

---

62) P.Ricoeur, "The Model of the Text: Meaningful Action Considered as a Text", Social Research, vol. 38, no.3, P. 532.

독은 텍스트밖에 있는 세계와 텍스트와의 관련보다는 구문 안에 담겨 있는 의미 즉 구문의 내적인 유기적 조직을 간파하는 일이다. 이를 위하여서는 독자에 대한 텍스트의 우선성을 인정하고 텍스트와 자신의 지평간의 소격상태에 머물면서, 텍스트가 가지고 있는 의미의 선구조를 그 자체로 파악해야 한다는 것이다.

'소격화'와 나란히 리쾨르는 '설명'의 필요성을 역설하였다. 딜타이의 "인간정신은 이해하고 자연현상은 설명한다"는 명제는 하버마스의 비판적 해석학에서 재고된 바 있다. 하버마스는 우리의 전이해와 경험의 지평 안에 있는 이데올로기적 요소들을 극복하기 위하여 우리의 해석은 텍스트로부터 일정한 객관성을 유지하면서 그에 대한 '설명'적 방법으로 접근되어야 한다고 하였다. 리쾨르는 비판적 해석학의 그러한 입장을 받아들이면서, 텍스트를 이해하기 위한 모든 종류의 설명적 방법론의 필요성을 역설하였다. 설명적 방법은 특별히 텍스트에 대한 구조적 분석과 관련되는데, 텍스트 이해의 초기 단계에서 우리의 선이해를 바탕으로 한 '추측'이 '설명'의 방법을 통하여 '타당화' 된다는 것이다. 따라서 리쾨르는 '이해는 설명에 선행하고, 설명을 동반하고, 종결시키면서 설명을 포함한다'고 하였다. 설명은 이해를 분석적으로 전개시키면서 이해가 보다 잘 일어나도록 돕는 역할을 하는 것이다.[63]

리쾨르가 전개한 텍스트 해석과정의 '소격화'는 그러나 텍스트 해석의 마지막 단계인 '전유(Aneignung)'를 지향한다. 전유는 소격화의 상대과정으로서 소격화가 텍스트와 독자 사이에 일정한 거리를 두는 행위라고 한다면, 낯설었던 것을 자기 것으로 하는 과정이고, 따라서 텍스트와 독자 사이의 거리감과 낯설음을 극복하고 친숙하게 만드

---

[63] P.Ricoeur, "Explanation and Understanding", *The Philosophy of Paul Ricoeur*, 김영한, 하이덱거에서 리쾨르까지, P. 454 재인용.

는 과정이다. 전유과정은 텍스트가 지시하는 세계를 자기의 것으로 하는 과정이다. 그에 의하면 텍스트는 세계기획을 지시하는데, 이 세계는 가능의 세계이고, 새로운 존재양식을 지시하는 기능을 한다. 그래서 텍스트를 읽는 독자는 텍스트의 세계를 통하여 존재를 이해하게 되고, 텍스트가 지시하는 새로운 존재양식을 만나게 된다. 따라서 전유의 과정이 텍스트를 자신의 것으로 만든다고 해서, 독자가 텍스트의 세계를 자신의 세계로 환원시키는 것이 아니며, 또한 이미 특정한 존재 양식을 가지고 있는 독자가 자신의 자기 이해를 텍스트에 투사하는 것도 아니다. 오히려 전유는 텍스트가 열어 보여준 새로운 존재 양식을 통해서 독자가 자신을 이해 할 수 있는 능력을 받는 것이다. 즉 전유는 텍스트 앞에서의 "자기이해"이다:

"내가 결론적으로 적용하는 것은 세계 기획이다. 이것은 텍스트 배후에 그것의 감추어진 의도로서가 아니라, 작품이 전개하고, 발견하고, 드러내는 것으로서 텍스트 앞에서 발견된다. 따라서 이해는 텍스트 앞에서의 자기-이해이다."[64]

그렇게 보았을 때 텍스트는 그것을 통해 우리가 자기자신을 이해하게 되는 매개이다. 독자는 텍스트가 지시하는 새로운 존재양식을 통해 자신과 자신의 가능성을 이해하고 자기-기투의 능력을 늘려간다. 이렇게 전유는 또 다시 하나의 사건이 된다. 이제 독자는 자신에게서 소격화 함으로써 새로운 자기가 되어가고, 자기 중심적이고 자기 환상적인 자아로부터 탈피한다. 해석은 텍스트가 지시하는 세계에 앞에서 독자가 자기-이해의 확대와 자아변형으로 응답하게 된다. 이러한 맥락

---

[64] P.Ricoeur, "Philosophische und Theologische Hermeneutik", dt. v. K.Stock, P.Ricoeur, E.Jüngel, Metapher. *Zur Hermeneutik relieiöser Sprache*, (München, 1974), P. 33.

에서 리쾨르는 "텍스트의 의미는 텍스트의 배후에 있지 않고 앞에 있다"고 한 것이다. 슐라이어막허가 텍스트의 뒤에 있는 저자의 마음을 이해하려고 하였다면, 리쾨르는 언제나 새로운 의사소통의 맥락 안에서 텍스트의 의미와 지시체를 이해하려고 했다.

리쾨르의 텍스트 해석이론은 소격화와 전유의 변증법이다. 소격화가 일상적인 것에 대하여 거리를 두는, 다시 말하면 당연한 것을 낯선 것으로 만드는 작업이라면, 전유는 낯선 것을 자신의 것으로 만드는 이해의 과정이다. 이와 같은 소격화와 전유의 변증법을 통해서 그는 존재론적으로 정위된 철학적 해석학과 비판적 해석학의 주관적이고 객관적 측면, 실존적이고 비판적 측면을 통합하였다.

그는 또한 "텍스트 해석학"이라는 텍스트 해석방법을 제시함으로써 슐라이어막허와 딜타이의 방법적 해석학에 접목하였다. 그러나 그의 해석학은 단순히 방법적 차원만을 추구한 것이 아니라 존재론적 차원을 포함하고 있다. 그는 텍스트의 의미를 단순히 문자적으로 고정된 문헌이라고 하는 이해를 넘어서서 그 자체로 이미 지시하는 세계기획을 갖고 있고, 따라서 그 앞에 서 있는 독자의 새로운 자기이해와 자기변형을 초래하는 실존적 차원을 가진 무엇으로 이해함으로써 슐라이어막허와 딜타이의 방법적 해석학과 하이덱거와 가다머의 실존적 해석학을 변증법적으로 서로 연결시키고 있다.

리쾨르의 해석학은 또한 성서해석학을 핵심적 과제로 하는 신학적 해석학에 시사하는 바가 매우 크다고 할 수 있다. 본고에서는 직접적으로 다루지 않았지만 리쾨르는 신학과 철학을 서로 연결시키려고 시도하는 사상가로서 그의 해석학적 사고를 바탕으로 "철학적 해석학과 신학적 해석학", 그리고 "성서해석 논구(1980)"를 집필하여 성서해석의 방법을 제시하고 있을 뿐만 아니라, 불트만의 실존론적 해석학과의 비판적 대화를 수행하기도 하였다.[65]

리쾨르의 현상학적 해석학이 제시하는 텍스트의 개념은 성서의 계시성을 드러낼 수 있는 결정적인 해석의 틀이 될 수 있다. 그는 텍스트가 이미 독자적이고 언어적으로 고정된 권위를 지니고 있고 그에 의해 열리는 세계기획을 가지고 있다고 하였고, 이를 위해서 해석자는 일차적으로 텍스트가 말하는 바 고유한 언어세계와 의미체계 자체를 이해하는 텍스트 지향적 해석방법을 추구하여야 한다고 하였다. 이러한 그의 텍스트 이해는 "쓰여진 계시말씀"으로서의 성서를 이해하는 적합한 틀이 된다고 할 수 있다. 텍스트의 자율성 개념은 성서의 계시 사실을 있는 그대로 수용하면서, 성서가 계시하는 지시체를 우리의 전이해와 관심들을 초월하여 그 자체로 이해할 것을 시사한다.

또한 그의 소격화 개념은 성서 자체가 갖는 고유한 특성과 성서 언어의 다양성을 수용하게 하고 그를 이해하기 위한 다양한 '설명'의 방법들을 수용하는 이론적 준거가 된다. 성서에 나타난 상징과 은유의 개념, 예언과 설화, 지혜문서와 찬송 그리고 시와 같은 담화의 형태들은 각 형태의 이해를 위해 요구하는 다양한 해석적 방법을 수용할 것을 시사한다.

그의 해석학이 성서해석학에 주는 결정적 시사점은 또한 무엇보다 '전유'의 과정을 통한 해석의 실존적 차원이라고 할 수 있다. 그는 해석의 과정이란 텍스트가 지시하는 세계기획에 독자가 자신을 열고 '자기이해'를 새롭게 함으로써, 은폐되었던 자신을 새롭게 발견하고 텍스트가 제시하는 세계기획에 참여하는 실존적 차원을 포함하는 것이라고 하였다. 이러한 그의 해석적 입장은 우리가 성서 앞에서, 모든 왜곡된 자기 이해를 버리고 새로운 자기이해를 획득하며, 성서가 지시하는 '하나님 나라'라는 세계기획에 참여하도록 하는 실존적 해석의

---

65) 참조, 윤철호, 「기독교인식론과 해석학」, (한국장로교출판사, 1999), P. 290-348.

과정에 참여해야 함을 시사하는 것이라고 할 수 있다.

Ⅲ. 해석학적 인식론

앞장에서 살펴본 대로 현대 해석학은 슐라이어막허가 그 정초를 놓은 이래 다양한 사상가들의 숙고와 토론을 거쳐 오면서 새로운 착점들이 제기되고, 그것들 간에 대화와 비판이 이루어지면서 끊임없이 확대 심화되는 과정을 거쳐왔다. 슐라이어막허와 딜타이가 전개했던 초기의 해석학이 현대 해석학 전반에 대한 근본적인 방향을 제시하면서도 해석 방법에 초점이 맞추어져 있었다면, 하이덱거와 가다머는 '이해'의 현상과, 이해를 삶의 본원적 현상으로 하는 '인간존재' 자체에 관심을 가지면서 해석학적 철학을 전개하였다. 그에 반하여 하버마스는 해석학에 비판 이론적 숙고를 첨가하면서 해석학의 사회비판이론으로서의 기능을 강조하였고, 리쾨르는 그러한 비판기능과 존재론적 차원의 숙고를 변증법적으로 서로 연결시키면서 기존의 해석학을 다측면적으로 서로 묶어내는 역할을 하였다.

이렇게 다양한 발전과정을 거치면서 해석학은 그의 기본적 입장은 서로 공유하면서도, 그를 바탕으로 다양한 새로운 관점들이 첨가되었다. 이러한 해석학의 발전과정을 바탕으로 우리는 소위 '해석학적 인식론'을 재구성해 볼 수 있다. '인식론'이란 인간의 앎의 현상을 설명하는 철학의 한 영역으로서 무엇보다 인식의 과정, 인식의 구조와 범위, 방법 등을 탐구하는 분야인데, 해석학은 독특하고 고유한 방법으로 인간의 앎의 현상을 설명해 주는 하나의 체계를 제시해 주고 있다고 할 수 있다. 해석학은 인간의 앎의 현상을 해명할 뿐만 아니라, 인간의 앎의 형성과정에 관련되는 요소들과 구조들에 대하여 안목을 형성하여 주고, 더 나아가 앎이라는 활동이 궁극적으로 지향해 나아가야 할 방향에 대해서도 하나의 봄의 방식을 제안하여 준다. 이 장에서는 여러 해석학자들에게 나타난 해석학적 구조와 테마들을 바탕으로 해서 해석학이 인식론에 시사해 주는 바의 것들을 재구성해 보고자 한다.

1. 인식의 삶 관련성

해석학이 인식의 과정과 관련하여 시사하는 가장 핵심적인 것 중의 하나는 우리의 인식, 즉 앎의 행위는 우리의 삶과 무관하게 형성되는 것이 아니라는 것이다. 이미 슐라이어막허와 딜타이는 인간의 사고가 초공간적, 초시간적 관념으로부터 형성되는 것이 아니라 '사회적이고 역사적 세계' 안에서 형성된다는 사실로부터 해석학적 사고를 전개하기 시작하였다. 인간은 자신이 처해 있는 사회적·역사적 세계 안에서 감정과 의지, 도덕과 가치관을 공유하게 되고, 이 공유된 세계의 바탕 위에서 다른 사람의 표현에 나타난 기호를 해독하게 되면서 앎의 범위를 확대해 간다는 것이다.

딜타이가 인간의 앎의 과정을 "체험-표현-이해"의 삼 단계로 표현한 것처럼 인간은 삶의 경험을 표현하고 표현한 것을 이해하는 과정에서 앎을 확대하여 간다.[66] 이렇게 볼 때 인간의 인식이란 추상적이거나 관념적으로 논증되는 체계로 전개되는 것이 아니라, 포괄적인 삶 연관성에서만 성립될 수 있으며, 또한 삶과의 존재연관성에서만 논증될 수 있다는 사실을 확인할 수 있다.

인식의 삶 관련성을 누구보다 분명히 그리고 열정을 가지고 증명하

---

66) Dilthey, "Der Aufbau der geschichtlichen Welt in den Geisteswissenschaften" (1910), *Gesammelte Schriften, Bd. 7*, Leipzig/Berlin, 1927, P. 84.

고자 한 사상가는 하이덱거였다. 그는 그의 저서 「존재와 시간(Sein und Zeit)」에서 인간은 "세계 내 존재(In-der-Welt-sein)"로 살아가면서 의미와 가치의 체계를 형성해 가는 존재라고 규명함으로써 우리의 인식의 과정이 삶과 동본원적으로 서로 연결되어 있음을 역설하였다. 하이덱거는 세계 안에 던져진 인간은 삶 속에서 이미 이해의 전구조를 형성하고 있다는 점을 강조하면서 슐라이어막허로부터 이미 개념화되어 있었던 "전이해"의 개념을 구체화 시켰다. 전이해란 인간의 삶 속에서 언제나 이미 형성된 이해의 전구조로서 "아직 개념화되지 않은" 형태로 인간 안에 내재하여 있다는 것이다.[67] 인간의 이해현상이란 이러한 전이해 속에 잠재되어 있는 무엇이 "무엇으로서(als etwas)" 이해되는 현상이라는 것이다. 전이해에 포함되어 은폐되어 있었던 무엇이 무엇으로서 분명히 드러나는 것이 곧 이해의 사건이라는 것이다.

가다머도 하이덱거와 같은 맥락에서 전이해 개념을 전개하였다. 그는 전이해란 인간이 역사성을 갖고 사는 한 인식의 필연적인 기반이 된다고 하였다. 따라서 전이해를 가지고 있다는 사실은 결코 어떤 결핍의 상태나 극복되어져야 할 부족상태가 아니라, 우리가 오히려 무엇인가를 이해할 수 있는 기초가 된다는 것이다. 가다머는 이것을 특별히 '지평'이라고 칭하였는데, 지평은 우리에게 이해의 기반이 될 뿐 아니라, 우리가 그 속에 들어가 활동하는 존재의 기반이 된다고 하였다. 따라서 지평 없이 존재하는 것은 진공에 떠 있는 삶처럼 기반이 없는 비현실적 삶이다. 지평은 우리의 존재의 기반이고 우리의 인식을 인도하고 이끌어 간다. 따라서 가다머는 이해란 이 지평과 다른 지평 간의 "융합"이라고 하였다.[68] 이해의 현상, 즉 앎의 현상은 전혀 새로

---

[67] M.Heidegger, "Vom Wesen des Grundes", (Wegmarken, Frankfurt a.M., 1967), P. 28.
[68] H.G.Gadamer, *Wahrheit und Methode*, P. 286.

운 어떤 것을 알아 가는 것이 아니라 자신의 지평과 또다른 지평이 만나 서로 융합하는 과정이라는 것이다.

인식과 삶과의 본원적 관계성은 이처럼 모든 해석학자들에게 근본적으로 서로 공유되는 해석학의 핵심적 원리의 하나이다. 이와 같은 해석학적 입장은 따라서 인식에 있어서 "아르키메데스적 기점"을 추구하였던 고전적 인식론에 대하여 근본적인 물음을 제기한다. 볼로(O.Fr.Bollow)에 의하면 서구의 인식론에서는 합리론이나 경험론 두 측면 모두 인식의 절대적 출발점을 전제하였고, 그것을 추구하였다.[69] 데카르트로부터 시작되는 합리론은 '생각한다는 사실(cogito ergo sum)'을 기반으로 가장 확실하고 분명한 '명증성(Evidenz)'을 찾아 인식의 출발점으로 삼으려고 하였고, 근대 영국 철학의 전통을 이어온 경험론은 인식의 확실한 단초로서 절대적인 무(無) 상태(tabula rasa)를 인식의 출발점으로 삼으려고 하였다. 그러나 이와 같은 추구는 해석학적 입장에 볼 때는 실현 불가능한 일이다. 우리는 우리의 삶의 세계에 "언제나 이미(immer schon)" 투입되어 있기 때문에, 인식을 위한 제 1의 단초도, 절대적인 무(無)의 자리매김도 존재하지 않는다. 이러한 무단초성은 모든 인간 인식의 불가피한 조건에 해당되는 것이다. 인간의 모든 인식은 이미 이해된 세계로부터 출발하고, 이미 이해된 세계라고 하는 것은 우리가 던져진 삶의 세계로부터 언제나 이미 형성된 것이라는 것이다.

2. 인격적 - 실존적 지식

인식의 삶 관련성을 정초로 하는 해석학적 인식론은 '지식'의 "삶

---

[69] O.Fr.Bollnow, *Philosophie der Erkenntnis; Das Vorverständnis und die Erfahrung des Neuen*, (Stuttgart, Kohlhammer, 1981), 백승균 역, 「인식의 해석학: 인식의 철학」, (서광사, 1993), P. 25이하

관련성"을 지시하여 주기도 한다. 인식이 우리의 삶과 불가분리로 서로 연결되어 있다는 것은 '지식'이 우리의 인격적이고 실존적 차원을 포함하는 것이며, 그러한 차원의 지식이야말로 우리의 실존적 삶을 움직이는 힘을 가지고 있다는 것을 역설하여 준다.

근대 이후 객관주의적 인식론은 주관과 객관을 엄격히 분리하고, 인식에 있어서 주관적이고 인격적 측면들을 엄격히 분리해 내려 하였다. 최대한으로 주관성이 분리된 지식이야말로 과학적 지식이고 진리에 가깝다고 보았기 때문이다. 그들은 객관주의와 과학의 이름 아래 인격적이고 실존적 요소들을 지식에서 배제하였고, 객관성과 과학성을 '진리'의 척도로 삼았다.

해석학은 그러한 객관주의적이고 과학주의적 인식이 오히려 하나의 미신과 같다고 진단하면서, 주관적이고 인격적인 측면이 인식의 현상에서 배제되어야 할 무엇이 아니라, 오히려 인식의 필수적 기반이 됨을 역설한다. 해석학적 인식론은 객관적 지식이 아닌 인격적이고 실존적 지식이야말로 우리의 삶에 영향을 미치는 힘을 가진 살아있는 지식이 되고, 그러한 힘이야말로 '진리'를 가늠하는 척도가 됨을 알려준다.

하이덱거는 헬라어 "진리(알레테이아)"의 개념을 어원적으로 해석하여 '탈은폐'라고 하였다.70) 그것은 진리가 은폐되었던 우리의 존재를 은폐에서 벗겨주고 참다운 자기를 해명하여주는 실존적 힘을 가진 것임을 강조하고 있는 것이다. 그래서 하이덱거는 진리란 '냉혹'하고, '폭로적'이며, '위협적'이기까지 하다고 하였다.71) 진리란 인식하는 사람으로 하여금 자신이 지금까지 가져왔던 안락하고 편안안 상태의

---

70) M.Heidegger, *Sein und Zeit*, P. 33.
71) Ibid., 진리의 양면성, 3장(진리의 윤리적 전제), 2(과오로서의 비진리 라는 하이덱거의 개념)

삶이 가지고 있는 허구성을 폭로하고, 그것으로부터 과감히 벗어날 것을 냉혹하게 요청하는 위협적인 힘을 가지고 있기 때문이다. 해석학적 인식론은 이처럼 진리란 단순히 현실에 대한 정확한 서술이나, 명료한 해명을 제시하는 것이 아니라 인간을 자신의 존재의 심연으로부터 보게 하고 깨닫게 하는 실존적 차원을 포괄하는 지식을 의미한다는 것을 강조한다.

O.F.볼노오는 그의 저서 「진리의 양면성」에서 그리스적 진리와 히브리적 진리의 두 구성양식을 '거울'과 '바위'에 비유하고 있다. 그리스적 진리 개념이 주어진 사실에 대한 올바른 진술을 추구한다는 점에서 '거울'과 같은 진리라면, 히브리 사람들에게 진리란 근원적인 의미에서 존재파악이며, "흔들리지 않는 지속성을 신앙하는 모든 사람들에게 허용하는 것이고, 지속적으로 존재하는 것이며, 그리고 그 위에 그들의 존재의 집을 지을 수 있다"는 의미에서 '바위'로 상징될 수 있다고 하였다.[72] 볼노오는 그리스적 진리의 개념이 객관성과 엄격성, 합리성을 추구하는 계몽주의 이후의 서구 모더니즘적 진리개념과 일치한다면, 히브리적 진리의 개념은 인격적이고 실존적 진리를 추구하는 해석학적 앎의 개념과 일맥 상통한다고 보았다.

이와 같은 볼노오의 말처럼 해석학이 추구하는 인격적- 실존적 앎의 개념은 실제로 성서에 나타나는 '지식'의 개념과 일치하는 것을 볼 수 있다. 성서는 단순한 객관적 정보를 지식이라고 하지 않고, "여호와를 경외하는 것"(잠 1,7)을 지식의 근본이라고 하였다. 이것이 의미하는 것은 지식이란 주관과 상관없는 가치중립적이고 객관적 정보를 지칭하는 것이 아니라 그 지식 대상과의 인격적이고 실존적 관계를 포괄할 때 지식으로서의 본래적 기능을 한다는 것이라는 말이다.

---

72) P.Fr.Bollnow, *Das Doppelgesicht der Wahheit, Phelosophie der Erkenntnis*, (Stuttgart, 1975), P. 9.

우리가 잘 아는 대로 히브리 동사 '야다(yada)'는 '알다'라는 뜻을 가진 동사인데, 이것이 인칭 목적어와 함께 쓰여서 '성행위를 하다'를 의미하는 것은 성서가 앎을 인격적이고 실존적 차원에서 이해하고 있다는 결정적인 근거라고 할 수 있다.(창 4:1, 25, 민 31:18, 산21:12)[73] 이러한 히브리적 사고에서 우리가 엿볼 수 있는 것은, 히브리인에게서는 아는 주체와 알게 되는 객체가 분리되지 않고, 주체가 객체에로 적극적으로 관여해 들어가고 '관계'를 맺을 때 참된 앎이 생성된다고 보고 있다는 사실이다. 그들에게서 앎은 '관계성'과 '인격적인 교제'에서 생기며, 단순한 인식적 관찰이나 분석을 통해서가 아니라 적극적인 관계맺음이라는 실천을 바탕으로 이루어지는 것이다. 호세아서 6장 3절은 우리가 여호와를 힘써 알려고 할 때 그가 우리에게 비와 같이 임한다고 하였다.[74] 여호와를 아는 일은 곧 그가 우리에게 임하고 우리와 관계를 맺게 된다는 뜻으로, 앎의 관계성과 인격성을 단적으로 나타내주는 말이다.

이사야서 6장 9절에 "여호와께서 가라사대 가서 이 백성에게 이르기를 너희가 듣기는 들어도 깨닫지 못할 것이요 보기는 보아도 알지 못하리라"하는 말씀이 있다. "들어도 깨닫지 못함"이란, 들은 바의 것이 듣는 자의 마음과 실존에 부딪쳐서 오는 인격적 관계성이 없어서 깨닫지 못함을 지칭하는 것이고, "보기는 보아도 알지 못함"도 마찬가지로 인격적인 차원의 깨달음 없이는 보는 것 자체로는 진정 아는 것이라고 할 수 없음을 지칭하는 것이다. 객관적인 앎과 인격적이고 실

---

73) '야다'의 그리스어 번역 '기노스케인(γινωσκειν)'도 여전히 그러한 뜻을 내포하고 있다(마1:25, 눅1:34) "나는 사내를 알지 못하는데 어찌 이 일이 있으리까?" 라는 마리아의 말 알다의 의미는 성행위와 관련되어 있다.
74) "그러므로 우리가 여호와를 알자 힘써 여호와를 알자 그의 나타나심은 새벽 빛 같이 어김없나니 비와 같이, 땅을 적시는 늦은 비와 같이 우리에게 임하시리라 하니라"(호6:3)

존적 앎의 차이를 잘 대비시켜주는 구절이라고 할 수 있다.

또한 신약성서에서 하나님을 안다고 했을 때에도 이 앎은 하나님에 대한 객관적 앎을 의미하는 것이 아니라, 인격적인 관계를 바탕으로 맺어진 앎을 의미하는 것이었다. "사랑하지 아니하는 자는 그를 알지 못한다"(요일 4:8)는 성서의 단언은 이를 극명하게 드러내어 주는 예이다. 하나님을 아는 것은 사랑이라는 실천과 함께 동반될 때 가능한 것이라는 성서의 입장은 성서가 단순한 인지적인 앎이라는 사실 자체에 대해서는 관심이 없다는 것을 보여주는 것이다. 따라서 성서는 하나님에 대한 앎은 사랑의 관계 속에 근거를 두면서 타인에 대한 사랑의 섬김을 동반하는 것으로 이해하고 있다.

이러한 맥락에서 에베소서가 말하고 있는 것, 즉 "우리가 다 하나님의 아들을 믿는 것과 아는 일에 하나가 되어 온전한 사람을 이루어 그리스도의 장성한 분량이 충만한 데까지 이르는 것"(엡 4:13)도 이해할 수 있는데, 하나님의 아들을 아는 것은 그리스도의 장성한 분량에 이르도록 온전한 사람을 이루는 것과 뗄 수 없는 관계에 있음을 말하여 주고 있는 것이다. 예수 그리스도를 아는 일은 그를 닮아가고 그와 같은 인격에 도달하며, 온전한 사람이 되는 것과 함께 생각되는 것이지, 그에 합당한 삶이 없는 그리스도를 '앎'이라는 것은 가치가 없는 것이다. 성서는 그리스도를 믿는 것과, 아는 것, 그리고 온전한 사람을 이루는 것이 모두 하나이고, 떼어서 생각할 수 없음을 말하여 줄 뿐만 아니라, 그리스도를 아는 것을 추구하는 기독교교육은 전인적 앎, 즉 알고, 믿고, 행하는 전인적인 앎을 추구해야 함을 시사한다.

이상과 같은 성서의 앎의 개념은 해석학적 인식론이 추구하는 인격적이고 실존적 지식의 개념과 지식의 성격을 규명하고 그 기능을 가늠하는 기본 입장에서 서로 다르지 않은 개념이라고 할 수 있다.

3. 인식, 자기 이해, 존재의 변형

인격적이고 실존적 지식을 중시하는 해석학적 인식론은 따라서 "인식"의 궁극적 목적을 "자기 이해"의 확장과, 이를 통한 "자기 변형"으로 본다. 이해라는 현상은 결국 자기를 이해하는 새로운 지평을 여는 것이고, 열린 지평을 향하여 자신을 변형시키는 행위이다.

이미 슐라이어막허나 딜타이는 인간의 정신 현상을 이해한다는 것은 텍스트에 나타난 저자의 창작정신을 뒤 따라 가면서 다시 재현하고 추체험함으로써 가능하다고 하였다. 그러한 추체험은 자신의 경험의 세계를 바탕으로 하는 것이고, 결국은 자기 이해에로 환원되는 것이다. 그래서 딜타이는 "인간은 이해라고 하는 우회의 길을 통해서 자신을 인식하는 법을 배운다"고 하였고, 더 나아가 이해를 통해서 우리는 스스로가 체험한 삶을 자신과 타자의 삶이 만든 여러 표현들의 양식으로 전이시킴으로써 우리 자신과 타자를 이해하게 된다"고 하였다.[75] 인식의 과정, 즉 이해의 과정이란 우리의 경험세계를 바탕으로 다른 사람의 삶의 표현을 공감하고 추체험 하는 것이고 이 과정을 통하여 우리는 타자를 이해할 뿐만 아니라 자신을 이해하게 된다는 것이다.

그런 의미에서 하이덱거는 이해란 "우리가 살고 있는 생활 세계의 맥락 내에서 자신의 존재가능성을 파악할 수 있는 능력"이라고 하였다. 다시 말하여 '이해'는 인간에게 존재를 해명하며, 깨닫지 못하였던 자기 존재를 발견하고, 새로운 차원의 존재에로 지평을 열어주어 존재의 변형을 불러일으키는 과정이다.

"현존은 이해(Verstehen)로서 자신의 존재를 가능성을 향해 기획한다. 이 가능성을 향해 이해하는 존재는, 그러한 모든 가능성이 열려져

---

75) W.Dilthey의 앞의 책, P. 87.

있는 현존재 속으로 되돌아옴으로써 그 자체가 하나의 가능적 존재(Seinkönnen)로 된다. 이해의 기획(Entwerf)은 스스로를 형성하는 자기 자신의 가능성을 가진다. 이러한 이해의 형성을 우리는 해석(Auslegung)이라 한다."76)

하이덱거에게 있어서 이해란 인간에게 현실 너머에 있는 잠재적이고 가능적인 자아를 간파하도록 하는 현상이고, 이것을 통하여 존재 자체의 변형을 가져오는 현상이다.

리쾨르는 그러한 하이덱거의 존재론적 인식론을 수용하면서 해석이 갖는 존재변형의 능력을 누구보다 강하게 주장하였다. 그는 '이해'라는 현상이 인간으로 하여금 자기이해의 새로운 지평을 열 뿐만 아니라 가능적 존재에로 도약하여 자기 변형을 일으키는 사건이라는 하이덱거의 존재론적 해석학에 기반을 두면서, 이에서 더 나아가 해석의 대상으로서의 "텍스트" 자체가 존재변형의 힘을 내포하고 있음을 강조하여 존재론적 인식론의 새로운 측면을 첨가하였다. 그는 우리의 해석 대상인 텍스트를 단순히 문자적으로 표현된 문서로 보지 않고, 그 자체로 하나의 세계와 세계기획을 포함하는 자율적 의미구조로 보고 있다. 따라서 텍스트를 이해한다는 것은 '소격화'와 '전유'의 과정을 통해서 텍스트가 지시하는 세계에 자신을 열고, 의탁하면서, 새로운 자기존재로 나아가게 되는 존재론적 변화를 맞게 된다는 것을 의미한다.

그는 특별히 상징이나, 신화, 은유와 이야기들의 텍스트 형식들이 그 자체로 세계기획과 세계 해명의 힘을 내포하고 있어서 그것의 인도를 받는 사람들은 텍스트가 인도하는 세계 기획 앞에서 기존의 자아인

---

76) M.Heidegger, *Sein und Zeit*, Tübingen, 1953(7판), P. 148.
77) 참조, 권홍성, 「폴 리쾨르(Paul Ricoeur) 해석학의 기독교교육적 적용」, 장로회신학대학교 대학원 석사학위논문, 2002, P. 91 이하.

식의 담을 헐고, 새로운 자아이해로 나아가게 된다고 하였다.77) 또한 상징이나 은유, 신화들은 그 자체로 사유의 틀을 가지고 있는데, 상징이 열어주는 세계기획에 자신을 연다고 하는 것은 단순히 자기 반성의 영역을 확장하는 것이 아니라, 자아에 대한 반성인식 자체에 대한 질적인 변화를 의미하는 것이다.78)

따라서 리쾨르가 해석을 통하여 도달하게 되는 자기이해는 단순히 지적으로 알아 가는 것을 뜻하는 것이 아니라, 텍스트의 명령에 순응하고, 그 의미의 '화살표'를 따라가면서, 텍스트의 세계를 전유함으로써 자신의 존재세계 전체를 재구성하는 존재론적 변화라고 할 수 있다. 이와 같은 변화의 개념은 가다머가 말 한대로 질적이고 근본적인 변화라고 하는 점에서 "변화(Veränderung)"가 아니라 "변형(Verwandlung)"이라고 할 수 있다.

해석의 자기변형 기능은 리쾨르의 신학적 해석학에서도 강하게 나타난다. 그는 성서해석학을 "증언의 해석학"이라고 하면서 증언(testimony)이란 독자로 하여금 자신이 가지고 있는 의식의 아성을 부수고, 성서가 지시하는 세계에 신앙으로 응답하도록 하는 기능을 한다고 하였다.79) 이와 같은 반성의 기능은 그러나 독자 스스로의 힘으로 하는 것이 아니라, 신적 존재의 역사적 현현에 대한 전적인 의존을 고백함으로써만 이루어진다고 하였다.

해석학적 인식론은 이처럼 인식의 현상이 궁극적으로는 '자기 이해'에로 환원되며, 새로운 자기이해를 통한 존재의 변형을 가져온다고 하는 점을 시사해 주면서, 동시에 텍스트 자체가 그러한 존재변형

---

78) P.Ricoeur, *La symbolique du mal*, 양명수 역, 「악의 상징」, (서울, 문학과 지성사, 1995), P. 328.
79) P.Ricoeur, "Hermeneutique de I' Idee de Revelation", 이병호 역, "계시관념의 해석학(II), 신학전망, 제 66호, 1984년, P. 33.

의 힘을 내포하고 있음을 깨우쳐 준다. 따라서 우리는 텍스트 자체의 지시체 앞에 자신을 열고 왜곡과 오만의 아성을 벗어 버리고 텍스트가 인도하는 대로 자신을 위탁하고 텍스트가 열어주는 세계에 우리의 존재를 기투 하는 전인적 이해와 해석을 요구받게 되는 것이다.

인식의 자기변형 기능은 리쾨르 해석학에서 가장 강하게 나타나기는 하였지만 해석학의 역사에서 슐라이어막허 이후 딜타이나 하이덱거, 가다머와 하버마스 등에 의해서 끊임없이 강조되고 사고되었던 해석학의 가장 핵심적인 개념 중의 하나이다. 해석학은 인식의 현상이란 단순히 지적으로 알아 가는 과정이 아니라, 삶과 삶을 통해 형성되는 자기 이해의 과정이며 그를 통한 자기 변형의 과정이라고 하는 점을 처음부터 간파했기 때문이었으리라고 생각된다. 따라서 해석학적 인식론이 보는 해석의 궁극적 목적은 새로운 자아이해와, 자아의 존재적 변형인 것이다.

IV. 해석학적 인식론의 기독교교육적 함의

앞의 고찰을 통해서 우리는 해석학적 인식론의 핵심적 개념을 현대의 해석학자들을 중심으로 살펴보았다. 이제 그러한 해석학적 인식론이 기독교교육에 어떠한 함의를 가지는지 살펴보고자 한다.

앞에서 살펴본 해석학적 인식론에 따르면 해석이란 결국 텍스트와의 만남을 통한 "자기이해의 확장"과 "자기변형"의 사건이다. 해석이란 단순히 인지적 습득이 아니라 텍스트의 세계기획에 자신을 열어 그것을 자신의 것으로 전유함으로써 자신의 존재세계 전체를 재구성하는 변형의 사건을 일으키는 것이다. 여기서 텍스트란 물론 성서와 같이 글로 쓰여 있는 문서화된 텍스트일 수도 있지만, 기독교의 전통, 신앙공동체의 삶의 양식과 문화 전반 뿐만 아니라, 개개 기독교인의 모든 언어적 비언어적 의사소통의 형태들을 포괄하는 개념이다. 해석은 그러한 텍스트의 증언에 의하여 해석자가 자신의 의식의 아성을 부수고 텍스트가 지시하는 세계에 응답하는 사건인 것이다.

이렇게 볼 때 기독교교육은 그 자체로 "해석적 활동"이 됨을 알 수 있다. 학습자로 하여금 성서와 기독교의 전통, 그리고 신앙공동체의 삶의 양식과 만나도록 함으로써, 학습자가 자신의 왜곡된 자아를 벗어버리고 그것이 열어주는 세계에 자아를 참여시키며, 그 기독교의 세계기획을 자신의 삶의 기획으로써 응답하는 것이 기독교교육이라면, 그것은 우리가 앞에서 살펴보았던 해석적 활동 그 자체와 다름 아님을 알 수 있는 것이다. 2004년 유럽의 기독교교육학자들이 대거 참여하여 출판한 책 「해석학과 종교교육」의 종합적 논의부분을 쓴 롬베르츠(H.Lombaerts)와 폴레파이트(D.Pollefeyt)는 그 책에 기고된 모든 글의 저자들이 기독교교육과 교수학습과정은 그 자체로 "해석적 활동"이라고 이해하고 있는 것에서 공감대를 형성하고 있다고 하였다.[80]

해석학적 접근을 하는 학자들의 글에까지 가지 않더라도 실제로 살펴보면 기독교교육의 역사에 나타난 모든 시도는 언제나 이미 해석적 활동이었다는 점을 알 수 있다. 기독교교육의 가장 핵심적 활동들, 즉 학습자에게 성서 및 기독교 전통을 전수하는 것, 성서의 빛 아래서 학습자가 변화되도록 돕는 것, 기독교적 세계관으로 학습자와 세계의 미래에 관한 비전을 제시하고, 그 미래의 청사진에 따라 현재의 행동을 결단하고 실행케 하는 활동 등 어느 것 하나가 해석적 활동이 아닌 것이 있는가? 기독교교육의 활동은 결국 학습자가 자신이 속한 삶의 지

---

80) H.Lombaerts, D.Pollefeyt, "The Emergence of Hermeneutics in Religious Education Theories An Overview", edited by H.Lombaerts, D.Pollefeyt, *Hermeneutics and Religious Education*, (Leuven Paris, Leuven University Press, 2004) 18.

평에서 성서와 기독교 전통과 만나고, 자신의 지평과 기독교 전통의 지평을 융합함을 통하여 자아변형을 이루고 기독교적 삶을 사는 것으로 응답하는 해석적 활동 그 자체로 요약될 수 있는 것이다. 이렇게 기독교교육을 '해석적 활동'이라고 보는 순간 우리는 기존의 기독교교육 영역에서 핵심적 이슈가 되었던 양자택일적 물음들을 근본적으로 재고할 수 있게 되며, 새로운 방향을 얻을 수 있게 된다.

1. 학교식 패러다임인가 신앙공동체인가?

기독교교육을 해석의 현상이라고 이해하게 될 때 우리는 무엇보다 교육을 삶의 현장과 연결시켜 보는 안목을 얻게 된다. 해석의 사건이란 단순히 무에서 시작되는 것이 아니라, 언제나 이미 삶 속에서 형성된 전이해의 지평과 공감되는 것을 통해서 일어나는 이해의 사건이며, 동시에 이 이해는 다시금 삶으로 환원되는 사건이다. 이와 같은 해석학적 인식론이 기독교교육에 주는 일차적 통찰은 우리의 삶의 전 과정이 곧 교육의 과정이라고 하는 것이다. 앎이 진공의 상태에서 형성되는 것이 아니라 언제나 이미 우리의 삶 속에서 시작되고 또 그곳으로 돌아가는 것이라면 교육은 교수-학습의 상황에서 지식을 매개하는 행위가 이루어지는 훨씬 이전 우리의 일상적 삶으로부터 출발하는 것이고, 또한 결국은 그곳으로 돌아가야 하는 것임을 시사해 주는 것이다.

이것은 '교육'에 대한 이해에 대단히 근본적 의미를 시사하는데, 교육은 어떤 형식적 교육의 장에서 일어나는 활동이나, 전문적인 교수-학습 활동에만 국한되는 것이 아니라, 우리의 삶의 모든 상황, 모든 경험의 자리에서부터 시작되는 것이라는 통찰을 우리에게 준다는 것이다. 한 사람이 기독교인으로 성장하는 데 영향력을 행사하는 것은 '교회학교'라고 하는 형식적 교육의 장에서만이 아니라, 오히려 그보다 앞서 그가 속한 가정과 신앙공동체의 삶의 상황 안에서 갖게 되는 신앙적 경험과 의사소통의 양식들, 신앙적 문화와 언어들을 통한 경험이다. 이것은 인간의 이해 현상이 어떤 아르키메데스적 기점으로부터 시작하는 것이 아니라, 언제나 이미 삶 속에서 시작되고, 그것과의 순환과정 안에 있기 때문에 어쩌면 자명한 현상이다. 이렇게 교육이 이미 학습자의 삶의 상황에서 시작되는 것이라면, 우리는 그 삶을 구성하는 모든 요소들과의 관련이 없이 이루어지는 교육은 기초공사 없이 집을 짓는 것과 같은 것이라는 사실을 깨닫게 된다. 신앙공동체의 삶의 양식들과의 상호작용, 그 안에서 공유되는 언어, 예전, 친교, 공동체의 역사와 비전 나눔 등등의 활동과 관련되지 않는 교수-학습은 삶과의 순환과정을 간과하게 되고, 결국 그 순환을 통해서 심화되는 교육을 놓치게 되어 결과적으로는 삶과 괴리된 지식전달 교육으로 머물게 될 가능성이 높은 것이다.

바로 이와 같은 문제들을 간파하면서 나타난 기독교교육의 입장 중 하나가 소위 "신앙공동체 중심이론"이다. '신앙공동체 중심이론'은 1970년대에 기존의 기독교교육 구조가 지나치게 학교식의 지식전달 체계에 기초한 교회학교 중심의 교육구조를 띠는 것에서 오는 한계를 간파하고 그 대안으로 등장하였다.[81] 웨스터호프Ⅲ(J.WesterhofⅢ)와 넬슨(C.E.Nelson), 리쳐즈(L.O.Richards)와 같은 미국의 기독교교육학자들은 종래의 교회교육이 교회학교 중심의 학교식(schooling) 수업형태를 띰으로써, 공동체를 통해서 형성되는 신앙의 본래적 측면을 간과하였다는 점을 지적하였다. 이들은 신앙공동체의 전체 삶을 통해서 일어나는 상호작용에로 교육의 강조점을 옮기자는 것에 의견을 같이하였다.

---

81) J.WesterhoffⅢ, *Will Our Children Have Faith?* (New York, Seabury Press, 1976)

신앙은 이들에게 단순히 지식적 요소가 아니라 일종의 세계관이고 가치체계이기에, 그것은 단순히 지식전달을 통해서보다는 신앙공동체 안에서의 전체적 삶과의 상호작용을 통해서 가능한 것으로 이해되었다. 따라서 교육은 단순히 지식전달에 초점을 두기 보다는 공동체를 세움으로써 교육환경을 조성하고, 공동체의 역동적 상호작용 자체를 교육과정으로 제공하며, 신앙공동체 전체가 교육을 담당하는 구조가 형성되어야 한다는 것이다.[82] 이러한 관점에서는 공동체에 속한 모든 구성원이 가르치는 책임을 담당하는 사람들일 뿐만 아니라, 모든 구성원이 동시에 학습자가 되는 구도가 되며, 공동체의 전통과 종교의식, 공동체의 삶의 양식 자체들이 교육의 내용이 된다. 특별히 공동체의 전통적 유산인 예배와 예전, 회중 속에서의 친교 등이 중요한 학습경험이요 의사소통의 수단이 된다.

이와 같은 '신앙공동체 중심 이론'은 교육을 해석의 과정으로 보는 입장과 잘 연결이 된다. 해석이란 단순히 해석의 대상을 인지적으로 파악하는 것이 아니라, 언제나 이미 삶을 기반으로 하여 시작하는 현상이라고 보았을 때, 해석의 과정으로서의 교육도 특정의 형식적 교육이나 교수학습과정이 시작되기 훨씬 이전 삶의 상황에서 이미 시작되는 것이기 때문이다. 그렇게 볼 때 교육은 단순히 인지적 앎의 과정만이 아니라, 예배와 예전, 친교와 같은 기독교공동체의 모든 삶의 양식과 더불어 시작되어야 하고, 그런 의미에서 이러한 삶의 양식에 참여하는 회중 전체가 교육에 참여하는 사람이 되는 것도 교육을 해석의 과정으로 보는 견해와 잘 맞아떨어지는 것을 알 수 있다.

'신앙공동체 중심의 이론'은 신앙공동체가 신앙적 경험이 형성되는 삶의 자리로서 그 자체로 교육적 기능을 갖고 있고 따라서 신앙공

---

82) 고용수, 「현대 기독교교육 사상」, (장로회신학대학교출판부, 2003), P. 51.

동체 안으로 "문화화"하는 과정 자체가 곧 교육의 과정이라고 하는 안목을 형성하여 주었다.83) 이를 통해 신앙공동체 중심이론은 교육을 단순히 학교식 교수-학습의 과정으로 보는 이해의 한계성을 지적하고, 통전적 신앙형성을 위한 확대된 기독교교육의 방향을 모색하는 데 중요한 공헌을 하였다.84)

그러나 해석적 관점에서 볼 때 신앙공동체 중심이론에는 삶과의 상호작용으로써의 이해개념은 분명하게 드러나지만, 이보다 더 나아가 보다 적극적이고, 의도적이고, 비판적인 해석 활동으로서의 교육개념은 크게 중시되지 않는 것을 볼 수 있다. 앞에서 살펴본 대로 현대의 해석학은 역사를 거듭해 오면서 이해의 사건이 삶과의 상호작용 속에서 이루어지는 인식의 현상이라고 하는 점을 밝혔지만, 이와 동시에 해석이란 보다 적극적이고 계획적이고 비판적 인식활동이 되지 않으면 안 됨을 또한 발견하였다. 해석의 사건은 일종의 탈은폐의 사건으로 감추어졌던 사실을 드러내고, 해석자가 자각하지 못하였던 자기 아성을 들추어내고 문제를 보게 하는 사건이어서 해석자 스스로 갖고 있는 잘못된 전이해를 비판적으로 해석하는 활동이고, 또한 동시에 과거 전통형성의 과정에서 나타난 비판적 요소들을 거리두기를 통해 밝혀내기도 하는 비판적 작업이기도 하다. 해석은 또한 텍스트의 세계 기획을 다양한 통로를 통하여 발견하는 활동이고, 그 세계기획을 바탕으로 해석자와, 해석자가 속한 세계를 변화시키는 의도적이고 적극적 변형의 활동이기도 한 것이다. 따라서 해석은 삶의 상황에서 무의도적으로 일어나는 활동이기도 하지만, 또한 계획적이고 전문적 비판활동이 절대적으로 필요한 활동이기도 하다.

---

83) J.Westerhoff Ⅲ, Ibid.
84) 물론 이와 같은 사고는 이미 구약 시대의 교육에서부터 시작되었던 사고로 기독교 교육의 뿌리 있었다.

그런 점에서 기독교교육을 해석의 활동으로 이해한다는 것은 기독교교육을 신앙공동체 안의 전체적 삶과의 상호작용이라는 넓은 안목으로 이해하는 것이면서, 동시에 계획적이고, 비판적이며 전문적인 교수-학습의 활동을 포함하는 것으로 이해해야하는 것이라고 할 수 있다. 해석 활동으로서의 교육은 따라서 "신앙공동체 중심이론이냐 학교식의 패러다임이냐" 중 어느 하나를 선택하지 않는다. 해석은 그 두 경우를 모두 포함하는 활동이기 때문이다. 교육을 해석적 활동으로 이해하는 한 기독교교육은 신앙공동체 자체의 교육적 기능을 극대화하고 그 안으로 '문화화'하는 과정으로서의 통전적 교육활동을 구성하는 것에 노력을 기울이면서도, 동시에 학습자와 공동체를 변형시키는 영향력 있는 해석을 위해 보다 전문적이고 보다 계획적인 교수-학습 과정을 기획해야 한다. 그 둘 간에는 양자택일이 있는 것이 아니라 상호순환을 통한 보충과 심화가 있는 것이다. 그 둘 간의 순환은 기독교교육을 삶의 세계에 뿌리를 두는 보다 본질적이고 근원적 신앙형성을 도울 뿐만 아니라, 바르게 이해하고 해석하는 체계적이고 비판적인 신앙교육을 가능케 함으로써, 궁극적으로는 통전적 신앙형성을 위한 교육에로 나아가게 하는 것이다.

2. 전통인가 경험인가?

기독교교육의 역사에서 오랫동안 양자택일의 문제가 되어왔던 유명한 물음이 바로 "전통인가 경험인가?"이다.[85] 우리가 아는 대로 서구 기독교교육 역사를 보면 오랫동안 기독교교육은 이 둘 사이에서 어느 한 쪽을 선택하는 것을 반복해 왔다. 미국의 경우 코우(J.A.Coe)나

---

85) 참조, J.L.Saymour, D.E.Miller, *Contemporary Approaches Christian Education*, 총회교육부 역, 「오늘의 기독교교육 연구」, (한국장로교출판사, 1982), P. 189.

바우어(W.C.Bower), 엘리엇(H.Elliott) 등에 의하여 전개된 소위 '종교교육(religious education) 운동'이 인간의 경험을 강조하는 교육을 추구하였다면, 그를 비판하고 나타난 '기독교교육(Christian education) 운동'은 전통을 다시 강조하는 경향으로 나아갔다.[86] '종교교육 운동'은 인간의 경험을 중시하는 두 사상적 배경, 즉 자유주의 신학과 진보주의 교육철학으로부터 형성되면서 인간 경험 중심의 기독교교육 경향을 띠었다. 종교교육운동의 핵심에 서 있었던 코우의 경우 기독교 교육의 목표를 "사회적 판단과 어린이의 잠재적 종교본성의 개발"에 두고, 학생중심의 교육을 지향하는 경험중심의 교육을 시도하였다. 이에 반하여 스미스(S.Smith), 스마트(J.Smart), 융만(J.A.Jungmann), 호핑어(J.Hofinger)에 의해 전개된 '신정통주의적 기독교교육'은 '선포되는 말씀'을 기독교교육의 핵심으로 강조하면서, 케리그마와 그리스도 중심주의를 표방하였다.[87] 인간의 경험에서 전통에로 다시 회귀한 것이라고 할 수 있다. 종교교육운동에서 기독교교육 운동으로 전환되었던 과도기에 있었던 엘리엇과 스미스 간의 논쟁은 전통과 경험 사이에서 기독교교육이 나아가야 할 방향에 관한 두 첨예한 대립으로 유

---

86) 참조, M.E.Moore, *Education for Continuity & Change*, (Abingdon Press, Nashville, 1983), 28-29.
87) Ibid., P. 36.
88) 엘리엇은 그의 책 「종교교육은 기독교적일 수 있는가(*Can Religious Education Be Christian?*)」에서 진보적 종교교육이 크리스챤이 되게 할 수 있는 가능성이 있다고 주장하였다. 종교교육은 단순히 신념을 전달하는 것이 아니라 그 규범을 현재의 규범과 목적 성취로 살도록 삶을 상승시키는 활동이라고 하였다. 뿐만 아니라 그는 교육에 지성과 감성이 모두 포함되어 있어야 하며, 내면의 인간성의 문제에서 접근되어야 한다고 보았다. 그러기 위해서 그는 종교교육의 핵심은 경험이 되어야 한다고 보았다. 반면 쉘튼 스미스는 그의 저서 「신앙과 양육」에서 신정통주의 신학에 기초한 기독교교육을 전개하면서, 기독교교육의 핵심은 사회적 상호관계나 경험이 아니라, 예수 그리스도 안에 계시된 진리를 확신하는 데 있다고 하였다. 그렇게 볼 때 교육을 사회문제로 보거나, 사회적 민주교육으로 보는 것은 기독교 신앙과 상충되는 것이라고 보았다. 참고, Moore의 앞의 책, 40-42.

명하다.88)

메리 보이스(Mary C. Boys)는 이와 같은 흐름은 그러나 60년대 이후로 다시 '인간경험에로의 전환'으로 이어졌다고 하였다.89) 보이스는 기독교교육의 역사에 나타난 구원사(Heilsgeschichte)의 역할에 관한 그녀의 책에서 소위 '신정통주의 신학' 시기의 '기독교교육 운동'은 구원사의 개념이 기독교교육의 핵심적 내용이자 기준이 되었으나 60년대 이후로는 더 이상 중요한 역할을 하지 못하였다고 하였는데, 그 이유 중 하나가 종교교육 안에 나타난 '인간경험에로의 전환'이라고 하였다. 이 인간경험에로의 전환을 나타내주는 중요한 표시들로 그녀는 먼저 리(J.M. Lee)에 의해 시도된 '사회과학적 접근'을 지적하였다.90) 이 접근은 경험적 행동과학적 측면에 강조점을 두었던 당시의 일반교육학적 경향을 종교교육에 연결시키는 시도로 인간의 경험을 기독교교육의 전면에 배치한 경향이라고 하였다. 이와 같은 현상과 나란히 이 시기에는 선포적(kerygmatic) 카테케틱으로부터 경험적(experiential) 카테케틱으로의 전환이 일어나 인간학적 차원이 종교교육 안으로 대폭 침투해 들어왔다고 하였다. 기독교교육의 교재들은 주로 '개인적인 측면', '실존적 동기'들을 다루게 되었고, 학생 삶의 '여기와 지금'에 있어서의 계시의 의미가 관심의 전면으로 부각되었다는 것이다. 이와 같은 관심은 특히 가브리엘 모란(Gabriel Moran)의 1966년 저서에 나타나는데, 보이스는 모란이 제시하는 소위 "이층 구조(double-layered system)"는 해석학적 원칙으로서의 '구원사'의 개념에 종지부를 찍는 데 결정적 역할을 하였다고 하였다.91)

---

89) Mary C. Boys, *Biblical Interpretation In Religious Education*, (Birmingham, Alabama, REP, 1980) 231이하.
90) Ibid., 231이하.
91) Ibid., 239이하, 251이하.

보이스는 후기 모란의 저술들은 더욱더 비선포적 기초로부터 전개된 것이고, 모란과 나란히 토마스 그룹의 저술들도 종교교육의 재개념주의적 관점을 대표한다고 하였다.

"전통이냐 경험이냐" 사이의 양자택일적 경향은 독일의 기독교교육사에서도 역시 찾아진다. 19세기 자유주의 신학의 아버지이자, 학문적 기독교교육학의 시조로 평가되고 있는 슐라이어막허의 영향을 받은 '자유주의적 기독교교육'이 주로 인간 내부의 종교성을 성숙시키고, 이를 위한 종교적 경험에 강조를 둔 교육이었다면, 이에 대한 비판으로 시작된 소위 "복음 수업(Evangelische Unterweisung)"은 다시 전통으로 돌아가고 말씀중심으로 돌아가는 기독교교육의 경향이라고 할 수 있다. 슐라이어막허, 카비쉬(Kabisch), 함멜스벡(O. Hammelsbeck)과 같은 학자들에 의하여 전개된 자유주의 신학 시기 기독교교육은 "종교교육(Religious Erziehung)"이라는 이름 아래 인간 일반의 종교성의 개발을 핵심적 목적으로 하는 교육을 전개하였다. 이 시기에는 인간의 종교적 감수성(Religiöse Gesinung)과 종교적 경험, 계시의 내재성(Immanenz)과 같은 개념이 종교교육의 핵심을 차지하였고, 이를 경험할 수 있는 종교교육의 통로들이 모색되었다.

그러한 자유주의 신학적 기독교교육에 의문을 제기한 것은 역시 독일의 1920년대에 시작된 소위 "변증법적 신학"으로부터 영향을 받은 기독교교육 흐름이었다.[92] 키텔(H. Kittel), 랑(M.Rang), 보네(G.Bohne)와 같은 학자들은 자유주의적 기독교교육학자들에 의해 표방된 "종교교육"이라는 이름 자체에 이의를 제기하며, 중립적인 의미의 종교교육이라는 이름 대신 기독교적 가르침의 성격을 보다 확실하

---

92) 변증법적 신학(Dialektische Theologie)은 칼 바르트와 브루너 등에 의해 시작된 신학으로 미국에서는 신정통주의 신학으로 불리운다.

게 나타내 주는 "복음수업"이라는 명칭을 쓸 것을 주장하였다.[93] 그 이름에 걸맞게 '복음수업'은 학습자에게 복음과 성서의 말씀을 선포하고, 학습자가 그 말씀에 결단하도록 초대하는 것에 교육의 초점을 두었다. '전통'에로의 복귀였다고 할 수 있다.

그러나 독일의 기독교교육에서도 전통에로의 복귀는 다시금 인간적 경험에로의 회기라는 패러다임 전환이 일어날 수밖에 없는 상황을 맞이하게 되었다. 기독교교육이 주로 공공학교에서 이루어지고 있는 독일에서 말씀과 전통 중심의 복음수업은 2차대전 이후 불안했던 학습자와 학부모, 교회에 안정감을 주는 역할을 하였지만, 시간이 흘러가면서 더 이상 학생의 흥미를 불러일으키지 못하였고, 변화하는 사회 상황에 적절하게 대처하는 교육으로서 한계를 드러내었다. 결국 이에 대한 대안으로 "문제중심의 종교수업(Problemorientierter Religionsunterricht)"이 출현하면서 학습자의 현재의 삶과 사회 속에 나타나는 문제들로부터 시작하여 성서에로 접근해 들어가는 교육의 모델로 확산되었다.[94] 닙코(K.E.Niopkow)와 카우프만(Kaufmann)에 의해 시작된 이 모델은 학습자의 관심과 흥미 그리고 그들이 속한 사회의 문제들을 이해할 수 있는 다양한 경험과학적 학문들을 수용하였고, 학습자로부터 출발하는 종교수업의 교육과정들이 개발되었다. 이와 같은 현상을 바우들러는 그의 책에서 소위 "경험적 전환(empirische

---

[93] H.Kittel, *Vom Religionsunterricht zur Evangelischen Unterweisung*, (Berlin/Hanover, 1957)

[94] 문제중심의 종교수업은 물론 단순히 경험 중심으로만 평가되기에는 지나친 감이 있다. 문제중심의 종교수업은 텍스트에 나타난 내용들을 학습자의 현재의 경험과 서로 연결하기 위하여 시작되었다. 그래서 닙코는 문제중심 종교수업을 "수렴이론(Konvergenztheorie)"라고 칭하였다. 성서와 학생의 경험이 수렴하는 점을 추구하는 교육이라는 뜻이다. 그런 의미에서 이 입장이 전통에서 경험에로 완전히 그 강조점을 옮겼다고 평가하는 것은 원래의 시도를 지나치게 단순화하는 위험이 없지 않다.

Wende)"이라고 칭하였다.95) 경험에로 관심을 전환한 것이다.

미국이나 독일의 기독교교육사에서 보는 바와 같이 기독교교육사에는 전통과 경험 사이에서 어느 한 쪽을 선택하는 교육이 지속적으로 반복되어 나타나고 있는 것을 볼 수 있지만, 또한 그와 같은 양자택일적 현상의 문제를 극복하기 위한 노력들도 20세기 후반 이후 꾸준히 나타났던 것을 볼 수 있다. 무어는 기독교교육의 영역에서 나타난 그와 같은 노력으로 넬슨과 웨스터호프 III의 '사회화 모형', 그룹의 '대화적 모델', 휴브너와 멜란드, 해리스의 '초월이론'을 들 수 있다고 하였다.96) 그렇게 평가하는 무어 자신도 전통과 경험을 서로 연결시키는 "전통화(traditioning) 모델"을 제시하였다.97) 독일의 경우에도 "상관관계수업(Korrelationsdidaktik)"98)과 "상징교수학(Symboldidaktik)"99) 또 최근에 나타난 "외전적 해석학(abduktiv Hermeneutik)"이 그와 같은 시도를 한 모델들이라고 할 수 있다.

전통과 경험을 이분법적으로(dichotomy) 보지 않고, 상호작용 속에서 보려는 이들의 시도 뒤에는 전통을 경험과 순환관계 속에서 보는 인식론적 통찰이 있는 것을 발견하게 된다. 앞에서 살핀 대로 웨스터호프와 넬슨의 신앙공동체 이론은 전통이란 삶과의 상호작용 속에서 습득되는 것이며 동시에 전통 자체가 공동체의 삶을 통해서 재구성되는 순환 과정 속에 있다는 인식으로부터 출발하였다. 넬슨은 전통은 경험에 선행하는 것이지만, 또한 경험은 전통을 변화시키거나 조건화

---

95) Gerd Bockwoldt, *Religionspädagogik*, (Stuttgart 1977), P. 87f.
96) Moore, Ibid., 46-50.
97) 무어의 전통화 이론은 이 책의 3장에서 보다 자세히 살펴볼 것이다.
98) G.Baudler, *Korrelationsdidaktik: Leben durch Glauben erschließen* (Schöningh, Paderborn, München, 1984).
99) P.Biehl, *Symbole geben zu lernen, Einführung in die Szmboldidaktik anhand der Symbole Hand, Haus und Weg*, (Neukirchener Verlag, Neukirchen Vluzn, 1989).

(conditioned)하는 것이라고 하였다.100) 다시 말하면 종교적 경험은 전통 없이 불가능 하지만, 또한 전통은 경험을 통해서 습득된다는 것이다. 그래서 전통과 경험은 서로 뗄 수 없는 순환관계 안에 있는 것이다.

그룹의 이론 속에서도 순환적 인식의 전제가 중요한 역할을 한다. 그룹은 그의 책 「기독교적 종교교육」에서 "공유된 실천(shared praxis)"의 모델을 제시하기에 앞서 이론과 실천 간의 상호작용을 모색한 인식론적 근거들을 소개하는 데 많은 지면을 할애하고 있다.101) 그를 바탕으로 그룹은 성서적 전통은 단순히 과거의 사건으로 그치는 것이 아니라 현재를 이해하고 미래를 전망하는 통로가 되고, 또한 현재의 행동을 결단하게 하고 실행하게 하는 동인이 된다고 보았던 것이다.102) 무어의 전통화모델도 전통의 연속성과 경험의 변화성이 서로 뗄 수 없는 관계 안에 있다는 점을 바탕으로 전개되었다. 독일어권에서 일어난 상관관계 교수법이나 상징교수법이 전통과 현재 경험의 접촉점을 찾는 학습을 모색하고 있는 것도 전통과 경험 사이의 상호작용과 순환과정을 전제로 하였기에 가능 한 것이었다.

이처럼 전통과 경험 사이의 상호관계를 모색하는 대부분의 이론들에 나타나고 있는 공통점은 전통과 경험을 서로 순환관계 안에서 보고 있다는 것이다. 전통과 경험 사이의 상호관계를 모색하는 많은 학자들이 해석학적 배경을 갖고 있는 것은 그런 의미에서 우연이 아니다. 해석학은 텍스트와 해석자의 삶 간에 순환되는 상호작용을 중시한다. 해석의 사건이란 단순히 과거의 텍스트를 하나의 사실로써 탐구하는 것

---

100) E.E.Nelson, "Our Oldest Problem", P.O' Hare(ed) *Transformation and Tradition*, (Birmingham, Alabama, REP), 59.
101) Th.Groome, *Christian Religious Education*, (Sanfrancisco, Harper&Row Publishers, 1980), 이기문역, 「기독교적 종교교육」(한국장로교출판사, 1983), P. 225이하.
102) 그룹의 '공유된 실천' 모델은 3장에서 보다 자세히 살펴보게 될 것이다.

에 그치는 것이 아니라, 과거의 사건 즉 전통을 오늘날 해석자의 경험 안에 다시 생생하게 살리고, 그것을 바탕으로 개인적, 사회적 변형이 일어나게 하는 사건이다. 전통은 해석자의 삶 속에서 재현됨으로써 전통의 생명을 이어가고, 해석자의 삶은 전통을 통해서 변형되는 상호융합의 과정이 해석의 과정인 것이다. 그런 의미에서 해석학적 인식은 "전통이냐 경험이냐"의 이분법적 사고를 넘어선다. 학습자의 경험은 전통에 의해 재해석되고 변형되어야 하는 것처럼, 역으로 전통은 학습자의 삶을 통해서 구체화될 때 그의 생명력을 지속할 수 있고, 가다머가 말하는 '영향사(Wirkungsgeschichte)'로서의 맥을 이어갈 수 있는 것이다. 따라서 전통과 경험은 서로 상반되는 두 개의 극이 아니라, 오히려 서로 연결되고 순환과정에 있을 때에 다이나믹한 영향력을 나타낼 수 있다. 그렇게 보았을 때 해석학적 인식론은 "전통이냐 경험이냐?"의 이분법적 질문을 극복하고 그 둘을 통합하는 기독교교육의 이론적 기초가 될 수 있다.

3. 전통의 전달인가 전통의 창조인가?

해석학적 인식론은 전통의 형성과정을 일종의 영향사적 과정으로 이해한다. 과거의 사건은 현재의 지평과 융합되는 과정에서 단순히 과거사로 남는 것이 아니라, 그 시간적 간격에도 불구하고 우리의 역사적 삶과 현재의 지평에 영향력을 미치는 것으로 형성되는 데 그것이 바로 전통이다. 따라서 전통은 고정불변한 지식의 내용이 아니라, 새로운 콘텍스트와 만나면서 지속적으로 재창조됨으로써 자체의 생명력을 이어간다.

그것을 단적으로 증명해 주듯이 전통이라는 영어 단어 "tradition"은 '운반하다'라는 뜻을 가진 라틴어 트라더레 "tradere"에서 왔다.

이것이 의미하는 것은 무엇인가? 먼저 전통은 하늘에서 떨어지거나 진공상태에서 나온 것이 아니라, 세대와 세대로, 한 장소에서 다른 장소로 운반되는 것이라는 뜻이다. 이 운반의 과정에는 운반하는 사람들, 운반의 대상들, 운반의 도구와 방법들 등 다양한 요소들이 복합적으로 상호작용 한다. 전통은 운반하는 사람에 의하여 이미 선택되고 (해석되고), 그 운반을 받는 사람에 의하여 선택적으로 해석되며, 또 그것을 전하는 방법이나 도구에 따라 다양한 형태로 해석될 수 있어서, 운반된 것으로서의 전통은 절대적으로 고정불변한 내용이 아니다.

메리 보이스는 그녀의 글 "전통과 변형에로의 접근"에서 전통은 처음부터 고정되고 화석화된 상태로 전달되어 온 것이 아니라, 다양한 시대의 다양한 신앙공동체에 의해서 재해석되고, 재활성화 되면서, 끊임없이 그 자체로 변형의 과정을 걸어왔다고 하였다.[103] 그녀는 신구약에 나타난 여러 예를 들어 성서의 말씀도 변화되지 않는 화석화된 진리가 아니라, 끊임없이 시대의 상황에 자신을 맞추어 온 진리였다고 하였다.[104] 한 예로 예수님의 전통에 대한 태도를 들 수 있다. 예수님은 막7:9에서 "너희가 너희 전통을 지키려고 하나님의 계명을 잘 저버리는도다."(막7:1, 15)라고 하면서, 전통을 하나님의 계명보다 중시하는 태도를 비판한 적이 있는데, 이것은 예수님이 전통을 무비판적으로 수용하지 않으셨다는 것을 보여주는 예이다. 예수님은 또한 "옛 사람에게 말한 바……하였다는 것을 너희가 들었으나, 나는 너희에게 이르노니…."라고 하면서 전통에 터하면서도, 이보다 더 나아가는 가르침을 주셨다(마5:21, 27, 33, 38, 43). 예수님은 전통을 무비판적으로 수용하여 전달한 것이 아니라, 그를 변형하고 수정하여 새로운 가르침을

---

[103] M.C.Boys, "Access to Traditions and Transformation", Padraic O' Hare(ed)의 앞의 책 20.
[104] Ibid., 20. 이에 대한 자세한 예는 이 책의 3장을 참고할 수 있다.

주셨다. 이 외에도 편집비평이나, 양식비평과 같은 연구들은 전통이 어떻게 보태어지고, 변화되고 또 생생하게 다시 재현되었는지를 잘 보여주고 있다.

러셀은 그녀의 글 "전통의 전수와 세계의 변형"에서 '전통'이라는 단어를 "Tradition"과 "tradition" 그리고 "traditions"의 세 가지로 세분화하여 설명하였다.[105] 대문자로 시작하는 "Tradition"은 하나님이 예수 그리스도를 통해서 모든 세대와 민족에게 지속적으로 운반하시는 과정을 지칭하며, 이 개념에서 전통(Tradition)은 보호되어야 하는 어떤 정적 저장물이나, 한번 전달된 신앙 같은 것이 아니라, 오히려 관계와 전달의 역동적 행위라는 것이다. 소문자로 시작하는 전통, "tradition"은 인간 실존에게 있어서 가장 근본적인 구조적 현상으로 과거사이지만 우리의 현재 속에 살아있고, 또한 미래를 전망하도록 하는 요소를 가진 인간학적 카테고리이다. 마지막으로 '전통들(traditions)'은 운반의 결과 형성된 다양한 종교적 전통들로 우리와 우리의 공동체의 정체성을 형성하는 데에서 중요한 부분을 차지한다. 이 전통들은 다양한 상황에서 복음을 전달하는 통로가 되지만, 그것이 궁극적인 것은 아닌 것이다.

이러한 구분으로부터 우리가 깨닫게 되는 것은 먼저 전통은 어떤 고정불변의 것이 아니라는 것이다. 대문자로 시작하는 Tradition은 하나님이 단 한 번 주신 고정된 내용이 아니라는 것이다. 그것은 하나님이 예수 그리스도를 통해서 세대와 민족에게 지속적으로 운반하시는 활동으로, 한 번에 끝 난 것이 아니라 지속적으로 역사와 민족 가운데에서 일어나고 있는 활동이다. 따라서 우리가 소위 전통이라고 이해

---

[105] Letty M.Russell, "Handing on Tradition and Changing the World", Padraic O'Hare(edited), *Transformation and tradition in Religious Education*, (Birmingham, Alabama, Religious Education Press, 1979). 77.

하고 있는 "traditions"는 대문자의 Tradition이 일어날 수 있는 의사소통의 통로가 되지만 그것은 궁극적인 것이 아니다. 시대와 상황에 따라, 공동체와 문화에 따라 다양한 전통들(traditions)이 존재할 수 있지만, 유일하거나 절대적인 것이라고 할 수는 없다.

러셀이 대문자 Tradition을 하나님이 한 번에 만드신 고정 불변의 내용으로 보지 않고 역사와 민족 가운데서 지속적으로 활동하시는 하나님의 운반활동이라고 보고 있는 것은 무엇 때문인가? 전통이란 지속적으로 전달되는 과정에 있다는 것이다. 전통 전달하기의 과정 속에서 지속적으로 다양한 '전통들(traditions)'이 생기는 것이다. 이것은 다른 말로 하면 '전통 전달하기'는 '전통 만들기'와 같은 과정이라는 것이다. 전통은 그 자체로 운반하는 활동이요, 전통의 전달활동 자체가 곧 전통의 창조활동이라는 것이다.

이와 같은 전통의 전달과 창조활동은 그 자체로 해석의 활동이라고 할 수 있다. 해석은 텍스트의 지평과 해석자의 지평이 서로 융합되면서 지속적으로 전통을 형성해 가는 전통화의 과정이기 때문이다. 과거의 사건은 현재의 지평과 융합되는 과정에서 단순히 과거사로 남는 것이 아니라, 그 시간적 간격에도 불구하고 우리의 역사적 삶과 현재의 지평에 영향력을 미치는 전통으로 형성되는 것이다. 그리하여 과거의 사건은 과거의 사건이면서 우리의 현재에 영향을 미치고, 동시에 미래에 대한 비전을 형성하는 요소가 되는 것이다.

해석의 활동으로서 기독교교육은 전통과 어떤 관련이 있는가? 교육을 해석의 활동으로 보는 순간 교육은 그 자체로 전통의 전달과 재창조가 이루어지는 가장 핵심적 장소가 된다. 해석이란 전통의 전달과 재창조가 함께 일어나는 사건이기 때문이다. 무어(M.E.Moore)는 바로 이런 해석학적 안목을 바탕으로 하여 기독교교육을 전통화(traditioning)의 모델로 설명한 바 있다.106) 기독교교육은 전통을 전달하는 수단만이 아니라 스스로 전통을 형성해가는 과정에 참여하는 것이라는 점을 단적으로 보여주는 개념이라 하겠다.

전통적으로 우리는 신학이 전통 형성과 교회의 교리형성에 관여한다면, 교육은 이미 형성된 전통이나 교리를 전달하는 방법적 통로라고 생각하는 것에 익숙해져 왔다.[107] 전통의 형성이나 재형성 과정에서 교육은 주변적(marginal) 위치에 서 있는 것으로 인식되어 왔다. 그러나 교육을 해석의 활동으로 보는 순간 교육의 활동 그 자체가 곧 전통을 전수하고 동시에 변형하는 가장 중심에 있다는 것을 깨닫게 된다. 교육은 다른 어떤 영역보다 심각하게 기독교 전통을 현재의 콘텍스트에 있는 학습자에게 전달하는 것에 대하여 고민해야 하는 영역이다. 교육은 성서와 기독교의 전승이 학습자의 지평에서 이해될 수 있도록 해석하는 행위이고, 그를 전달함으로써 재형성하는 행위이며, 여기에서 더 나아가 학습자의 삶을 통해 전통이 구체화될 수 있도록 전통에 구체적 형태를 부여하는 활동이다. 전통을 바탕으로 학습자의 삶을 재구성하고 사회를 변형하는 것에 기여함으로써 전통이 실제 역사의 현장에서 구체화되고, 또한 변형되도록 하는 활동인 것이다.

그렇게 보았을 때 교육이야말로 전통의 전수와 재형성에 가장 직접적으로 관련되어 있는 활동이라는 것을 발견하게 된다. '전통 전달'의 행위에는 전달하는 사람과 전달받는 사람, 전달이 일어날 수 있는 의사소통의 양식이 있다. 이것이야말로 교육에게 익숙한 구조가 아닌가? 교육은 학습자를 대상으로 하는 활동이기에 학습자와 학습자가 속한 사회와 문화에 민감하지 않을 수 없고, 또 전통을 전수하는 활동이기에 전통 자체에 관한 숙달과 이해 없이 이루어 질 수 없으며, 또한

---

106) M.E.Moore, 앞의 책, 58이하.
107) 참조, Russell의 앞 글, 81, G.Moran, *Design for Religion*, (Herder and Herder, Ycw York, 1970), 21.

전달하는 행위이기에 다양한 의사소통의 통로들에 익숙해야 함으로써 전통전달의 가장 중심적 요소들을 모두 갖춘 전통전달의 가장 대표적 장소라고 할 수 있다. 그래서 보이스는 교육이야말로 전통형성에 다리를 놓을 수 있는 특별한 영역이라고 하였다.108)

해석의 눈으로 보았을 때 교육은 단순한 전통의 전달이 아니라, 전통의 재창조와 전통에로의 형태부여라고 하는 책임을 가진 활동이 된다. 그러나 이것은 역으로 해석의 활동으로서의 기독교교육이 나아가야 할 방향에 통찰을 주는 것이기도 하다. 먼저 그것은 해석적 활동으로서의 기독교교육이 단순히 고정된 전통의 조각들을 건네는 교화(indoctrination)에 머물러 있어서는 안 된다는 것을 시사한다. 해석의 활동으로서의 교육은 또한 신학으로부터 전달받은 전통의 내용을 무비판적으로 전달하는 방법적 통로의 역할에 머물러서는 안 된다는 것을 시사해 준다. 기독교교육은 신학과 마찬가지로 전통의 형성에 대한 책임감을 가지고 이 과정에 참여하는 과제를 잘 감당해야 하는 것이다. 이를 위해서 기독교교육은 무엇보다 먼저 성서적 전통의 뿌리를 이해하고, 성서의 지평에 관한 폭넓은 이해의 바탕을 소유해야 하고, 더 나아가 이를 학습자와 학습자가 속한 사회 문화 지평에서 해석할 수 있는 안목을 가지고 있어야 한다. 그리고 이러한 활동이 전통을 재형성하는 역사적 과정에 참여하는 활동이라는 의식을 가지고 참여해야 한다. 뿐만 아니라 기독교교육은 학습자와 공동체가 그 해석된 전통의 지평과 실존적으로 만나도록 초대할 수 있어야 하며, 학습자와 공동체가 그 만남을 통하여 발견한 전통을 그들의 삶 속에서 살아냄으

---

108) "종교교육은 특수한 중재적 기능을 가진 영역으로 보아질 수 있다. 그것은 신학자와 목사, 목사와 회중, 신학자와 일반인, 신학자와 교육자 등 사이에서 다리를 놓는 기능을 하기에 가장 적합한 능력을 가졌다. 따라서 종교교육자는 교회적 언어와 교육적 언어 둘 다를 쓸 필요가 있다." M. Boys, "Access to Traditions and Transformation" 22.

로서 전통에 구체적 형태를 부여하도록 자극하고 인도할 수 있어야 하는 것이다. 다시 말하여 기독교 전통이 갖는 세계 기획에 따라 세계를 변화시킴으로 세계 안에 기독교전통이 구체화되는 것에 기여해야 한다. 그렇게 볼 때 해석적 인식론은 기독교 교육의 자기이해와 성격과 목적 등에 근본적인 방향을 제시하는 이론적 틀이 됨을 알 수 있다.

V. 맺는 말

이상에서 살펴본 해석학적 인식론의 기독교교육적 함의를 통해 우리가 결론적으로 발견하게 되는 것은 해석학적 인식론은 비록 그 자체로는 기독교교육에 관한 이론이 아니지만, 기독교교육의 성격과 목적, 교육의 내용과 방법, 교육의 장, 교사-학생의 관계에 이르기까지 근본적 방향을 제시하는 이론적 틀이 된다는 것이다. 생각해 보자. 기독교교육이 단순히 전통의 전달에 그치는 것이 아니라 전통의 재창조에 참여하는 활동이어야 한다는 생각은 기독교교육의 근본적 목적과 성격 자체를 재규명하는 틀이 되는 생각인 것이다. 기독교교육을 학교식의 패러다임으로 볼 것인지 신앙공동체적 입장에서 볼 것인지에 관한 생각이나, 전통과 경험의 어느 한 편으로 볼 것인지에 관한 생각 등은 단순히 그 테마 자체에 관한 차이를 만드는 것이 아니라, 기독교교육의 기본 구조 자체에 관한 차이를 만드는 것이다

예를 들어 기독교교육을 학교식의 패러다임이나 신앙공동체적 입장의 어느 한 편에서 볼 경우를 생각해 보자. 전자의 경우는 형식적 교육의 장인 교수-학습의 현장이 가장 핵심적 교육의 장이 되겠지만, 후자의 경우에는 신앙공동체 전체에서의 모든 상호작용이 교육의 장이 된다고 생각하는 것은 어렵지 않다. 전자의 경우는 가르침(teaching)

을 전문적으로 담당하는 사람이 교사이고, 그를 배우는 사람이 학생이 겠지만, 후자의 경우에는 신앙공동체에 참여하는 모든 사람이 교사이면서 동시에 학생이 된다. 교육방법에 있어서도 전자의 경우는 전문적인 교수-학습(teaching-learning) 방법이 주류를 이루겠지만 후자의 경우에는 신앙공동체 안에서의 말씀 선포를 비롯하여 예전, 친교, 봉사 등의 모든 상호작용을 포괄하는 방법들이 교육의 방법으로 고려될 것이다. 전자의 경우 성경이나 공과와 같은 교수학습 대상이 교육의 내용이 되겠지만, 후자의 경우는 신앙공동체 안에서의 모든 상호작용적 경험들로 교육 내용이 확대된다.

그러면 앞에서 살핀 대로 해석학적 인식론에 터하여 기독교교육을 학교식의 패러다임과 신앙공동체적 입장의 상호 순환적 활동으로 보게 되면 어떠한가? 기독교교육은 넓게는 신앙공동체의 삶의 현장 전체를 바탕으로 하면서, 보다 촘촘하게는 의도적이고 계획적 교수-학습의 장을 또한 전문적이고 비판적 해석의 장으로 삼게 된다. 그리하여 신앙공동체 안에서 이루어지는 모든 경험들의 교육적 기능을 극대화하면서도, 동시에 전문적이고 계획적 교수-학습 과정을 강화하고, 그 둘 사이의 상호작용을 모색하는 것에 교육의 목적을 두게 된다. 전통과 만나게 되는 상황에서, 회중 전체 또 전통 자체가 담당하는 교사의 역할을 중시하기도 하지만, 그에 못지 않게 기독교 전통에 정통하고 이를 학습자가 처한 오늘의 현실과의 관계에서 재해석하고, 학생이 그와 실존적으로 만날 수 있도록 돕는 전문적 교사 또한 중시하게 된다. 신앙공동체 안에서의 모든 상호작용적 경험들은 계획된 수업에서 다루는 성경공부나 공과의 내용과의 상호 순환적 관계에서 '교육내용' 전체를 이루게 된다. 예전이나 친교, 봉사와 같은 신앙 공동체의 삶의 표현 전체가 학습자로 하여금 기독교 전통과 만나는 통로이기에 그들 모두 교육의 방법으로 고려되지만, 또한 동시에 토론이나 탐구,

질문, 강의와 같은 보다 구체적인 교수학습의 방법들이 교육의 방법으로 고려되기도 한다.

그렇게 볼 때 해석학적 인식론은 기독교교육의 목적, 방법, 교육의 장, 교사-학생의 관계 등 기독교교육의 근본적 자리매김에 방향을 제시하는 이론적 틀이 됨을 알 수 있다. 다시 말하여 해석학은 단순히 성서해석의 방법이나, 기독교교육에서 필요한 앎의 과정을 해명해 주는 인식론의 하나가 아니라, 기독교교육에로 접근하는 하나의 통일적인 이론적 틀이 된다는 것을 알 수 있다. 우리가 이 책의 3장에서 살펴보는 "기독교교육의 해석학적 접근"에서, 기독교교육을 해석학과 관련하여 연구한 학자들이 단순히 성서해석의 방법이나 학습자의 앎의 현상 같은 부분적인 영역에 관심을 집중한 것이 아니라 기독교교육 전반에 관한 해석학적 재구성을 하고 있는 것은 이를 단적으로 증명해 주는 것이라고 할 수 있다. 해석학은 말 그대로 기독교교육에 "접근"하는 이론적 통로가 되어 이 통로를 통해 기독교교육을 해명하는 통일적인 틀이 되는 것이다. 우리가 그룹(Th.Groome)이나 무어(M.E.Moore) 혹은 보이스(M.C. Boys)와 같은 일련의 학자들의 기독교교육이론을 소위 "해석학적 접근"이라고 부르는 것은 이들의 기독교교육에 해석적 인식이 사고를 전개하는 틀로서 공유되기 때문이다.

해석학적 인식론은 물론 이처럼 기독교교육에 접근하는 하나의 통일적인 이론적 틀이 되지만, 그렇다고 해서 그것을 어느 특정의 이론적 접근에만 유효한 것으로 국한하는 것은 적절치 않은 것으로 보인다. 슈바이쩌(Fr.Schweitzer)가 말하는 대로 기독교교육은 그것이 어느 시대, 어느 장소에서 이루어지는 것이든지 근본적 구조를 공유하는데, 그것이 바로 한편으로는 "기독교 역사와 전통" 그리고 다른 한 편으로는 "현재의 상황" 사이에서 그 둘을 "중재"하는 과제를 가졌다는 점이라고 하였다.109) 기독교교육은 '기독교'라는 단어와 '교육'이라는 단어가 함께 모인 단어이다. 이것은 기독교성을 설명해 주는 기독교의 역사와 전통을 피교육자를 가르치고 키우는 일과 연결시키는 활동으로, 이를 위하여는 기독교의 전통을 피교육자가 서 있는 현재의 조건과의 관련성 속에서 적절히 해석하고 매개하는 과제를 수행하지 않으면 안 되는 활동이다. 다시 말하면 기독교교육은 그것이 언제, 어디에서 이루어지든지 근본적으로 전통을 현재의 상황과 중재하는 해석적 과제를 본질적으로 가진 활동이라는 것이다. 그래서 슈바이쩌는 이것이 바로 기독교교육 자체가 갖고 있는 "해석학적 조건(hermeneutic condition)"이라고 칭하였다. 기독교교육이 이렇게 해석학적 조건을 본질로 가지고 있는 한 해석학적 인식론은 특정 시대의 특정 이론에 국한된 것이 아니라 기독교교육과는 뗄 수 없는 이론적, 방법적, 인식론적, 비판적 틀이 된다. 다른 이론적 틀로 접근된 기독교교육의 이론에서 조차도 그것이 기독교교육의 본질적 과제에 충실하려 하는 한 해석학적 사고를 빗겨갈 수 없는 것이다.

해석학이 시간과 장소를 초월하여 기독교교육의 이론적 틀이 되어야 한다는 것은 그러나 기독교교육이 해석학적 사유를 무비판적으로 수용하는 것을 의미하지는 않을 것이다. 앞에서 살핀 대로 현대의 해석학은 슐라이어막허로부터 시작하여 오늘날에 이르기까지, 방법으로, 철학으로, 비판으로, 현상학적 해석학으로 변화하면서 비판과 수정을 거듭해 왔고, 이 장에서 다 살펴보지 못하였지만 현재에도 다양한 부분으로 그 연구의 영역을 넓히고 있다. 따라서 기독교교육은 지속적으로 어떤 해석학적 관점이 기독교교육의 해석학적 조건을 보다 시의 적절하게 설명할 수 있는지를 비판적으로 숙고하지 않으면 안 된

---

109) Fr.Schweitzer, "The Hermeneutic Condition of Religious Education", edited by H.Lombaerts, D.Pollefeyt, *Hermeneutics and Religious Education*, (Leuven Paris, Leuven University Press, 2004) 80.

다. 해석학 뿐만 아니라 기독교교육의 조건 즉 기독교전통과 현재의 상황을 매개하는 것 자체도 시대와 상황에 따라 그 요청하는 바의 것이 지속적으로 변화하는 것이기 때문이다. 기독교교육을 해석학적으로 숙고한다는 것은 그런 의미에서 그 둘 간의 상호 순환적 사고를 요청하는 것이라고 할 수 있겠다.

2장 기독교교육에 나타난 해석적 성서해석

I. 인간의 변형을 위한 성서연구 - Walter Wink의 변증법적 해석학
   1. 성서비평학 비판
   2. 성서연구를 위한 새로운 패러다임
   3. 윙크의 "인간변형을 위한 성서해석"에 나타난 해석학

II. 성서해석의 재구성화 모델 - Vogelsang
   1. "클래식" 테스트와 "신성한" 텍스트로서의 성서읽기
   2. 해석학의 삼 단계

III. 창조적 갈등모델 - Robert Conrad의 "아래로부터의 해석학"

IV. 실천적 성서해석 - 헤스(Ernst Hess)의 모델

V. 해석학적 성서해석의 특징
   1. 텍스트 해석에 있어서의 전이해의 역할
   2. 텍스트와 해석자의 삶 간의 관계성
   3. 성서비평학의 사용과 한계
   4. '위'와 '아래'로부터의 해석학과 '뒤'와 '앞'으로부터의 해석학
   5. 해석학적 상상력

VI. 해석학적 성서학습 모델
   1. 해석학적 성서학습의 목적
   2. 해석학적 성서학습의 단계

VII. 요약 및 결론

기독교교육에 나타난 해석적 성서해석

기독교교육을 해석학적으로 접근하는 학자를 생각할 때 우리는 먼저 토마스 그룸(Th.Groome)이나 무어(M.E.Moore)와 같은 학자들을 생각하게 되고, 그들이 제안한 "공유된 실천(shared praxis)"이나 "전통화 모델(traditioning model)"을 떠올리게 된다. 그러나 이글에서 우리는 먼저 성서해석의 문제에 초점을 맞추고자 한다. 앞 장의 해석학 역사로부터 우리는 해석학이 '방법'이면서, 동시에 '철학'이며, 또한 '비판'의 역할을 하는 것을 살펴보았다. 해석학의 시작은 '방법'으로서의 해석학으로 시작되었고, 그와 같은 고찰이 '철학'과 '비판'의 역할로까지 확대되었다. 그런 의미에서 성서해석방법의 문제는 기독교교육이 해석학과 만날 수 있는 출발점과 같은 주제라고 할 수 있다. 사실 그룸이나 무어, 그리고 보이스의 해석적 기독교교육의 개념도 깊이 생각해 보면 모두 성서해석의 문제로부터 출발하여 성서해석의 문제로 귀결된다고 해도 과언이 아니다. 그들이 추적하였던 질문, 즉 어떻게 성서의 이야기와 우리의 이야기를 연결시킬 것인지, 또 전통을 유지 보존하는 것과 사회를 변형하는 것이 어떻게 함께 갈 수 있는 것인지와 같은 문제들의 핵심은 결국 성서를 어떻게 해석해야 할 것인가의 물음과 연결되는 것이라고 할 수 있다.

따라서 이 장에서는 성서해석의 문제를 핵심적인 관심으로 해석학적 기독교교육에 접근하는 일련의 학자들을 고찰하고자 하는데, 먼저 월터 윙크(Walter Wink)로부터 시작해 보고자 한다. 윙크는 그룹이나 무어가 그들의 대표적 해석학적 저술을 썼던 1980년보다 훨씬 이전인 1973년에 해석학적 통찰력이 넘치는 작은 책자「인간변형을 위한 성서」110)를 발표하였는데, 이 책을 통해서 그는 해석학이 어떻게 성서해석과 연결되며, 또한 성서해석이 어떻게 인간변형에 관계할 수 있는지를 제시하였다. 뿐만 아니라 그는 우리가 앞 장에서 살펴본 해석학사에 나타난 모든 측면들을 그의 '변증법적 해석학'의 모델 안에서 수렴하고 있다.

I. 인간의 변형을 위한 성서연구
- Walter Wink의 변증법적 해석학

월터 윙크(Walter Wink)는 그가 1973년에 발표한「인간변형을 위한 성서」를 특별히 기존 성서비평학자들이 시도해왔던 역사·비평적 방법의 핵심적 문제점을 비판하면서, "인간의 변형"에 기여하는 성서연구의 새로운 가능성을 제시한다. 엄격히 말하면 그는 기독교교육학자이기 보다는 성서해석학자이고, 그의 책도 그러한 그의 관점에서 쓰여 졌다고 할 수 있다. 그러나 그가 제시하는 "인간변형을 위한 성서해석"의 모델은 결국 성서를 현대인의 인간형성과 변형의 출발점으로

---

110) Walter Wink, *The Bible in Human Transformation* (Philadelphia, Fortress Press, 1973)

삼고자 하는 기독교교육의 목표와는 근본적 관심을 공유하는 것이라고 할 수 있다. 후에 발표된 「인간을 변형시키는 성경공부(Transforming Bible Study)」[111]는 그가 「인간변형을 위한 성서」에서 제시하였던 기본적 개념들을 구체적이고 다양한 성경공부의 방법을 통하여 제시한 책으로 기독교교육 현장에서 쓰여질 수 있는 책이다. 이 장에서 우리는 성서해석과 해석학과의 관계를 특별히 인간변형의 문제와 관련시켜 중점적으로 다루고 있는 「인간변형을 위한 성서」를 중심으로 살펴보고자 한다.

1. 성서비평학 비판

윙크는 그의 책, 「인간변형을 위한 성서」를 먼저 성서비평학의 문제점을 비판하는 것으로 시작하면서, "성서비평학은 파산했다"라고 하였다.[112] 그는 성서비평학은 수없이 많은 연구결과를 통해 수많은 자료와 성서연구의 새로운 가능성을 제시하였지만, 궁극적으로는 파산하였다고 선언하였다. 성서비평학이 파산한 주원인은 그것이 더 이상 탐구할 새로운 기반이 없어서가 아니라, 비평학을 실천하는 사람들에게 그의 본래 목적, 즉 "과거를 생생하게 다시 살리고 개인적, 사회적 변형을 위한 가능성과 더불어 우리의 현재를 해명해 주는 것"이라는 목적을 성취하는데 있어서 무기력하다는 점 때문이라는 것이다.[113] 그러면서 윙크는 성서비평학이 실패한 구체적인 이유를 다음과 같은 다섯 가지로 설명하고 있다.

첫째, 성서비평학은 성서의 원래 의도와 서로 어울리지 않는

---

111) W. Wink, *Transforming Bible Study*, (Nashville: Abingdon, 1980), 한국어 번역 이금만 역, 창의적 성경공부.
112) W. Wink, *The Bible in Human Transformation*, P. 1.
113) Ibid., P. 2.

다.[114] 윙크는 신약성서기자들은 자신들을 믿음에로 이끈 사건들을 '증언'하였다고 하면서, 그들은 독자들 안에서 믿음이 더 자라게 하기 위한 목적으로 '믿음에서 믿음에 이르도록' 그것들을 기록하였다고 하였다. 그러나 비평학은 그와 같은 성서의 의도와 본질적으로 맞지 않는 방법이었다는 것이다. 비평학은 현대의 과학적 역사적 탐구방법을 사용하였는데, 이와 같은 탐구방법의 핵심은 '객관성', '가치중립성'이고, 그것은 성서로부터 개인적 신앙에 답을 찾는 노력을 도울 수 없다는 것이다. 비평학의 질문 자체가 다른데, 어떻게 다른 답을 기대할 수 있겠느냐는 것이다. 성서의 기자들에게 그들이 경험한 과거는 지속적으로 그에게 말 걸어오고, 그들의 길에 질문을 던지고, 자극과 도전을 주는 그러한 과거이다. 그러나 비평학자들은 객관성이라는 이름으로 자기 자신들은 질문에서 빠져 나와 성서로부터 고립시켰다.[115] 그들은 성경은 탐색하지만, 자신들은 탐색하지 않는다는 것이다. 윙크는 그럼으로써 역사비평방법은 성서를 하나의 죽은 문자로 축소하였다고 하였다.

  둘째, 성서비평학이 추구하는 객관주의 이데올로기는 오류이다. 윙크는 성서비평학이 근간으로 하는 '객관주의'는 하나의 이데올로기로, 그것은 현실과의 관련성이 없는 허구라고 하였다. 객관주의는 연구자의 감정, 의지, 관심 등을 배제하여, 결국 이론을 실천과, 정신을 몸과, 이성을 감정과, 앎을 경험과 분리시키는 데로 나아가게 하는 결과를 낳았다고 하였다.[116] 윙크는 이 세상에 우리의 삶과 사회의 구체적인 문제와의 갈등으로부터 나오지 않는 질문이 있는지를 반문하며, 그렇게 보았을 때 성서 비평학은 우리의 일상적 삶에 존재하는 살아있는 사람의 실제적인 문제를 다루는 데는 무기력함을 나타내었다고 하였다.

---

114) Ibid., P. 2f.
115) Ibid., P. 4.
116) Ibid., P. 6.

셋째, 성서 비평학은 점차로 '기술지상주의(technologism)'의 나락으로 떨어졌다.[117] 윙크는 성서 비평학이 오직 객관적이고 과학적(?) 방법이 대답할 수 있는 질문만을 적법한 것으로 치는 기술주의에 빠졌다고 하였다. 그러는 과정에서 그들에게는 자신들이 가지고 있는 전제들을 비판적으로 검토해 볼 수 있는 자리를 잃었고, 기술의 적합성에 대한 질문을 던질 능력도 상실했다고 하였다.

넷째, 성서 비평학은 성서연구와 삶을 연결시키려 하는 공동체로부터 차단되었다.[118] 윙크에 의하면 성서비평학은 그것이 처음 시작될 때, 정통주의 교회와는 반대편에 섰던 자유주의 교회의 무기와 같은 역할을 하였다고 하였다. 그러나 결과적으로 그것은 생동적인 공동체로부터 외면당하고, 성서학자들의 길드만이 그와 관련된 공동체로 남게 되었다는 것이다. 따라서 윙크는 자유주의 학자들에게 가장 시급한 문제는 그들의 성서해석이 의미를 줄 수 있는 콘텍스트를 찾는 것이라고 하였다.

다섯째, 성서 비평학이 나오게 된 상황은 이제 변화하였고, 오늘날의 상황에서는 시대에 뒤떨어 졌다. 윙크는 성서 비평학은 정통주의에 대항하는 무기로서 처음 사용되었다고 하였다. 그 이후 그것은 카톨릭교회가 개신교회를 공격하거나, 보수주의를 공격하기 위한 무기로 사용되었지만 오늘 날의 상황은 그와 다르고, 따라서 그것은 달라진 오늘날의 상황이 요청하는 것을 담보할 수 없다.

2. 성서연구를 위한 새로운 패러다임

윙크는 위에 살펴본 바와 같은 성서비평학에 대한 비판을 바탕으로

---

117) Ibid., P. 8f.
118) Ibid., P. 10f.

하여 성서 연구에 있어서 패러다임 전환의 필요성과 시급성을 언급한다. 그리고 그 나름대로 성서연구를 위한 새로운 패러다임을 제시하는데, 이것이 그가 말하는 소위 **"변증법적 해석학(dialectical hermeneutic)"**이다. 윙크는 변증법적 해석학은 **"병합(fusion)"**, **"거리두기(distance)"**, **"융합(communion)"**의 세 단계를 통해서 진행되는 해석의 방법이라고 하였다. 그가 자신의 패러다임을 '변증법적 해석학'이라고 부르고 있는 것은 한 단계로부터 시작한 해석은 그 다음 단계에서 부정되고, 그것은 다시 그 다음의 단계에서 다시 부정되면서 진행된다는 의미에서 그러할 뿐만 아니라, 또한 이 진행과정은 각 단계 간의 지속적인 대화(dialog)를 통한 순환의 과정에 있다는 점에서 그러하다. 또한 이 과정에서 텍스트와 해석자의 자기이해 간의 대화가 일어나고 이 대화를 통해서 텍스트의 주석(exegesis)을 시도한다는 점도 그의 모델이 변증법적인 한 이유가 될 수 있겠다. 그럼 각각의 단계들을 순서에 따라 살펴보자.

1) 병합(fusion)

윙크는 먼저 일반적으로 해석은 전통과의 병합(fusion)과 더불어 시작된다고 하였다. 병합이란 해석의 과정에서 해석자가 거의 무의식적으로 취하게 되는 행동으로 우리가 전통과 문화 안에 존재하는 한 필연적으로 일어나는 현상이다. 왜냐하면 '전통'은 우리가 그 안에 들어가 사는 세계 그 자체이고, 따라서 우리는 전통의 눈을 통해 세계를 볼 수 밖에 없으며, 전통 없이 존재한다는 것 자체가 불가능하다고 하기 때문이다.[119] 전통은 우리가 세상을 보는 필터이고, 우리의 지평이다. "병합"의 현상은 과거의 것이 이미 현재의 것이 되어서 우리의 존

---

119) Wink. Ibid., P. 20.

재를 인식하는 모체가 되는 현상을 의미한다. 전통은 여기에서 우리의 개념을 형성하는 틀이 되고, 우리의 언어를 형성하며, 신앙적 측면에서도 합리화의 통로를 형성한다.

2) N1 – 병합의 부정

윙크는 그러나 해석은 단순히 병합에서 머물러 있지는 않는다고 하였다. 해석자는 어느 순간 그 병합에 대한 부정이 있을 때에만 텍스트의 의미를 보다 선명하고, 전체적으로 볼 수 있는 안목을 얻을 수 있다고 생각하게 된다는 것이다. 그래서 이 '병합'을 '부정'하는 첫 번째 부정의 단계가 오는데, 윙크는 이를 'N1', 즉 '병합의 부정(negating the fusion)'이라고 칭하였다.[120] 병합의 부정 단계에서는 전통에 대한 의혹과 의심이 시작되고, 전통에 이의를 제기해 보며, 생각하지 못했던 것을 생각해보는 단계가 시작된다는 것이다.

이 첫 번째의 부정성(negativity)은 전통을 대상화함(objectivation)으로써 그로부터 일정한 거리두기를 취하는 것을 의미한다. 윙크는 요나스(H.Jonas)와 하이덱거를 인용하여 진리는 그 자체로 부정의 요소를 포함하고 있고, 따라서 해석에서 부정은 필수적인 것이라고 하였다. 그들에 의하면 진리는 그 자체로 부정의 능력을 전제하는 것이라고 하였다. 부정을 수용할 수 있는 존재만이 비진리에 대해 'no'라고 말할 수 있고, 바로 이 부정의 힘 때문에 진리는 우리를 비진리로부터 자유롭게 한다는 것이다.[121] 하이덱거의 진리개념에서도 확인되는 것처럼 진리는 감추어진 것이 들어나는 "탈은폐"의 사건인데, 이것에는 부정의 요소를 드러내는 것도 포함된다. 우리를 기만해 왔던 것들을 들어내고 자명하다고 믿었던 것의 뒤에 숨어 있었던 비진리들

---

120) Ibid., P. 21.
121) Ibid., P. 21.

을 들어낸다는 것이다.

따라서 "부정"은 대상화에 있어서는 대단히 본질적인 요소이다. 그것은 우리에게 익숙한 문화적, 심리적 이미지와 전이해로부터 거리를 두게 하며, 그 결과 진리와 자유에로의 길에서는 반드시 필요한 '소외'의 순간을 가져온다는 것이다.[122] 그렇게 보았을 때 '부정'은 우선적으로 전통적 이해에 대한 의심을 요청하는 것이라고 할 수 있는데 윙크는 이를 로너간(Lonergan)의 용어를 빌어 "지식에 의해 치유되어야 할 지식의 비상"라고 칭하였다.[123]

윙크는 이 첫 번째 부정의 단계, 'N1'에서 성서해석자는 자신과 자신의 전통이 속하는 문화를 텍스트로부터 분리하여 볼 필요가 있다고 하였다. 그는 자기 자신과 자신이 속한 문화의 역사를 텍스트와 분리시켜 보아야만 한다는 것이다. 자신의 생각이나 투사를 보류하고, 자기방어를 극복하여야 하며, 텍스트가 가지고 있는 '타자성(otherness)' 속으로 침투해 들어가서, 해석을 통한 진정한 거리를 회복해야 한다는 것이다. 윙크는 이것이 바로 '타자성'이 가지고 있는 매력이며, 신비인데, 그것은 '주관주의', '투사된 자기이해' 등으로부터 방어되어야 하는 것이라고 하였다. 이렇게 보았을 때 객관주의(objectivism)는 잘못된 의식이지만, 객관성(objectivity)은 포기되어서는 안 될 목표이다. 그것은 타자성과 타자성의 권리를 존중하는 기본적 요소이기 때문이라는 것이다.

3) 거리두기에서 나타난 문제점

---

122) Ibid., P. 22.
123) "a flight from knowledge that is to be cured by knowledge" B.J.F.Lonergan, *Insight: A Study of human understanding*, (New York, Philosophical Library, 1957) 200.

윙크는 '거리두기'는 텍스트의 타자성을 담보하는 핵심적 요소였지만, 성서비평학은 그러나 텍스트의 타자성을 담보하기 보다는 오히려 성서 자체를 그것이 형성된 배경인 교회, 신학의 역사, 교리, 신조 등으로부터 떼어내어, 성서 그 자체의 언어로 듣기를 시도하였지만, 실제로는 자신의 도구인 비평학을 첨가하였다고 하였다. 윙크는 바로 이것에서 '거리두기'의 문제점이 생겼다고 비판한다. 이 비평학적 도구들은 해석의 기반을 마련한 것이 아니라, '거리두기'라는 이름으로 '부정성(negativity)'을 가지고 들어왔고, 이 결과 '예수님의 이미지' 자체와 기독교에 의하여 전수된 '초대교회의 이미지' 자체를 파괴시켰다고 하였다. 그들은 예수님의 이미지, 교회, 원시 기독교 공동체 등을 부정한 후 우리는 순수한 질문과 자유와 진리의 열려진 공간으로 들어왔다고 믿었다는 것이다. 그러나 윙크는 이러한 자유가 잘못된 자유였다고 하였다. 이것은 하이덱거가 언급한 바 있는 '텍스트 스스로가 말하게 하는 것'이 아니라, 실제로는 텍스트에게 '우리가 많은 목소리 중 하나를 선택해 내기 전까지는 입 다물고 있어'라고 했던 것과 다름없다고 하였다.[124]

성서비평학은 또한 텍스트를 정확히 보기 위해서는 '거리'를 두어야 한다고 하면서, 텍스트인 대상으로부터 멀어졌는데, 이들의 '인식적 거리(perceptual distance)'는 결국 '정신적 거리(mental distance)'를 만들었고, 이것은 더 나아가 '무관심(disinterested beholding)'을 낳았다.[125] 요나스가 말한, '주체는 자신을 잃지만, 결국 얻는 것이지 잃는 것이 아닌 현상'이 일어난 것이 아니라, 주체도 잃고, 객체인 텍스트도 잃는 결과를 낳았다는 것이다. 엄격히 말하면 이들은 처음부터 텍스트가 스스로 말하도록 하는 것을 허락하지 않았

---

124) Wink, Ibid., P. 25.
125) Ibid.

다는 것이다. 윙크는 비평학자들의 생각, 즉 해석기술을 통하여 대상을 지배하겠다는 생각에 의해서 오히려 '진정한 객관성'이 훼손되었다고 하였다.126)

윙크는 그의 풍부한 심리학적 이론과 그를 바탕으로 한 비유적 표현을 도구로 하여 '거리두기'에 나타난 객관화의 문제를 다시 비판하였다. 그는 '객관화'란 결국 '타락한 의식'의 특수한 형태로 보아질 수 있다고 하였다. 왜냐하면 객관화는 결국 텍스트가 원래 가지고 있는 기반과의 연합으로부터 독립하려는 시도이고, 그런 의미에서 이것은 '소외된 의식'이기 때문이라는 것이다.127) 그는 사탄은 외디프스컴플랙스를 가지고 있어서 '자기 방어', '자기주장', '자기확장', '분리', '고립', '소외'를 동반하며, 사고와 감정, 충동의 억압을 가져오는데, '객관화'가 바로 이러한 속성을 갖고 있다고 하였다.

윙크는 성서비평학이 처음에는 도그마적 기독교의 초자아(super-ego)에 대항하는 반란으로 시작하였다고 하면서, 자유주의 신학 시기에 이 반란은 큰 성공을 거두었다고 하였다. '거리두기', '자유', '진리'의 가능성이 결과적으로 성취되는 듯 했고 거기에서 성서비평학은 매우 창조적인 역할을 수행하는 듯했다는 것이다. 자유주의 신학의 시기에 성서비평학은 '공동체'의 기능도 성실히 수행하고 분리를 극복하는 듯 보였다는 것이다. 그러나 윙크는 오늘날 성서비평학은 오히려 스스로 막강한 기구가 되어, 도그마적 기독교 대신 성서비평학이 하나의 길드를 형성하였고, 이 길드가 많은 주석가의 자아 속에서 초자아

---

126) 우리는 현재의 것이 맞고, 절대적이라는 전제하에, 과거의 것이 우리의 언어와는 '경쟁이 되지 않는다'고 생각하여 현재의 것을 중지시키고, 과거의 것을 그 자체의 언어 속에서 평가 해보려고 하다가, 결국은 그것이 가지고 있는 진리에 대한 물음조차 포기해 버린 꼴이 되었다고 하였다. Ibid., 26.
127) Ibid., 27.

역할을 하고 있다고 하였다. 해석자들은 이들 기준에 순종하여 증명과 인정과 승인을 얻는 한, 에고에서 초자아에로의 내적 전이가 효과적으로 이루어지는 것이라고 굳게 믿게 되었다는 것이다. 그러나 여기에서 한 개인의 내적 힘, 삶에 대한 질문, 깊은 외침과 같은 것은 '그들의 승인'이라는 관심에 희생양이 되었고, 자아의 권위는 자아 밖에서 찾아지며, 결국 남는 것은 불안밖에 없게 되었다는 것이다.128)

윙크는 '거리두기'는 이중적 특성을 가지고 있다고 하였다. 마치 우리가 실존적 진리를 깨닫기 위한 필요악으로서, 부모와 병합된 정체성과 소속감으로부터 분리됨이 필요하듯, 성서비평학은 한 편으로는 반신조적이고 분석적 태도에로의 전환에서 반드시 필요한 필요악으로써의 역할을 하였다는 것이다. 그 가운데서 비평학은 엄청난 정보를 우리에게 주었다. 그러나 윙크는 성서비평학의 궁극적 문제는 그것이 실제로 스스로는 재건할 능력이 없다는 것에 있다고 하였다. 왜냐하면, 비평학의 삶 자체는 방법론적 회의주의이고, 이것은 원칙적으로 '파괴'적인 것이기 때문이다. 그것은 전통을 단절하는 것에서 생기는 불안을 보상하기 위하여, 실존을 두 갈래로 갈라서, 한 편으로는 우리의 경건성을 비평학의 거센 바람으로부터 고립시키려는 경향을 띠게 하거나, 그렇지 않으면 아예 부정에 기생하여서 철저히 부정을 살아내는 경향으로 나아가게 하였다는 것이다. 윙크는 현대로 오면서 후자의 선택이 점차적으로 우세해지고 있다고 하였다. 객관화는 부정을 삶 속에 적용시켜, 주체-객체의 이분법을 실존의 기본원칙으로 삼게 하고, 대상을 정복하는 것을 통해서 우리의 자아와 삶을 찾도록 하였

---

128) 윙크는 덧붙이기를 '바칸(Bakan)의 사탄주의의 역사'에 나타난 도식에 의하면 사탄주의적인 것은 '자기를 무너트리는 불안신드롬'을 '부인(denial)'하는 것이라고 하였다. 이것은 고전적 신학적 용어로 하면 '노예 의지'라고 하였다. 참고, Ibid., 29, Homans, *Theology after Freud*, 142.

다는 것이다. 그러나 윙크는 첫 번째의 시도가 환상이라면, 두 번째의 것은 우상적인 것이라고 비판하였다.

윙크는 바칸(D.Bakan)을 인용하여 '우상적인 것이란 하나의 방법이나 계획 혹은 개념을 궁극적 삶의 완성으로 보는 태도라' 고 칭하면서, 그것은 완전하지 않지만 즉각적인 만족을 주는 것에 우리를 허락하는 것이 특징이라고 하였다.129) 또한 정신병리학적으로 보았을 때 우상이란 하나의 작은 만족의 방법에 체포되어 있는 것을 말한다는 것이다. 실제적 자극에 생동적으로 반응하는 대신, 늘 반복하는 방법론에 고착된 패턴을 지속하는 것을 말한다는 것이다. 따라서 윙크는 우상이란 무엇에 '매달리게 되는 것' 이라고 정의하였다. 이것이 바로 "방법적 우상(methodolatry)"인데, 이것은 방법 자체를 우상화하고, 정작 방법의 대상은 잊어버리는 것이라는 것이다. 윙크는 성서비평학의 문제도 정신병리학적 우상의 문제와 유사하게 방법적 우상주의에 빠져서, 객관화의 단계에 고착되어 버렸다는 것에 있다고 하였다. 소외된 거리에 고착되고, 자신의 승리에 체포되어서 자신이 가지고 있는 악마적 문제점들로부터 탈출하지 못하는 것이 그것이 가지고 있는 문제라는 것이다. 그렇게 보았을 때 윙크는 객관화라는 것은 더 이상 신학적 문제만이 아니라 심리학적 문제이기도 하다고 하였다.

4) N2 - 부정의 부정

따라서 윙크는 첫 번째 부정(N1)인 객관화의 부정성은 다시 부정되어야 한다고 하였다. 해석자의 거리두기는 존중되어야 하지만, 그 거리두기가 결국 방법적 우상주의에 체포되어 텍스트를 바로 이해하게 할 수 없고, 해체 후 재구성할 능력이 없다면 그 부정은 다시 부정되어

---

129) Wink, Ibid., P. 31.

야 한다는 것이다. 첫번째의 부정에 이어 두 번째의 부정인 N2가 뒤따라야 한다는 것이다.

윙크는 그렇다고 해서 이 두 번째의 부정(N2)이 첫 번째의 부정(N1) 이전으로 돌아간다는 말은 아니라고 하였다. 비평학이 문제를 가지고 있다고 해서 오늘 날 우리가 그의 칼날로부터 도망가거나 그의 분석으로부터 뒷걸음질 칠 수는 없다는 것이다. 오히려 그 길의 '끝'까지 따라가는 것이 우리의 운명이라는 것이다.130) 그렇지만 윙크는 이 '끝'은 단선적(linear)이 아니라 변증법적이고 대화적(dialectical)인 끝이라고 하였다.

윙크에 의하면 N2단계에서 일어나는 해체는, N1에서 해체하였던 것을 다시 해체하는 것이 아니라 오히려 현대인의 확신을 해체하는 것이다. 이번에는 다른 종류의 의심인데, 이 의심은 우리 자신에 대항하여 의심을 제기하는 것이다. 이것은 바로 의심하는 사람에 대한 의심인 것이다. 따라서 N2가 요청하는 것은 우리가 우리 자신으로부터 거리를 두어서 객관주의의 소외된 거리를 극복하기 위한 첫 걸음을 떼는 것이다.131)

N2단계에서 일어나는 대상화하기(to object)란 따라서 주체의 거짓된 자기 확신에 대항하는 객체(object)의 반격이요, '객체'의 진정한 의미를 회복시키는 단계라고 할 수 있다. 윙크는 이를 설명하기 위하여 'object'의 라틴어 단어 'objectum'를 분석한다. 'objectum'의 'ob'이란 '앞(before)'이라는 뜻이요, 'jectum'은 'jacere' 즉 '던지다'에서 온 명사이다. 이것이 의미하는 것은 앞서 던져진 것, 그래서 대상이란 뜻이 되었다는 것이다. 이것은 독일어로 "Gegenstand"라는 단어로 우리의 앞에서 우리에게 대항하고, 반대하며, 긴장관계를

---

130) Ibid., P. 30.
131) Ibid.

형성하고 있는 주체라는 개념이라는 것이다. 윙크는 이것은 단순히 내가 아닌 객체라는 뜻(Object)이거나, 수동적으로 주체의 것을 받아들이기만 하는 대상이라는 뜻이 아니라, 스스로 활동하는 '능동적 주체'라는 뜻이라고 하였다. N2 단계에서 대상화하기란, 대상이 주체에 대항하여 능동적 주체로서 활동하도록 허용하는 것을 의미한다는 것이다. N2의 단계는 따라서 주체의 잘못된 확신을 객체의 능동적 활동에 노출하여 부정되도록 하는 단계라고 할 수 있다.

윙크는 여기에서 프로이드를 예로 든다. 그는 바칸의 말을 인용하여 프로이드의 위대성은 그가 단순히 자신과 환자들의 꿈을 해석하고자 했던 것에 있는 것 아니라, 꿈이나, 유머나 연설 등에 대하여 연구의 주체로서 자신의 반응에 대하여서도 기꺼이 해석하는 용기를 가졌다는 점이라고 하였다.[132] 그 결과 프로이드는 자기 자신을 억압하는 것으로부터도 자유로워졌을 뿐 아니라, 치료의 새로운 장을 열게 한 '심리분석' 이론이라는 공적 이론을 탄생시킨 것이다. 윙크는 프로이드가 이룩한 것을 성서비평학은 이룩하지 못했다고 했다. 그는 비평학이 '거리두기'를 통하여 생긴 '거리'에 얼어붙어서, 관련된 관점을 제공하기는커녕 오히려 관점으로부터 멀어졌다고 하였다:

> "우리는 대상과의 연합 속에서 그 대상에로 파고 들어가는 것에서도 실패하였고, 우리 자신과의 일체에 들어가는 것도 실패함으로써, 결국 대상이 우리자신에게 파고 들어오도록 하는데도 실패하였다."[133]

윙크는 물론 독자와 텍스트 사이의 심리치료적 관계는 먼저 객관적 관계가 되어야 한다고 하였다. 문제를 볼 수 있기 위해서 우선은 거리두기를 통한 객관적 관계를 형성해야 한다는 것이다. 그러나 그 다음

---

132) Ibid., P. 33.
133) Ibid.

단계에서는 인격적 관계가 되어서 전이를 도출해 내어야 한다는 것이다. 심지어 이에서 더 나아가 분석자는 기꺼이 스스로를 변화시켜야 한다는 것이다. 칼 로저스의 말을 인용하여 윙크는 심리치료자는 자신을 변화시키는 위험을 감수하지 않으면 안 된다고 하였다. 치료자가 내담자를 진정으로 듣고자 한다면 그는 내담자의 세계에 들어가야 하고, 이것은 그의 세계에서 자신을 잃는 것을 감수하는 것이라고 하였다. 실제로 자신들을 변화시키고 잃어버리는 것에 대한 두려움 때문에 많은 치료자들은 들으려하지 않고, 평가하려고만 한다는 것이다.[134]

이와 같은 점을 바탕으로 해서 볼 때, 윙크는 해석과정에서 두 번째의 부정이 필요한데, 이 부정은 우리 자신의 감정적 성향과, 우리가 속한 현대라는 시대의 질문들, 언어들, 관점들에 대하여 우리가 쉽게 취하게 되는 경향들을 부정하고 그로부터 벗어나는 것을 의미한다고 하였다. 그는 이 두 번째의 부정(N2)을 리쾨르의 "**주체의 고고학(archaeology of the subject)**"이라는 표현에 비유하였다. 정작 해석의 주체가 되는 사람에게 영향을 미치는 역사와 뿌리를 찾아 밝혀낸다는 의미에서 주체의 고고학은 두번째의 부정에서 핵심적인 역할을 한다는 것이다. 윙크는 이 주체의 고고학을 위해서는 "사회적으로 조건 지워진 자기 분석의 불타는 강"을 넘을 필요가 있다고 하면서,[135] 이 과정에서 두 측면의 접근이 불가피하다고 하였는데, **비평학의 문화적 역할에 대한 "지식사회적 분석"과, "텍스트를 읽는 방법에 대한 정신분석학적 접근의 비판"**이 바로 그것이다.[136] 그는 해석자 개인에게 영향을 미치고 있는 두 측면 즉 사회적, 개인적 역사를 비판하는 것이

---

[134] Karl Rogers, *On Becoming a Person* (Boston: Houghton Mifflin Co., 1962), 333, Wink의 책 34에서 재인용.
[135] Wink, Ibid., P. 34.
[136] Ibid., P. 3이하.

바로 N2의 핵심이라고 보았다.

(1) 지식사회학적 분석

윙크는 먼저 왜 지식사회학적 분석이 필요한지를 설명하는 과정에서 모든 학문의 발달은 한 사회와 문화의 필요성에 부응하면서 발달하였다는 지식사회학적 이해를 제시한다. 한 사회에서 생기는 새로운 '필요'가 '요청'을 낳고, 그 요청이 '학문의 진보'를 가져왔다는 것이다. 지식사회학적으로 볼 때, 우리가 가장 과학적이고, 객관적이라고 생각하는 것 조차, 그 사고가 출발하게 된 시대와 상황의 필요와 가치들 그리고 이데올로기들과 관련되어 있지 않은 것은 없다. 앞에서 살핀 '객관주의' 조차도 윙크에 의하면 표면상으로는 가치중립을 표방하지만, 오히려 세속화와 탈신비화(demystification)의 무신론적(atheistic) 가치관이 그 배경에 도사리고 있다.[137] 따라서 텍스트를 읽을 때 우리는 우리의 이데올로기적인 선입견이나 맹목성들을 검토해야 한다. 윙크에게 있어서는 따라서 텍스트 해석의 과정에 영향을 미치는 사회적 결정성에서 탈피할 수 있는 길은 다음 두 가지가 관건이다: 첫째, 우리를 결정하는 것들에 대한 통찰, 둘째, 텍스트의 타자성과, 우리의 텍스트에의 반응에 대한 지식사회학적 분석의 결합.[138]

(2) 정신분석학적 분석

'자아의 고고학'에 필수적인 첫 번째의 길, 즉 지식사회학적 비판이 주체의 '사회적' 차원의 비판이라면, 두 번째의 길인 "정신분석적 비판"은 '개인적' 차원의 비판이라고 할 수 있다.[139] 윙크는 리쾨르를

---

137) Ibid., P. 35.
138) Ibid., P. 45.
139) Ibid., P. 46.

인용하면서, 문화적 거리두기는 단순히 개념적, 언어적 거리두기의 문제일 뿐만 아니라, 한 개인의 과거로부터 형성된 개념과 언어 속에 깊이 묻혀 있는 질문에 대한 망각의 문제일 수도 있다고 하였다. 윙크는 망각이란 정신분석학적으로 볼 때 선택적 억압이라고 할 수 있다고 하였다. 해석이 텍스트에 의해 제공되는 답변을 야기하는 질문을 다시 들으려 하는 시도라고 한다면, 해석은 실존적 질문의 지속적 망각을 차단하고자 하는 것이라고 할 수 있다. 다시 말하면 해석의 행위는 우리를 우리 자신의 선택적인 억압으로부터 자유롭게 하는 행위라고 할 수 있다. 따라서 텍스트와의 진정한 의사소통을 방해하는 망각, 즉 과거에 형성되어 개인의 언어와 개념 안에 도사리고 있는 선택적 억압으로부터 벗어나는 것은 해석의 과정에서 필수적인 '자아의 고고학'의 길이라고 할 수 있다.

윙크는 따라서 텍스트 안에서 질문에 대한 우리 자신의 망각에 대항하여 투쟁하는 것이 필요하다고 하였다.140) 그것은 질문 안에 일어나는 작용으로부터 스스로를 소외시키려는 현상에 대항하는 투쟁이라고 할 수 있다. 리쾨르는 이것도 일종의 "파괴(destruction)"라고 하였는데, 여기에서 파괴는 파괴하는 자의 확신을 파괴하는 것이라고 할 수 있다는 것이다. 이렇듯 윙크는 파괴와 해석은 하나이며, 현대의 모든 해석학은 우상에 맞서 투쟁하고 결과적으로 그것을 파괴하는 것으로 보았다. 현대의 "의심의 달인"이었던 세 사람, 맑스는 이데올로기를 비판하였고, 니체는 초월적 세계와 환상에로의 도피에 대한 비판가였으며, 프로이드는 회피와 고착된 발달에 대항하여 투쟁하였다. 이렇게 보았을 때, 윙크는 모든 해석학은 억압에 대항하는 투쟁이 되어야 한다고 하였다. 파괴를 통해서 우리는 좀더 본질적이고 근본적인 말을

---

140) Ibid., P. 47.

들을 수 있고, 더 이상 들을 수 없는 새로운 언어를 말할 수 있게 된다.

해석이 파괴이어야 한다는 말은 단순히 고대 세계관의 "비신화화(demythologizing)"만을 통해서 오는 것이 아니라, 우리의 문화적 전제들에 대한 투쟁과 현대인 자신의 확신에 대한 투쟁을 통해서 오는 것이다. 비신화화의 생각 뒤에는 사실 현대의 세계관을 우수하고 규범적인 것으로 생각하는 교만이 도사리고 있다. 그러한 현대인의 교만에 대한 파괴 없이 진정한 해석은 이루어질 수 없다. 윙크는 해석자가 텍스트를 대상화하고 텍스트 자체를 비신화화하는 것에서 그치지 않고, 해석자인 현대인 자신이 가지고 있는 전제들과 싸울 때, 비로소 해석자는 자기 자신의 존재에 대한 질문을 던질 수 있는 공간을 얻을 수 있다고 하였다.[141] 이것은 리쾨르가 "질문의 간격(interval of interrogation)"이라고 칭한 것으로 이 간격이 바로 비신화화를 차별화의 과제에 제한하게 한다고 하였다. 여기에서 차별화라 함은 신화의 상징적 기능과 원인적 기능을 구별하는 것이다. 다시 말하여 신화는 원인적 기능이 아니라 상징적 기능을 갖는다는 점이 드러난다는 것이다. '비신화화'는 신화가 과학적인 것이 아니라고 하는 것을 노출시킴으로 오히려 신화의 '상징적 기능'을 해방하는 기능을 하게 된다는 것이다. 이것이 바로 리쾨르가 말하는 소위 "이차적 소박성(second naivete)"을 허용하는 것으로서, 이 과정에서 선비평적(precritical) 단계에서 일어났던 '병합'이 후비평적(postcritical) 차원에서 다시 일어나, 텍스트가 해석자에게 직접적 영향을 미치는 것이 된다. 이것이 바로 "상징의 직접성에로의 복귀"인 것이다. 선비평적 병합이 텍스트에로의 '거리두기'와 '비평' 없이 일어나는 것에 반하여, 후비평적 융합은 '거리두기'와 '비평학', '비신화화'의 범주 안에서 이루어진

---

[141] Ibid., P. 48.

다.142)

그러나 상징적 기능의 회복은 사고하는 주체의 굴욕을 요구한다. 주체는 주체-객체의 이분법에 나타났던 주체의 우월성을 포기하는 것을 의미한다. 윙크는 세상을 대상화하여 탐구하는 파우스트적 이미지는 이제 자기 자신에 대한 반성에 혼돈된 나르시스적 이미지에로 전환하여, 이제 생각하고 느끼는 주체(thinking-feeling subject)가 된다고 하였다. "cogito(나는 생각한다)"에서 나는 더 이상 객체만을 생각하는 것이 아니라, 이제는 종교적 상징이 상징 안에 표현된 현실을 열어 보여줄 수 있도록 깊게 파고 들어가게 되는 '나'가 된다.143)

상징적 기능의 회복과 더불어 이제 해석의 행위는 해석자인 주체의 개인적 역사에 대하여서도 관련성을 갖게 된다. 상징은 단순히 사고를 불러일으키는 것 만이 아니라, 해석자에게 변화되어가고(becoming), 내면화하고, 인격의 변형을 불러일으키는 요소가 된다. 따라서 해석은 이 과정에서 개인에게 인격적으로 영향을 미치고, 개인의 변형을 일으키는 활동이 되는 것이다.

윙크는 N2의 "자기의 고고학" 과정을 앞에와 같이 서술한 후 그의 변증법적 해석학을 보여줄 수 있는 예시적 모델을 "중풍병자 치유(마 9:1-8, 막2:1-12, 눅5:17-26)"의 이야기를 중심으로 제시하였다.144) 이 과정에서 윙크는 '병합'과, '거리두기(N1)', '부정의 부정(N2)'을 모두 사용하여 제시하면서, 결국 성서가 해석자에게 인격적으로 영향을 미치고 그들의 삶 속으로 파고 들어가는 단계들을 예시적으로 보여주었다. 윙크는 첫번째 부정인 N1단계에서 역사비평학을 사용한다. 그의 예시에서는 비평적 도구들(자료, 양식, 편집, 역사적 비평들)이

---

142) Ibid.
143) Ibid.
144) Ibid., P. 49-60.

모두 등장한다. 그러나 그는 거기에서 머물지 않고, N2의 단계인 지식사회학적 비평과 개인의 문제에 대한 정신분석적 비평을 거쳐서 결국 텍스트가 해석자 개인의 변형에로 영향을 미칠 수 있는 단계까지 진행한다. 이 과정에서 윙크는 지속적으로 산파술적 질문을 통하여 점차 심도 있는 해석의 단계로 들어가고, 동시에 참가자들과의 협력적인 발견과정을 통하여 참가자의 개인적 사회적 진리해명에로 인도해 들어가고 있는 것을 볼 수 있다.

윙크는 이러한 해석의 과정에서 우리가 얻게 되는 통찰은 종교적 진리나 신학적 진리가 아니며, 또한 단순히 저자의 최초의 통찰만도 아니고, 텍스트의 대화적(변증법적) 해석에 의해 들어난 우리 자신의 개인적, 사회적 존재됨의 진리라고 하였다. "협력적 대화"와 "산파술적 대화"는 참가자들이 "쓰여진 텍스트(성서)"와 그들 자신의 "경험 텍스트"를 지금까지 왜곡하고 훼손해왔던 길을 발견하게 할 뿐만 아니라, 더 나아가 개인적 언어의 형태로 변해버린 실존의 심오한 '상징'을 "공적 공동체(public communion)"의 표현 형태로 해방시키는 역할을 한다. 텍스트와 우리 자신 사이에서 지속되는 질문의 나선형은 점점 더 깊어질 뿐만 아니라, 또한 좀 더 내면화되고, 동시에 좀 더 우주적이 되면서, 현재의 경험과의 관련성이 점점 가속화된다. 처음에 해체(파괴)와 부정(negativity)와 더불어 시작했던 것이 결국은 다시 융합(communion)이 된다.

5) 융합(communion)

윙크는 처음에 병합(fusion)으로 시작된 해석의 과정은 N1과 N2를 지나면서 분리와 '거리두기' 과정을 거치게 되고, 마지막으로 다시 "융합"의 단계로 와야 한다고 하였다. 그러면서 윙크는 다시 성서비평학을 언급하면서, 책 머리에 던졌던 평가, 즉 "성서비평학은 파산에 이르렀다"고 하였던 단언은 옳지 않다고 번복한다. 성서비평학은 그의 '도구'로서의 가치를 여전히 가지고 있고, 단지 그것은 새로운 쓰임 아래 놓여있는 것이라는 것이다. 그는 쿤(Kuhn)이 '과학혁명' 이후에도 학자들은 여전히 기존에 써 왔던 언어와 방법을 사용하고 있고, 단지 그 사용의 목적과 쓰임이 달라졌을 뿐이라고 하였던 점, 그리고 패러다임의 전환은 옛 패러다임이 한 순간에 모두 없어지는 것을 의미하는 것이 아니라, 이전의 패러다임이 발판이 되어 새로운 패러다임이 나타나는 것이라고 하였던 점을 인용한다. 마찬가지로 성서비평학의 경우도, 그것이 내포하는 '객관화'의 문제점들이 많은 사람들을 움직였기 때문에, 그 결과 '개인과 사회를 변형하는 해석'이라는 새로운 개념이 나타난 것이라는 것이다. 환언하면 성서비평학의 존재로 인하여 오히려 새로운 패러다임이 출현하였던 점을 상기해야 하며, 또한 비평학 자체는 지속적으로 사용되면서 단지 그 목적과 쓰임이 달라지는 것이라는 것이다.[145] 윙크는 "성서비평학은 파산했던 것이 아니라, 단지 고착되어 있었을 뿐이었다"고 한다.[146] 그것은 소외된 '거리두기'의 순간에 고착되어 있었고, 이 분리의 결과가 "객관주의"와, "주객 분리"이었다는 것이다.

이제 해석의 마지막 단계인 융합에서는 그러나 고착된 성서비평학의 결과로 생긴 '주체-객체 이분법'이 극복되고, "주체로서의 해석자와 객체로서의 텍스트 사이의 대화"가 이루어진다. 이 단계에서 윙크는 주·객체 이분법의 실천적 해결을 제시한다.

(1) 주체와 객체

윙크는 주체-객체 분리의 문제를 극복하는 길은 오히려 그것을 뚫

---

145) 참조, Ibid., P. 60.
146) Ibid., P. 65.

고 지나오는 것 외에는 극복할 길이 없다고 하면서 주체와 객체 이분법의 화두를 시작한다. 따라서 그는 우리가 흔히 생각하게 되는 실존적 만남을 통한 '주체-객체 분리' 극복의 시도는 희망이 없다고 말한다.147) 그것도 결국은 주체를 강조하는 것으로 주체-객체 분리를 궁극적으로 극복하는 길은 되지 못하기 때문이다.

그는 '주체-객체 분리(dichotomy)'는 앞서 언급한 "주체의 고고학"으로 인해 '주체-객체 관계(relationship)'에로 갈 수 있는 길을 부여 받게 된다고 하였다. 주체의 고고학은 "소외된 거리(alienated distance)"가 "관계적 거리(relational distance)"로 될 수 있도록 다리를 놓음으로써, 대화 가운데에서 주체와 객체간의 통합을 이룬다는 것이다.148) 주체와 객체는 서로가 서로에게 객체로, 또한 서로가 서로에게 주체로 남으면서, 함께 삶의 질문에 있어서 협력적 파트너가 된다는 것이다:

> "처음 "병합"의 단계에서 "주체의 객체(object of a subject)" 형태로 시작한 후, '나'는 거리두기 단계에서 반란을 일으켜 나 스스로를 "객체를 가지고 있는 주체(subject with an object)"로 세웠다가, 마지막 융합에서는 나를 "텍스트의 주체와 객체"로 또한 "자기반성의 주체와 객체"로서 찾게 된다."149)

윙크는 융합의 단계에서는 지평의 융합을 통한 관계적 거리가 성취되어, 텍스트의 지평이 해석자의 지평을 조명하게 되고, 또한 해석자를 '자기해명'과 '자기이해'에로 인도하게 된다고 하였다. 동시에 역으로 해석자 자신의 지평은 텍스트의 잊혀진 요소들을 조명하여, 이

---

147) Ibid.
148) Ibid., P. 66.
149) Ibid.

요소들을 현대의 삶과 연결시켜서 전면으로 부각시키기도 한다. 이러한 만남 속에서 우리 지평의 어떤 요소들은 부정되기도 하고, 또 어떤 다른 요소들은 강화되기도 하지만, 동시에 텍스트의 지평 속에서도 어떤 요소는 퇴각하고, 또 어떤 요소는 전진하게 된다. 이와 같은 현상은 텍스트와 해석자 쌍방 간에 모두 일어나는 것이다. 이 과정에서 텍스트와 해석자 모두는 공히 실존의 물음을 물을 수 있도록 요청 받게 된다. 해석이란 따라서 더 이상 텍스트가 말하는 것을 수락할 것인지, 거부할 것인지의 문제가 아니다. 해석은 텍스트가 재발견하도록 제시하는 질문의 형태 속에서 이루어지는 "자신과 사회에 대한 탐구"인 것이다. 그렇게 볼 때 모든 지식은 앎의 주체를 형성하게(self-formative)하는 과정과 필연적으로 연결되어 있다고 할 수 있다. 윙크는 박스터의 말을 인용하면서, 모든 진정한 해석학적 경험은 따라서 "새로운 창조"라고 하였다. 그것은 이전에는 일어난 적이 없는 존재의 새로운 측면을 탈은폐해주는 것과 같다는 것이다.[150] 그렇게 해석은 해석자에게 인격적으로 영향을 미치고, 해석자를 변형시키는 사건이 된다.

윙크는 여기에서 이 융합의 과정은 그러나 주관주의와는 다르다는 점을 환기시킨다. 주관주의란 주체가 객체를 압도하려 하거나, 혹은 객체에게 주체를 투사하려고 하는 반면, 융합은 객체를 순수한 객체로서 인정할 수 있을 때 일어나는 것이라는 것이다. 융합의 과정에서 해석자는 텍스트를 숙고하지만, 동시에 자기 자신을 숙고하는 상호적 관계 안으로 침투해 들어 간다. 여기에서는 주체가 스스로를 숙고하는 것이 아니라 텍스트를 통해서 우리 자신을 심연에서 보게 된다는 것이다. 우리 스스로를 숙고하는 것은 물론 우리의 의식을 통해서 일어나

---

150) Ibid., P. 67. 우리는 하이덱거의 실존적 해석학에 관한 앞 장의 고찰을 통해서 해석이 우리의 실존 해석과 관련되며, 실존적 진리를 밝혀주는 '탈은폐'의 현상을 통해 우리를 실존에로 나아가게 하며, 또한 우리의 '가능적 자아'로 인도하는 역할을 한다는 점을 살펴보았다. 참조, 앞장, "해석학적 인식론과 기독교교육"

는 것이지만, 전체성이란 우리의 의식적 통제아래 있는 것이 아니라 그 너머에 있는 것이다. 융합의 순간이란 우리가 우리의 의식 너머에서 오는 전체성을 인정하고 여기에 자신을 열어서 제공 하는 순간이고, 또한 동시에 이 순간에 의식의 대상은 주체가 되어 객체인 우리에게 자신을 여는 순간이다. 이 순간 우리는 아는 주체로서 아는 것이 아니라 앎의 대상에 의해 알게 됨을 당하는 객체가 되는 것이다.[151]

(2) 관심과 적용

윙크는 지평융합을 통해서 "주체-객체 분리"가 극복되고, "주체-객체의 관계"가 형성되면 필연적으로 텍스트에 대한 우리의 삶 관련적 변형이 일어난다고 하였다. 객관주의에 의해 잊어버려졌던 '관심(interest)'과 '적용(application)'이 이제는 전면에 등장하게 된다는 것이다. 객관주의와 과학주의가 표방해 왔던 가치중립성은 '관심'이 주관적 개념이라고 생각해 왔지만, 윙크는 하버마스를 인용하여, 이 세상 어떠한 연구나 과학적 탐구도 '관심' 없이 수행되는 것은 없다고 강조한다.[152] '관심'이란 어떤 이기적 생각이 아니라, 실존과 생존, 전체성, 기쁨에 대한 의지로서, 어떠한 합리적 과정에도 뒤떨어지지 않는, 우리의 모든 앎과 행동의 동인이 되는 요소라는 것이다.

윙크는 특히 종교적 텍스트들의 해석에 있어서 '관심'은 매우 중요한 역할을 한다고 하였다.[153] 종교적 텍스트는 실존의 상처를 치유하

---

151) Ibid., 68, "I am first of all known" - 이 문장은 우리에게 팔머의 책 「To know as we are known」을 생각나게 하는 귀절이다. 팔머가 진리가 스스로를 알게 하는 것이라는 개념을 쓴 것처럼, 윙크도 연합의 단계에서 일어나는 앎이란 주체의 주관적 앎이나 투사가 아니라, 해석의 대상이 해석자에게 스스로를 알리는 앎을 말하고 있다. 이경우 앎의 대상은 주체가 되고, 앎의 주체인 우리가 객체가 된다.
152) Ibid., P. 69.

거나 완화하는 목적과, 삶에서의 결정적인 의미들을 공급하는 목적을 가지고 있는 텍스트들이기 때문이라는 것이다. 종교적 텍스트를 통해서 사람들은 '진정한 삶'을 상상할 수 있고, 또한 그를 성취할 수 있기를 기대한다. 그런 의미에서 종교적 텍스트는 그 어떤 텍스트보다 '이성(reason)'과 '환상(fantasy)'이 만나는 자리라고 할 수 있다. '진정한 삶'을 성취하는 것은 단순히 이성적인 판단이나 전통의 핵심적 내용을 수용하는 것으로 이룩될 수 없다. 그것은 우리에게 역사적이고 객관적으로 다가오면서도, 동시에 개개인에게 맞게 수정될 수 있는 조건으로 주어져서, 그를 통하여 개인이 '진정한 삶'에 대한 나름대로의 비전을 상상하게 되어야 하는데, 이 과정에서 '이성'과 '환상'이 함께 만나야 한다는 것이다. 이성은 그렇기 때문에 중립적인 것이 아니라, '진보적인 것', '혁명적인 것'과 관련이 있고, 또한 꿈의 실현과 관련이 있다. 따라서 이성은 '상상(imagination)'의 직관적이고 감성적 기능과 떨어져 있을 수 없는 것이다. **종교적 텍스트를 해석하는 것은 우리의 삶에 결정적 영향을 미치는 의미들을 찾고자 하는 관심과 분리될 수 없고, 우리의 상처를 치유하고 회복하고자 하는 관심과 떨어져 있을 수 없다. 이 과정에서는 또한 이성과 상상이 불가분리로 협력적 작용을 하는 것이다.**[154]

윙크는 종교적 텍스트의 해석이 '관심'과 밀접하게 연결 되어있다고 해서, '객관성'을 포기한다는 말은 결코 아니라고 하였다. 우리는 텍스트를 읽을 때 우리의 생각을 투사하는 것이 아닌 타자, 즉 하나님의 자기계시와 만나기를 희망한다.[155] 하나님의 자기계시와 만나는 것은 텍스트의 객관성을 담보해야 하는 것으로, 텍스트에 나의 주관성

---

153) Ibid., P. 71.
154) 윙크는 여기에서 성서신학자들의 연구를 비판한다. 그는 성서해석의 핵심은 결국 인간의 꿈을 실현하고, '진정한 삶'을 상상하고 성취할 수 있도록 하는 것이었음에

과 나의 사회문화적 관점을 섞어서 만들어 내는 것이 아니다. 따라서 "객관성이란 관심을 배제하는 것(disinterestedness)"이 결코 아니다. 그것은 열정적으로 타자의 말씀을 들으려고 하는 관심인 것이고, 또한 동시에 그것을 통해서 우리 자신의 삶을 형성하는(lifeformative) 관심이다.

윙크는 삶을 형성하고자 하는 '관심'은 따라서 본질적으로 "적용(application)"을 포함하는 개념이라고 하였다. '관심'은 우리의 실존적 관련성의 표현이자, 우리가 읽은 것을 '적용'해 보고자 하는 욕망의 표현이라고 할 수 있어서, 해석이 관심으로 시작하는 한 그것은 필연적으로 '적용'에로 연결될 수 밖에 없다는 것이다. 그렇게 볼 때 해석이란 우리의 미래와 관련하여 텍스트를 우리의 현재에로 적용하려는 "자기-탐색적 적용(self-explorative application)"이고 이것은 연구의 마지막 행위가 아니라 처음부터 우리의 관심이라는 것이다.[156]

윙크는 '성서해석자'가 된다는 것이 반드시 '성서학자'가 되는 것은 아니라는 점을 지적하면서, 그 차이를 '적용' 여부에서 찾고 있다. 그는 성서해석자가 된다는 것은 다른 사람이나 그룹에게 성서가 주는 감동을 이해하고 삶을 변형시킬 수 있도록 도울 능력이 있는 사람을 의미한다고 하였다. 성서해석자는 '소외된 거리두기'에 꽉 붙잡혀 있

도 불구하고, 학자들은(저자 자신을 포함하여서) 너무나 많은 순간, 이와 같은 원래의 동기를 연구성과, 출판, 유명세와 같은 표면적 관심으로 대치하였다고 비판한다. 그 결과가 텍스트의 진리에 대한 실천관련성이 결여되고, 진리에 대한 물음은 이차적인 것이 되었다는 것이다. 그는 연구발표가 반드시 공공의 승인을 가져와야 할 필요가 있는 것은 아니고, 오히려 어떤 때에는 그 반대일 경우도 있다고 하였다. 이리하여 지식은 경험으로부터 분리되고, 이론은 실천으로부터 분리되며, 이성은 이성 안의 관심으로부터 분리되고, 학자는 그의 삶의 컨텍스트로부터 분리되는 것이라고 하였다. 참조, Ibid., P. 72.

155) Wink, Ibid., P. 74.
156) Ibid., P. 75.

는 사람이 아니라, 해석을 통해서 일상생활 속의 실제 사람들과 관련을 맺을 수 있는 사람이라는 것이다. 따라서 윙크는 그들이 세상적 사건과의 관련성을 설교가에게 떠 넘기지 않는다고 하였다. 그들에겐 "나는 연구하고, 너는 설교한다"는 이분법이 합법화되지 않는다는 말이다. 성서의 해석자는 세상적 사건과의 관련성 속에서 성서의 적용가능성을 모색하며, 또한 그를 실천하는 사람으로 설교와 설교하기를 새롭게 하는 것에 봉사하는 사람들이라는 것이다. 다시 말하면 성서해석자는 '적용'을 관심의 핵심적인 기초로 삼는 사람이라는 것이다.

결론적으로 말하자면 '융합'을 통해서 '거리를 둔 전통'과 '우리가 속하게 되는 전통' 사이의 대화가 일어나면서, 해석은 짧은 순간 이해의 목적을 성취하게 된다; 이 순간 지평은 전환(shift)되고, 우리의 '자기-이해'가 변화되며, '세계'는 변형된다. 이 과정에서 우리는 과거를 다른 빛 안에서 보게 되고, 이제 우리의 이해의 과정은 새로운 순환과정을 다시 시작하게 되는 것이다. 앞에서 고찰한 윙크의 변증법적 성서해석을 단순화의 위험을 무릅 쓰고 도표로 나타내 보면 다음과 같다.

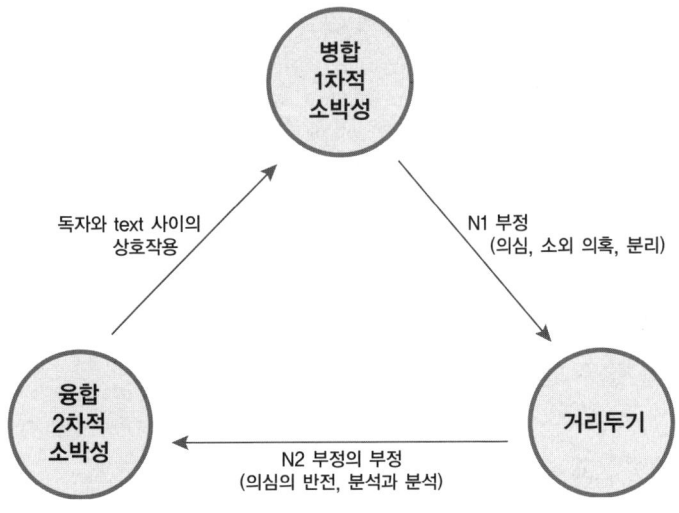

3. 윙크의 "인간변형을 위한 성서해석"에 나타난 해석학

1) 성서해석과 기독교교육

윙크는 "병합 – (N1) – 거리두기 – (N2) – 융합"이라는 순환과정을 통해서 인간 변형에 기여할 수 있는 성서해석의 모델을 제안하였다. 앞에서 살피면서 이미 느끼게 되었겠지만, "변증법적 해석학"이라고도 칭해지는 그의 모델은 기독교교육현장에서 쉽게 적용할 수 있는 간단한 성경공부의 모델은 아니다. 그의 모델은 성서 해석에 있어서 '전통', '비평학의 역할', '해석자와 텍스트와의 관계', '적용'의 문제와 같은 근본적 문제들을 해석학적으로 접근하고 있는 이론적 모델이라고 할 수 있다.

그의 이와 같은 이론적 모델이 기독교교육에서도 관건이 되는 것은 그가 묻고 추구하는 바 성서해석과 인간변형의 문제가 기독교교육의 근본적 물음이기도 하다는 데에 있다. 뒤에서 우리가 살펴볼 무어나 보이스에게서 '전통'과 '변형' 간의 관계에 관한 문제는 기독교교육의 가장 핵심적 쟁점이다. 그것은 기독교교육 이론의 역사가 전통을 유지하고 전달할 것이냐, 현재의 삶과 변형에 보다 집중할 것이냐의 양자택일의 역사라 해도 과언이 아닐 만큼 핵심적 문제였고, 또한 이 둘을 어떻게 통합할 수 있는가는 현대 기독교교육의 핵심적 쟁점의 하나라고 해도 틀린 말이 아닐 만큼 오늘날에도 중요한 이슈이다. 윙크는 전통과 삶의 관계에 관한 물음의 가장 핵심적 요소인 성서해석의 물음을 해석학적으로 접근하여 그 둘의 통합의 가능성을 제시하고 있다는 점에서, 그의 모델은 기독교교육의 가장 핵심적 영역에 들어와 있다고 할 수 있다.

2) 윙크의 이론에 나타난 해석학 이론의 변천사

윙크의 "인간변형을 위한 성서해석" 모델이 해석학적 기독교교육에 특별히 의미를 갖는 것은, 그의 이 모델 안에는 우리가 앞 장에서 살펴본 바 있었던 현대 해석학의 다양한 이론들이 어느 기독교교육학자의 이론보다도 포괄적이고 심도 있게 천착되어 있으며, 또한 그의 모델을 형성하고 이끌어가는 핵심적 축이 되고 있기 때문이다.

그의 "변증법적 해석학"은 먼저 해석학적 인식론의 기본개념인 "전이해" 개념으로부터 출발한다. 그의 변증법적 해석학의 첫째 단계인 '병합'은 모든 해석은 해석자의 전이해와 병합된 상태에서 시작된다는 점을 말하여 주고 있다. 해석자는 자신의 삶의 기반이 되는 문화와 전통과 뗄래야 뗄 수 없는 관계에 서 있고, 그것들은 해석자가 거의 무의식적으로 세계와 성서를 보는 눈을 형성하는 지평이자 전이해가 된다. 따라서 전통은 과거의 것이면서도 현재에 우리의 개념과 언어와 신앙적 합리화를 형성하는 틀이 필터로서의 역할을 하고, 그런 한 해석자는 병합의 단계에 서 있다는 것이다. 윙크는 '병합'의 개념을 통해서 해석학적 인식론에서 말하는 '전이해', '지평', '전통'과 같은 개념들이 해석자의 해석에 영향을 미치는 요소가 된다는 것을 해석의 과정에서 구체화하고 있다.

그런 의미에서 콘라드(Rebert L.Conrad)가 그의 글 "기독교교육을 위한 해석학"에서 윙크의 모델을 "위로부터의 해석학(hermeneutic from above)"이라고 평가하는 것은 옳지 않다.[157] 콘라드는 그의 글에서 해석학적 방법을 크게 둘로 나누면서 텍스트로부터 시작하는 것을 "위로부터의 해석학"으로, 인간의 경험으로부터 시작하는 것을

---

157) R.Conrad, "Hermeneutic for Christian Education", (Religious Education, Vol 81 No3, Summer 1986) 397. 콘라드는 이 글에서 해석학적 접근을 크게 두가지로 나누고 있는바 성서로부터 출발하는 해석을 "위로부터의 해석", 인간의 경험으로부터 출발하는 해석을 "아래로부터의 해석"이라고 구별 짓고 있다.

"아래로부터의 해석학"으로 나누면서, 윙크의 모델을 대표적인 '위로부터의 해석학'이라고 평가하였다. 그러나 윙크는 모든 해석의 과정은 먼저 '병합'으로부터 시작하고 이 단계에서 해석자의 전이해가 텍스트와 뗄 수 없이 얽혀있는 것으로 밝히고 있다. 따라서 윙크의 해석학을 위로부터의 해석학으로 단정적으로 말할 수는 없다.158)

전이해와 전통의 개념으로 시작되는 윙크의 변증법적 해석학은 여기에서 그치지 않고 '거리두기'의 단계로 넘어간다. 윙크는 '병합'의 과정에 있을 때 해석은 리쾨르가 말하는 "1차적 소박성"에 머무는 것이고, 텍스트를 보다 선명하고 전체적으로 볼 수 있기 위하여서는 필연적으로 그 병합을 부정하는 N1단계가 필요하다고 보았다. 이 단계에서 해석자는 전통, 혹은 전이해에 대한 의혹과 이의를 제기하면서 전통을 대상화하는 '거리두기'의 단계로 넘어가게 된다는 것이다. '거리두기'라고 하는 개념은 우리에게는 리쾨르의 개념인 '소격화'로 더 친숙한 개념으로, 리쾨르는 텍스트를 보다 잘 이해하기 위하여 일정한 거리를 두고, 성서비평학과 같은 객관적 해석의 도구들을 사용할 필요가 있다고 하였다. 이 개념은 하버마스의 비판적 해석학에도 나타나는 개념인 바, 하버마스는 해석이 전이해를 기반으로 한 감정이입에 머물러 있을 때, 전통 자체가 가지고 있는 이데올로기나, 해석자인 우리 자신이 가지고 있는 억압적 현상들을 비판적으로 볼 수 없고, 따라서 바람직한 해석이 불가능하다는 점을 지적하며, 오히려 객관적 비판의 도구들, 즉 사회비판이론이나 정신분석학적 도구들을 해석에서 수용할 수 있어야 한다는 것이다. 고전적 해석학이 '이해'의 방법을 수용하고, '설명'의 방법은 자연과학적 방법으로 더 타당한 방법이라고 생각

---

158) 윙크는 첫 번째 병합의 단계 다음 단계가 바로 전이해에 의혹을 제기하는 단계(N1)라고 하면서 이 과정에서 전이해에 의혹을 제기하는 '거리두기'가 시작된다고 하였다. 따라서 굳이 콘라드의 분류를 따르자면 윙크의 모델은 말 그대로 "변증법적"이과 위와 아래를 모두 고려하는 해석학이라고 할 수 있다.

하였던 반면, 리쾨르나 하버마스에게로 발전되어 오면서는 오히려 '거리두기'의 설명적 방법을 수용하게 된다.

윙크는 그러한 거리두기의 개념을 수용하여 해석의 두번째 단계를 '거리두기'로 명명하면서, 이를 성서비평학과 연관 지어서 설명하였다. 그는 '거리두기'가 갖는 '객관성'의 필요성을 강조하였는 바, 해석자가 자신의 전이해와 문화적 한계들을 넘어서서, 성서 자체의 언어로 듣고, 성서를 통해서 말씀하는 타자(the Other) 즉 하나님의 계시의 말씀을 듣기 위해서는 텍스트의 타자성이 확보되어야 한다고 하였다. 그는 '객관주의(objectivism)'가 문제이지 '객관성(objectivity)' 자체는 필수적인 것이라고 보았다.

그러나 윙크는 이와 동시에 해석이 단순히 **성서비평적 객관성**에만 머물러 있을 때 오는 문제를 지적하는 탁월성을 유감없이 발휘한다. 성서비평학은 텍스트의 타자성을 담보하기 보다는 '부정성(negativity)'을 가지고 오히려 성서의 이미지 자체를 파괴하였다는 것이다. 그는 비평학은 성서를 성서의 배경이 되는 예수님의 이미지, 교회, 원시공동체 등의 개념으로부터 조차도 해체하여 결국 '예수님의 이미지' '초대교회의 이미지' 조차도 파괴하였다고 하였다. 결국 성서해석이 성서비평적 객관성에만 머물러 있을 때 성서는 그것이 원래 쓰여진 의도, 즉 독자들에게 '증인'으로서의 역할과 '믿음에서 믿음에 이르도록' 하는 목적으로부터 멀어지게 된다는 것이다. 윙크는 비평학이 갖는 더 큰 문제점은 그것이 '텍스트가 스스로 말하게 한다'는 목적으로 시작되었으나, '처음부터 텍스트에게 말하도록 기회를 주지 않았다'는 것에 있다고 보았다. 비평학은 오히려 자신들이 모든 것을 해체한 자리에 비평학적 도구들을 첨가하였고, 그 비평학적 도구를 통해서 자신들이 의미를 선택하기 전에는 텍스트에게 입을 다물게 하였다는 것이다. 그 결과 비평학은 부정성을 바탕으로 한 파괴에 머물러 있을 뿐 스스로의 힘으로는 구성할 능력은 없는 청소년과 같은 상태에 머물렀다는 것이다. 사춘기의 청소년이 기존의 권위에 대항하여 권위적 인물을 자신 안에서 해체하지만 스스로는 재구성할 수 있는 능력이 없는 것 같이…

결국 윙크는 비평학의 문제점은 단순한 객관화의 문제가 아니라 정신적, 심리적 문제점과 연결되어 있다고 보았다. 해석자가 방법적 우상주의(methodolatry)에 고착되지 않기 위해서는, 그 고착을 야기시키는 문화적 문제와 심리적 문제들로부터 자유롭게 되어야 할 필요가 있기 때문이라는 것이다. 따라서 해석자는 이제 해석자 스스로를 의심하고 객관화할 수 있는 **자기 자신으로부터의 거리두기**가 필요하다는 것이다. 윙크가 두번째의 부정(N2)으로 칭하고 있는 이 단계에서 해석자는 자신을 부정하고, 자신을 해석의 대상으로 삼는 비평이 요청된다. 윙크는 이 두 번째의 부정은 특별히 해석자가 속한 사회문화적 배경을 비판하는 '지식사회학적 비판'과, 해석자 자신의 삶의 역사를 통해서 억압되고 고착된 문제들을 해명하는 '정신분석적 비판'의 양 측면에서 이루어 져야 한다고 하였다.

윙크의 두번째 부정의 개념은 하버마스의 '비판적 해석학'을 강하게 생각하게 하는 부분이다. 앞서 말한 대로 하버마스는 해석에서 객관성을 확보하기 위한 도구로 '설명'적 방법을 수용하였는데, 사회적 차원에서는 '비판이론'을 개인적 차원에서는 '정신분석학'을 도구로 사용하여야 한다고 보았다.

윙크는 이를 성서해석학의 문제에로 가지고 들어와서 좀더 분화된 거리두기를 시도하고 있다. 그의 거리두기는 크게 두 단계로 이루어지는데, 첫 번째의 단계의 '텍스트'에 대한 거리두기는 성서 비평학적 도구를 수용하는 반면, 두번째 단계인 해석자 자신에 대한 거리두기에는 '지식사회학적 비판'과 '정신분석'을 수용한다. 윙크의 거리두기는 먼저 텍스트에 대하여, 그리고 해석자의 문화적 배경 및 해석자 개인의 삶의 역사라고 하는 세 차원에서 이루어 진다. 윙크의 '거리두기' 개념은 리쾨르나 하버마스의 해석학에 나타난 '설명'적 요소들을 명확히 수용하는 입장이고, 이 과정에서 성서비평학과 지식사회학, 정신분석학 등의 다양한 비판적 해석 방법들이 수용되고 있다. 윙크는 현대의 성서의 해석이 단순히 전이해를 기반으로 하는 감정이입과 추체험, 혹은 실존적 만남에 그칠 수는 없다고 보았다. 그럴 경우 리쾨르가 말하는 1차적 소박성에 머물게 되는 것이다. 그는 이 과정에서 현대 해석학의 다양한 객관화 방법과 비판적 방법을 수용하여야 하며 그것이 오히려 성서 자체의 타자성을 보장하는 것이라고 보았다.

윙크의 변증법적 해석학은 그러나 그 다음 단계인 "융합(communion)"의 단계로 발전한다. 그의 거리두기는 이제 융합의 단계로 가면서 '주체와 객체'의 이분법이 극복되고, 주체로서의 해석자와 객체로서의 텍스트 사이의 대화가 이루어진다. 이 단계에서는 주체와 객체 사이에 관계가 형성되어서 주체의 눈으로 대상인 텍스트를 보지만, 동시에 텍스트의 타자성이 해석자의 자기이해를 해명하는 상호작용이 일어난다. 후자의 경우에는 텍스트가 주체가 되고 해석자가 객체가 되는 현상이 나타난다. 이렇게 이루어지는 융합의 과정은 이전단계에서 이루어졌던 거리두기의 주-객 도식이 극복 되면서, 텍스트의 상징성이 회복된다. 이것은 리쾨르가 "이차적 소박성"이라고 칭하였던 과정으로 '병합'이 '전비평적 소박성'이라면, 이것은 '후비평적 소박성'으로서 텍스트가 해석자의 삶과 인격 변형에 영향을 미치는 상징적 힘을 발휘하게 된다. 이 과정에서 텍스트는 해석자의 삶과 변형에 관련이 되고, 해석자의 관심과 적용이 해석의 중요한 요소가 된다. 그리하여 융합은 텍스트 해석이 인간 변형에 기여하는 활동으로서의 역할을 하게 한다.

윙크는 '융합'의 과정을 통해서, 해석의 사건은 리쾨르가 말하는

'텍스트의 세계 기획'에 자신을 열어, 자기해명과 자기변형이 일어나 사건이 됨을 설명하였다. 해석은 단순히 텍스트를 이해하는 것이 아니라, 하이덱거나 가다머, 그리고 리쾨르에게서 처럼 해석자가 텍스트의 타자성을 통하여 '자기'와 '사회'와 '의미'를 탐색하는 과정이고, 더 나아가 '자기 변형의 사건'이라고 하는 것이 윙크의 '융합'의 과정에서 분명하게 드러난다.

윙크가 제시하는 '변증법적 해석학'은 해석학사에 나타나는 모든 해석학적 관점들을 절묘하게 그의 단계들 안에 포괄하면서 이를 통합하고 있는 것을 볼 수 있다. 그의 모델에서는 해석학적 철학의 가장 기초적 인식론으로부터 시작하여, 하버마스와 같은 비판적 해석학자나 리쾨르와 같은 현상학적 해석학이 추구하였던 설명적 방법들, 그리고 후비평적 2차적 소박성을 회복하는 자기 변형적 해석학들이 모두 포괄적으로 통합되어 나타난다. 그의 변증법적 해석학은 뿐만 아니라 단계적 비판과 대화를 통하여 하나의 해석학적 방향이 추구하는 바에 나타나는 문제점을 들어내면서도, 이를 포기하지 않고 그를 극복하는 다음 단계를 제시하는 방법으로, 근대의 비평학 출현 이후에 성서해석이 나아갈 수 있는 적절한 해석 방향을 제시하고 있다. 그의 변증법적 해석학의 단계는 거의 현대적 해석학의 발전과정을 따라가면서, 이를 통하여 성서해석의 핵심적 과제, 즉 텍스트 해석과 해석자의 삶의 변형을 연결시키는 탁월한 해석적 통찰을 바탕으로 한 모델이다.

II. 성서해석의 재구성화 모델 - Vogelsang

1. "클래식" 텍스트와 "신성한" 텍스트로서의 성서읽기

윙크와 비슷한 관심에서 출발하면서 구체적 해석의 모델에 있어서는 윙크와 조금 다른 접근을 하고 있는 사람의 하나로 포겔장(J.D. Vogelsang)을 들 수 있다. 그는 1993년 "종교교육(Religious Education)" 잡지에 발표한 "재건을 위한 해석학159)"을 윙크가 추구하였던 관심과 매우 비슷하게 시작하였다. 그는 텍스트와 해석자 간의 대화를 가져오는 해석, 그리고 궁극적으로는 해석자의 현실 이해를 재구성하고, 텍스트에서 발견한 진리를 해석자의 삶에 적용하게 할 수 있게 하는 해석의 가능성에 관하여 묻고,160) 그를 가능케 하는 해석모델로 "재건의 해석학"을 제시하였다. 그는 해석학에는 두 가지 유형이 있는데, 이름 하여 "해체의 해석학(Hermeneutics of Deconstruction)"과 "재건의 해석학(Hermeneutics of Reconstruction)"이라고 하였다. '해체의 해석학'은 성서가 권위의 근원으로 읽혀지는 요인들을 파괴하는 해석학으로, 대표적 방법으로 '성서비평학' 이나 '의심의 해석학(Hermeneutics of suspicion)' 161)을 들 수 있다는 것이다.162)

---

159) J.D.Vogelsang, "A Hermeneutics of Reconsturction", Religious Education, (Spring93, Vol.88)
160) 포겔장은 물론 그의 글에서 Wink를 직접 인용하고 있지는 않다. 그는 오히려 가다머를 인용하며 텍스트와 해석자는 뗄 수 없는 불가분리의 관계가 있다고 하면서 시작한다. 그러나 그가 추구하는 재건의 해석학은 우리로 하여금 강하게 윙크를 생각나게 한다. 그가 사용하는 '파괴(deconstruction)' 와 '재건(reconstruction)' 의 개념은 거의 윙크의 용어라고 해도 과언이 아니다. 윙크의 역사비평 방법의 문제점 부분을 참고하라.
161) 포겔장은 대표적 의심의 해석학으로 여성신학적 해석을 들고 있다. 의심의 해석학은 텍스트가 어떠한 이데올로기에 의하여 형성되었는지, 텍스트를 형성한 이데올로기의 어떤 부분이 여전히 오늘날의 억압 가운데에서도 찾아질 수 있는지를 물음을 묻는 것에 집중한다고 하였다. Ibid., 168.
162) 포겔장은 파괴의 해석학은 해석자가 텍스트로부터 일정한 거리를 두고 비판적으로 그것에로 접근해 갈 것을 강조한다고 하였다. 그에 의하면 파괴의 해석학은 물론 성서를 비판적으로 접근하는 탁월한 방법이라는 장점을 갖지만, 다음과 같은 몇 가지의 위험을 내포한다. 첫째, 이들에게서 과거의 진리는 과거의 것으로 남아있다는 점이다. 둘째, 이러한 접근은 우리가 우리의 텍스트와의 대화 속에서 우리의 존재됨의 방법을 보다 정교하게 할 때, 해석들의 무질서 속에서 발견할 수 있는 특정의

반면에 포겔장은 '재건'을 위한 해석학은 "새로운 진리와 새로운 사회질서의 출현을 이끌어가는 해석으로서, 해석자와 텍스트 사이의 대화"라고 할 수 있다고 하였다. 그러면서 그는 "재건을 위한 해석학은 성서를 "고전적(classic) 텍스트"와 "신성한(sacred) 텍스트" 모두로 취급하는 것이라고 하였다."163) '고전으로서의 텍스트'는 다층적이고도 지속적 의미들이 끊임없이 하나의 고정된 해석에 도전하면서도, 동시에 지속적으로 우리의 세상 인식 재형성 과정에 참여하고 영향을 미치는 텍스트라는 것이다. 클래식 텍스트로서의 성서는 따라서 하나의 고정된 의미를 가지는 것이 아니고, 텍스트와 해석자 간의 '상호작용'으로부터 의미가 출현하는 것으로 이해하는 것이다. 이 과정은 독자의 관심과 전이해와의 만남으로 텍스트는 그것에 의해 걸러지게 되기 때문에, 이 상호작용을 통해서 어떤 의미는 들어나기도 하지만 또한 은폐되기도 한다는 것이다.

반면에 "신성한(sacred) 텍스트"로서의 성서는 그 자체로 타자성을 가지면서 공동체를 형성하거나 유지하는 데에 있어서 핵심적 역할을 한다. 그것은 공동체 안에서 관계의 원칙이 되기도 하고, 예전, 전통, 적법성 등에 있어서의 중요한 기준이 되기도 한다. 신성한 텍스트는 공동체의 이야기형성과정에서 '형태'를 제공할 수도 있다. 공동체는 또한 신성한 텍스트 안에 기록된 내용을 기초로 하여 현재의 문제를 이해하게 되기도 한다. 재건을 위한 해석이란 이 두 과정 즉 성서를 고전적 텍스트임과 동시에 신성한 텍스트로 취급하는 이중적 과정이라고 할 수 있다는 것이다. 그러면서 포겔장은 "클래식 텍스트로서의

진리가 있다는 생각을 강화한다는 것이다. 무엇보다 가장 핵심적인 세 번째의 위험은 이 접근에서 텍스트는 관찰과 연구의 '대상'이 되고, 대화의 상대와 우리의 전이해에 대한 도전이 되기를 멈춘다는 것이다. 파괴의 해석학의 가장 근본적 위험은 따라서 텍스트가 단순히 분석을 위한 구실에 머문다는 것이다. Ibid., 169.
163) Ibid., P. 170.

성서는 의미의 '놀이(at play)'와 관련되고, 신성한 텍스트로서의 성서는 우리의 '주의(attention)'를 요청한다"고 하였다.164)

클래식 텍스트로서의 성서에 '주의'를 기울인다는 것은, 성서를 우리의 '전이해'에로 -즉 우리의 하나님에 대한 가정, 세상이해, 언어, 가치 등에로- 가지고 오는 것을 의미한다. 포겔장은 텍스트를 우리의 전이해에 비추어 경험할 때, 우선은 우리가 가지고 있는 가정들이 텍스트를 통해서 다시 확인되고, 말씀이 우리의 현재 상황에 말 걸어오는 것으로 느껴지며, 그와 같은 성경의 구절 속에서 하나님을 만난 것처럼 느끼게 된다고 하였다. 이 경우 텍스트는 우리가 옳다고 생각하는 것을 다시 확인해주는 역할을 한다는 것이다. 그러나 포겔장은 해석은 단순히 클래식 텍스트를 읽을 때처럼 '주의'를 기울이는 것으로 그쳐서는 되지 않는다고 하였다. 오히려 그 단계를 넘어서서 우리가 우리의 전이해를 놓게 될 때, 그리고 우리가 더 이상 텍스트를 보는 기준이 될 만한 신앙을 가지고 있지 않다고 생각할 때, 우리가 텍스트를 우리의 생각과는 다른 것으로 경험하려고 할 때, 비로소 우리는 텍스트가 우리의 세계관과 다르다는 점을 발견하게 되고, 그 순간 우리는 **텍스트와의 "놀이"**165)에로 넘어가지 않을 수 없게 된다는 것이다.

포겔장은 성서가 '신성한' 텍스트이고, 우리와는 다른 타자성을 가진 텍스트로 이해하는 순간 우리는 텍스트와의 '놀이'에로 들어가야 한다고 하였다. 자신의 전이해를 넘어서서 성서의 타자성과 만나기 위해서는 텍스트와의 놀이 단계에 들어가야 한다는 것이다. 그런데 포겔

---

164) Ibid., P. 171.
165) Vogelsang은 여기에서 가다머가 말하는 '놀이' 개념을 쓰고 있다. 가다머는 우리가 놀이에 참여할 때 참여하는 우리가 놀이의 주체가 되는 것이 아니라, 놀이 자체가 우리를 이끌어 가는 주체가 되며, 우리는 그 놀이가 어떤 방향으로 나아가게 될 지 통제하거나 예측할 수 없는 것이라고 하였다. 텍스트와의 놀이에 참여하게 되면, 우리의 전이해를 바탕으로 해석을 이끌어가는 것이 불가능하게 되고, 놀이가 열어주는 세계에로 수동적으로 들어가게 되는 것이다.

장은 "놀이"의 역설은 우리가 텍스트의 타자성(otherness)과 만나기 위해서 우리의 전이해를 놓아야 하면서도, 동시에 우리는 우리의 전이해를 통해서만 텍스트와의 대화 안으로 들어갈 수 있다는 것에 있다고 하였다. 우리는 최대한으로 텍스트에 가까이 가야한다. 그러나 우리가 텍스트의 의미를 발견했다고 믿는 모든 순간 우리는 그것이 우리의 전이해의 눈으로 걸러졌다는 것을 느끼게 되고, 따라서 텍스트는 우리에게 은폐되었다는 것을 느끼게 된다는 것이다. 바로 이 순간에 우리는 성서의 다른 의미, 우리의 전이해를 드러내는 이미지, 단어, 이야기들을 발견하게 되며, 이 순간 우리는 우리 자신과, 세계, 텍스트를 다른 각도에서 이해하도록 도전을 받게 된다는 것이다. 이 이해는 우리가 단지 '주의'를 기울이는 것에만 머물렀었다면 영원히 은폐되었을 그러한 이해인 것이다.

포겔장은 텍스트의 타자성을 발견하는 것은 앞서 말한 의심의 해석학과 비슷한 것으로 비쳐질 수 있지만, 의심의 해석학이 전통 안에 숨겨진 진리를 찾는 것에만 관심을 가졌다면, 여기서 추구하는 해석은 텍스트의 타자성을 인정하면서, 동시에 우리는 의미를 찾으려고 카오스와 침묵 속으로 들어가는 순간이라고 하였다. 이 순간은 단순히 전통 뒤에 숨겨진 의미를 발견하는 순간이 아니라, 우리도 변하고 텍스트도 변하며, 공동체도 변하게 되는 순간인 것이다.

2. 해석의 삼 단계

포겔장은 특별히 소그룹을 위한 성서해석의 모델로, 다음 세 가지 단계를 제시하였는바, "우리의 이야기(our story)", "성서 이야기(The Story)", "역사에 펼쳐진 이야기(the story unfolding in history)"가 그것이라고 하였다.

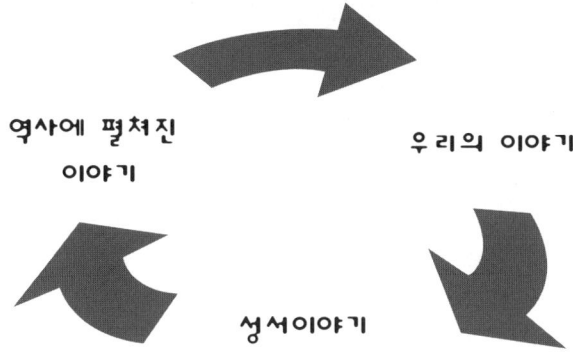

1) 우리의 이야기

첫째 단계는 우리의 이야기 단계이다. 성서를 처음 읽을 때 우리는 그것을 우리의 전이해를 통해서 읽는다. 우리는 우리의 세계관, 관심, 가치, 예측의 눈을 통해 성서를 읽게 되기 때문에, 성서를 읽는다는 것은 이 순간 우리의 이야기를 읽는 것이라고 할 수 있다는 것이다.166) 그러나 성서와의 대화를 통해서 우리는 우리의 전이해를 의식하게 되고, 새로운 이해를 위한 자극을 받게 된다.

따라서 이 단계에서는 성서를 통해서 우리 자신의 전이해를 들추어 내 본다. 우리의 성, 민족, 인종, 계층과 같은 개념들에 대하여 토론하고, 텍스트 내용에 나타난 것에 대한 우리의 경험을 기술해보며, 또한 텍스트가 떠오르게 하는 경험이나 감정들 생각들을 서로 나누어 본다.

2) 성서의 이야기

두 번째 단계로 넘어가면 텍스트는 우리로 하여금 텍스트와 우리의 전이해 사이의 유사성과 상이성에 대하여 주의를 기울이게 한다. 텍스

---

166) Vogelsang, Ibid., P. 172.

트의 타자성과 상이성에 대한 인식은 우리에게 텍스트가 무엇을 말하고자 하는지, 텍스트 자체의 문맥은 무엇인지 묻게 하는 것이다. 텍스트의 타자성을 보다 분명히 이해하기 위해 우리는 다양한 번역본을 읽을 수도 있고, 한 본문을 여러 번 읽으면서 매번 단어나 다른 이미지에 집중할 수도 있다. 또한 성서가 쓰여진 역사적, 문학적, 전통적 이념적 배경도 고려한다.167)

  그 과정 후에 우리의 이야기와 성서의 이야기는 대화에로 오게 된다. 이 단계에서 우리는 텍스트에 나타난 존재됨에 좀 더 그 가까이 가기 위해서 우리의 관심과 전이해를 놓으면서, 텍스트를 그 자체의 타자성에서 새로 발견하고, 또 우리가 발견한 것들을 비판적으로 평가하게 된다. 우리가 우리의 이야기에서 멈춰있을 때, 우리는 성서를 우리가 이미 알고 있는 것을 확인하기 위하여 이용할 뿐, 우리의 전이해 너머로 결코 갈 수 없는 반면, 우리가 성서의 이야기에 멈춰있을 때는 성서를 분리해서 비판적으로 평가할 수 있을지 모르지만, 그것을 공동체의 공적 장소로부터 분리하는 우를 범하게 된다. 그러나 우리가 그것을 넘어 서서 우리의 이야기와 성서의 이야기 사이의 대화에로 나아가게 된다면, 우리는 우리의 공동체와 사회에 기여하는 대화 속에서 텍스트를 지속적으로 새롭게 발견할 수 있다.168) 우리는 사회와 공동체의 재건에 참여하기 위하여 대화 속에서 발견한 것에 응답하고 행동할 수 있도록 인도되는 것이다.

3) 역사에 펼쳐진 이야기

  이 단계는 성서의 이야기와 우리 이야기 사이의 대화를 통해서 우

---

167) Ibid., 173.
168) Vogelsang의 이러한 이해는 앞 서 우리가 살펴본 윙크의 이해와 대단히 흡사함을 느끼게 된다.

리가 발견한 하나의 구절, 이미지 혹은 이야기에 이제 **우리가 형태를 부여하는 단계이다.**169) 여기에서 형태를 부여함이란 우리가 발견한 그것을 우리의 삶과 행동을 통해 실제의 삶의 세계에 구체적으로 들어나게 함으로써, 그 이야기를 역사에 펼치는 것을 의미한다. 우리와 우리의 공동체를 통해서 하나님의 이야기가 육화되고, 역사 속으로 펼쳐지며, 이를 통해 사회적 구조와 전통이 재건되는 것이다. 이 과정에서는 사회적 구조만이 재건되는 것이 아니라 텍스트도 생명력 있는 '신성한 텍스트'로 재건된다. 텍스트에 의해 우리가 자극과 도전을 받지만, 또한 역으로 텍스트가 우리에 의해서도 도전이 되는 상호작용이 일어난다. 포겔장의 모델이 "재건의 해석학"인 것은 개인과 사회의 뿐만 아니라 텍스트에게도 해당되는 개념인 것이다.

Ⅲ. 창조적 갈등모델
- Robert Conrad의 "아래로부터의 해석학"

콘라드(Robert Conard)는 그의 글 "기독교교육을 위한 해석학"에서 먼저 류맨(Rueman)의 "해석학적 순환(hermeneutical circle)" 개념을 소개하면서 시작하였다.170) 류맨의 개념에 의하면 성서는 "텍스트 자체"의 이해와 "현재의 삶" 간의 순환 속에서 해석되어야 한다

---

169) Ibid., 176.
170) Robert Conrad, "A Hermeneutic for Christian Education", *Religious Education* (Summer Vol 81 No 3) 392-400.
171) 텍스트 자체의 이해에 속하는 단계들로 류만은 텍스트와 번역본, 문학적 문제들, 원전비평, 양식비평, 편집비평과 같은 역사-비평방법, 역사적 상황, 텍스트의 의미들을 해석하는 것을 들고 있으며, 이와 같은 작업은 주로 성서신학, 고백적신학의 영역에서 이루어진다고 하였다. 반면 현재의 삶의 부분은 주로 설교, 기독교교육, 상담 속에서의 텍스트의 사용과 관련되며, 이들에 의해 텍스트의 의미, 텍스트를 읽

는 것이다.171) 콘라드는 바로 류맨의 해석학적 순환에 나타난 두 측면 즉 텍스트로부터의 측면과 해석자의 삶으로부터의 측면이라는 두 측면 중 어디에서 해석을 시작하느냐에 따라 '위로부터의 해석학과' '아래로부터의 해석학'으로 나뉠 수 있다고 보면서, 기존의 기독교육에 나타난 두 모델을 소개하였다. 전자에 속하는 모델에 윙크를, 후자의 경우 그룹의 "공유된 실천"과 콘라드 자신의 "창조적 갈등 모델"을 들면서, 자신의 박사학위논문의 주제였던 창조적 갈등모델을 소개하였다.

콘라드가 자신의 모델을 '갈등'으로부터 시작하는 것은 갈등이야말로 텍스트와 독자를 연결시켜주는 "연결점(point of contact)"이 된다고 보았기 때문이다.172) 그는 보통 갈등이 우리의 외부로부터 시작하여 우리 내부 안에서 투쟁을 불러일으키는 계기가 된다는 점에 착안하여, 갈등이야말로 학습자와 학습자 외부를 연결시키는 통로가 되고, 또한 학습자와 텍스트를 연결시키는 통로가 된다고 보았다. 뿐만 아니라 갈등은 초시간적, 우주적 경험이기에 성서에 나타난 갈등과 학습자의 갈등이 통할 수 있다고 보았다. 그가 제시하는 창조적 갈등모델을 단계적으로 살펴보자.

1) 교사의 준비단계 : 교사의 활동

❶ 갈등 결정하기 – 학습자의 삶에서 경험되는 내적 갈등을 결정한다.

는 현대의 사람들, 학습자와의 관련성 등이 관심 있게 물어진다고 하였다. 류만은 이 두 측면 간의 상호관련성에 올바른 성서해석의 방향이 있다고 보았다. 참조, John Reumann, "Methods in Studying the Biblical Text Today", *Concordia Theological Monthly*, XL, 10, (November, 1969), R.Conrad의 앞글, 393이하에서 재인용.

172) Conrad, Ibid, P. 399.

❷ 갈등 명명하기 – 학습자가 경험할 수 있는 용어로 기술한다.
❸ 매체 선택하기 – 학습자들이 갈등을 의식화할 수 있는 경험의 거울로 사용될 매체를 선택한다.
❹ 질문 고안하기 – 매체와 관련된 일련의 질문을 고안한다.
❺ 성서텍스트 선택하기 – 갈등이 잘 들어난 본문을 선택한다.

2) 교수-학습단계 : 교사와 학생의 활동
❶ 교사는 앞에 준비한 매체를 제시한다.
❷ 매체를 성찰해보도록 질문을 제시한다.
❸ 매체에 나타난 갈등에 대하여 공감하는 부분을 함께 나눈다
❹ 학습자의 삶에 나타난 갈등에 대하여 토론한다.
❺ 갈등과 은혜가 나타나는 성서의 구절을 소개한다.

3) 침묵과 묵상의 시간 : 학생의 활동
이 시간은 침묵과 묵상 속에서 앞에 살핀 내용들이 내적으로 발효되도록 두는 시간이 다.

4) 통찰 : 학생의 활동
이 과정에서 학습자들은 어떻게 갈등을 가지고 은혜롭게 살 수 있는지에 대한 새로운 통찰을 얻는다.

5) 해석 : 교사와 학생의 활동
새로운 통찰과 해석을 공동체 안에서 서로 나눈다. 이 나눔을 통해서 새로 얻은 통찰에 대한 바른 평가가 이루어 질 수 있고, 또한 상호적 자극과 학습이 가능하게 된다.

Ⅳ. 실천적 성서해석 - 헤스(Ernst Hess)의 모델

성서해석의 모델을 기독교교육적으로 보다 구체화시킨 모델로 우리는 헤스(Ernst Hess)의 "실천적 성서해석(practical biblical interpretation)"을 들 수 있다. 헤스는 1993년 "종교교육" 잡지에 발표한 "실천적 성서적 해석"이라고 하는 글을 통해서 해석학적 인식의 문제들을 성경공부와 관련시켜 구체화시키는 시도를 하였다.173)

그는 먼저 해석학적 인식의 기본 개념인 "해석학적 순환", "전이해 문제"등의 주제들을 가다머와 하이덱거의 이론을 중심으로 소개한 후, 이를 바탕으로 성경공부를 다음과 같이 '정의하였다: "성경공부란 현재 우리가 있는 자리에서 출발하여, 이 출발점을 놀이(play)에로 초대하고, 성경으로부터 그리고 다른 사람들로부터의 들음을 통해서 우리의 지평을 확대하며, 우리의 전이해를 개방하고, 더 나아가 우리를 삶 속에서의 적용에로 초대하는 활동이다"174) 이미 성경공부에 대한 그의 정의에 나타나 있는 것처럼 헤스는 성경공부 자체를 우리의 해석적 인식의 과정이라는 틀로부터 보고 있다. 그는 모든 인식이 인간의 전이해로부터 출발한다는 점을 바탕으로 해서 보았을 때, 성경공부의 출발점도 우리가 현재 처하여 있는 자리에서 우리의 전이해와 관심이라고 하는 점과, 성경공부는 결국 이 전이해를 성서를 통하여 개방하고 확대할 뿐만 아니라, 이 새롭게 확대된 지평을 구체적인 삶 속에서 적용하는 것이 성경공부의 목적임을 분명히 하였다. 헤스는 이와 같은 정의를 바탕으로 "실천적, 성서적 해석"의 모델을 제시하는데, 그것은 다음의 다섯 단계로 구성된다고 하였다.

---

173) Ernst Hess, "Practical Biblical Interpretation" *Religious Education* (Spring 1993, Vol.88) 192-210.
174) Ibid., P. 195.

1단계 : 우리의 전이해와 씨름하기
- 우리가 서 있는 곳으로부터 출발하기

이 단계에서 지도자의 과제는 참가자들에게 먼저 전이해의 의미를 깨닫게 하는 것이다. 우리는 우리의 전이해를 통하여 성서를 보게 되어 있으며, 이 사실은 지극히 자연스러운 것이라는 사실을 주지시키지만, 이와 아울러 우리의 성서이해가 그것에만 제한되어 있어서는 안 된다는 사실도 알린다.175)

지도자는 먼저 성서 본문과 관련하여 참가자들이 자신의 경험, 배경, 관심들을 서로 나눌 수 있도록 격려한다. 충분한 나눔 후에 지도자는 성서의 말씀을 통하여 우리의 생각과 전이해가 변형되는 것이 성경공부의 관심이라고 하는 점을 환기시킨다. 성서읽기를 시작할 때 이미 포함되어 있는 우리의 전이해는 우리의 성서이해의 기반이면서도, 때때로 성서를 그 자체로 볼 수 없게 하는 요인이 된다는 점을 주지시키면서, 다음과 같은 삼단계의 활동으로 들어간다: 질문 나누기, 다양한 "창조적" 활동, 실천에 대한 반성176)

❶ **"질문나누기"** 는 본문과 관련하여 참가자들이 갖고 있는 중요한 전이해를 표면에 드러낼 수 있는 좋은 도구라고 할 수 있다. 그러한 질문으로는 "이 본문이 당신에게 의미하는 것이 무엇인가?", "이 본문에 관한 이전의 기억은 무엇인가?"와 같은 질문 뿐만 아니라 "본문에 등장하는 인물 중 당신이 동일시하게 되는 사람은 누구인가?", "이 본문에서 당신을 힘들게 하는 부분은 어디인가?", "이 본문에 관하여 질문하고픈 부분은 어디인가?"와 같은 일반적 질문도 할 수 있다. 또한 예를 들어 누가복음 15장에 나타난 돌아온 탕자의 본문에 대하여, "본문

---

175) Ibid., P. 195.
176) Ibid., P. 198이하.

의 인물 중 당신이 용서할 수 없는 사람은 누구인가?", "하나님이 보시기에 용서해서는 안될 사람이 있다고 생각하는가?" 등등의 질문을 던질 수 있다. 이 단계에서의 질문의 핵심은 텍스트의 의미를 직접적으로 묻는 것이 아니고, 텍스트와 관련한 참가자들의 전이해를 드러내는 것에 있다.

❷ **"창조적 방법 사용하기"**는 앞의 '질문나누기'와 함께 가야한다.[177] 우리의 전이해는 이성적이거나, 의식적인 것 뿐만 아니라 비이성적, 무의식적 요소도 있다. 따라서, 시, 예술, 드라마, 롤 플레이, 게임, 음악 등의 창조적 방법을 사용하여 전이해를 드러내는 것이 필요하다.

❸ **"실천에 대한 반성"**은 참가자가 전이해를 들어낼 수 있는 또 하나의 방법이다. 참가자들은 본문과 관련하여 자신의 일상적 삶에서 어떠한 실천을 하고 있는지 생각해 보고, 표현해보도록 인도된다.

2단계 : 만남을 통한 지평의 확대

1단계가 텍스트와 융합된 전이해를 기술하는 단계라면, 2단계는 텍스트와 전이해 사이에 거리를 두면서, "텍스트 스스로가 말하도록" 하는 단계이다.[178] 이 거리두기는 특별히 두 가지의 방법을 통해서 일어날 수 있는데, 첫째, 텍스트 자체를 신중하게 검토하는 일, 둘째, 우리와는 다른 관점에서 텍스트를 해석하는 사람과의 만남을 통해서 이루어 질 수 있다.

❶ **"텍스트가 스스로 말하게 함: 주석(Exegesis)"** 이 단계는 소위 "주석"이라고 불리우는 단계로 텍스트를 그의 컨텍스트 속에서 읽는

---

177) Ibid., P. 200.
178) Ibid., P. 202.

훈련된 방법이다.179) 이 과정에서 '단어', '문법', '구조', '장르'와 같은 개념들이 탐구되고, 이것들을 통해서 텍스트 자체의 소리를 듣는 것이다. 이 과정에서 우리는 다른 번역본들을 읽을 수도 있다. "이 텍스트는 어떤 종류의 텍스트인가?", "문헌적으로 이 본문은 어떤 콘텍스트 속에서 쓰여졌는가?", "본문은 어떻게 구성되어 있는가?", "귀절들의 흐름은 어떤가?" "사용된 언어의 특징과 핵심적 구절은 어떤 것인가?" 와 같은 문헌비평적 질문들과 더불어 텍스트가 탐구된다.

❷ **"텍스트와의 병합 단절"** 이제 참가자들은 1단계에서 자신들이 텍스트에 융합시켰던 전이해를 과감하게 도전하고 자신들의 전이해와 텍스트와의 편안한 관계를 흔들어 본다.180) 텍스트와 자신, 자신의 전이해, 자신의 실천 및 활동, 삶의 스타일과의 거리를 분명히 해 본다. 그리고 "우리의 전이해를 위험스럽지만 대화에로 가져와 본다."

3단계 : 지평의 확대

이 단계는 텍스트를 보다 심도 있게 이해하기 위하여 다른 목소리로부터 듣는 단계이다.181) 이 다른 목소리에는 두 종류가 있는데, 하나가 "전통의 목소리"라면 다른 하나는 "다른 사람", 즉 "아웃사이더"이다.

❶ **"전통의 소리 듣기"** 이 단계에서는 다양한 전통들이 본문을 어떻게 해석하였는지에 주의 기울여 듣고, 참가자들의 해석과 다른 점을 비교해 본다.

❷ **"외부인"의 목소리 청종하기** 전통의 소리를 듣는 것이 시간적으로 참가자들과 다른 시대에 살았던 사람들의 목소리에 청종하는 것이라

---

179) Ibid.
180) Ibid., P. 203.
181) Hess, Ibid., P. 204.

면, "외부인(outsider)"으로부터 듣는 것은 공간적으로 참가자들과는 다른 환경 가운데 사는 사람들의 해석을 듣는 것이다. 다른 민족, 다른 문화, 다른 인종, 다른 성, 사회계층 들로부터 그들의 상이한 해석을 들음으로서 우리의 지평을 확대하는 것이다.

4단계 : 대화 속에서 우리의 전이해에 도전하기

4단계에서는 앞에서 살펴본 텍스트의 의미들과 참가자들의 이해 사이에서 대화를 시도하는데, 앞의 단계에서 나누었던 내용들을 종합하고 서로 간에 대화를 가능케 하는 질문을 던지는 것이 중요하다: 첫째, "우리가 우리의 현재 상황으로부터(1단계에서 나누었던 내용) 본문으로 가져오는 것은 무엇인가?", 둘째, "본문이 직접적으로 우리에게 가져오는 것은(2단계에서 살폈던 내용) 무엇인가?", 셋째, "전통과 다른 사람들이 우리에게 그리고 텍스트에게로 던지는 질문은 무엇인가".[182]

이 과정에서 텍스트에 의해 고찰된 것과 참가자의 전이해를 서로 비교하면서, 그 사이에 나타난 공통점과 상이성을 찾아보도록 한다. 또한 그 둘 사이에서 대화를 모색해 본다. "텍스트에 대한 고찰 및 전통의 목소리, 다른 사람들의 목소리를 통해서 당신이 처음 가졌던 생각이 보다 확실하게 된 부분은 어떤 것입니까?", "이제 변경하고 싶은 것은 무엇입니까?", "텍스트 속에서 여전히 당신을 힘들게 하는 부분은 무엇입니까?"와 같은 질문들이 도움이 된다.

5단계 : 지평의 융합

5단계에서는 텍스트로부터 얻은 "삶을 변화시키는 통찰"을 나누

---

182) Ibid., P. 206.

고, 그 통찰을 그들의 삶 속에서 구체적으로 실천할 수 있도록 격려하는 단계이다. 헤스는 이 단계를 "표현하고 축하하기(expressing and celebrating)"라고 표현하고 있다.

① **"표현하기"** 참가자들은 성서본문의 저자, 앞서 들었던 전통과 다른 사람들의 목소리와 상상적인 대화를 나누도록 초대된다. 이 대화 속에서 그들은 서로 간에 일치되는 생각이나 불일치하는 생각들을 나누거나 조정할 수 있다. 상상적 대화 뿐만 아니라, 시, 그림, 마임, 노래 등등의 예술적 활동도 도움이 된다. 어떤 형태로든 인도자는 참가자들이 텍스트와의 만남을 구체적으로 표현해 보도록 인도한다.

② **"축하하기"** 텍스트에서 발견된 통찰은 예전적 활동으로 축하될 수 있다. 놀이, 발 씻기기, 고백하기, 용서구하기, 평화를 기원하기 등등의 예전적 활동은 텍스트의 의미를 삶에 연결시키도록 결단하는데 도움을 준다.

V. 해석학적 성서해석의 특징

위에서 우리는 기독교교육의 영역에서 성서해석의 문제를 해석학적으로 접근하고 있는 일련의 학자들을 살펴보았다. 윙크의 "변증법적 해석학"모델과 포겔장의 "재건을 위한 해석학", 콘라드의 "창조적 갈등 모델" 및 헤스의 "실천적 성서해석"모델은 모두 나름대로 상이한 성서해석의 방법을 제시하고 있지만 이들 모두에게서 공통적으로 나타나는 점은 이들이 모두 "해석학적" 관점으로 성경해석에 접근하고 있다는 점이다. 해석학적 관점으로 성경의 해석에 접근하고 있다는 것이 무엇을 의미하는가?

1. 텍스트 해석에 있어서의 전이해의 역할

이들이 해석학적 관점으로 성경해석에 접근하고 있는 것은 무엇보다 이들의 모델에서 '전이해'가 중요한 해석적 요인으로 작용하고 있다는 것에서 찾을 수 있다. '전이해'는 해석학적 인식론의 핵심적 개념의 하나로 인간이 속한 사회와 문화, 언어적 기반을 통해서 이미 형성된 이해의 지평으로써, 이것을 통해서만 인간이 이해현상에로 들어갈 수 있는 이해의 "문지방"과 같은 요소라고 할 수 있다.[183] 따라서 해석학적 인식론을 바탕으로 해서 볼 때 전이해 없는 이해는 불가능하며, 이해와 전이해는 일종의 순환적 관계로 서로 연결되어 있다.

이와 같은 해석학적 관점에서 위의 모델들은 해석자의 전이해를 구체적으로 들어내고 확인하는 과정을 해석의 첫 단계로 설정하고 있다. 윙크의 "병합"의 단계, 포젤장의 "우리의 이야기", 콘라드의 "갈등발견하기", 헤스의 "전이해와 씨름하기"와 같은 첫 단계의 활동들은 모두 텍스트 해석의 과정에서 해석자의 전이해를 구체화하고 의식화함으로써 그것으로부터 해석의 첫걸음을 떼고 있다. 물론 다른 세 모델과 다르게 콘라드의 경우는 학습자의 전이해라는 개념을 전면에 들어내지 않고, '갈등'이라고 하는 중심 주제로 접근하고 있다. 그러나 그에게서 '갈등'은 전이해가 첨예화되어 들어나는 통로로서의 의미를 갖는다. 갈등이라는 구체적 주제를 통하여 학습자의 전이해와 실존적 상황이 성서해석의 출발점으로서 고려되고 있다. 따라서 이들 모두는 해석에서 실제적으로 작용하는 '전이해'를 해석의 출발점으로 인정하고 이것을 밝히는 것으로부터 올바른 성서해석이 시작될 수 있음을 간파하고 있는 것이라고 할 수 있다.

물론 전이해에 대한 이들의 입장이 모두 동일한 것은 아니다. 윙크

---

183) 이 책의 1장 참조.

와 헤스의 경우 전이해를 인정하면서도 성서해석이 결코 전이해에만 제한되어 있어서는 되지 않음을 강조하며, 보다 적극적으로 전이해를 비판해야할 필요성을 제시하고, 이를 해석의 단계에서 반영하고 있다. 윙크의 '거리두기'와, 헤스의 "병합의 단절"이라고 하는 단계가 바로 전이해에 도전하고 비판하는 단계라고 할 수 있다. 포겔장은 구체적으로 전이해를 비판하는 단계를 설정하지는 않으나, "우리가 텍스트의 타자성(otherness)과 만나기 위해서는 우리의 전이해를 놓아야 한다"고 보았고, '우리의 이야기'에 이어지는 '성서의 이야기'와의 대화를 통해서 전이해가 비판, 수정되어야 함을 역설하였다. 콘라드의 경우 '갈등'으로 대표되는 전이해의 개념은 비판 되기보다는 오히려 그것과 관련되는 성서와의 연결점을 찾으면서 결론적으로 그 갈등을 삶 속에서 창조적으로 극복할 수 있는 적용점을 찾는다. 바로 이런 점 때문에 콘라드는 자신의 해석학을 "아래로부터의 해석학"이라고 칭하는 것 같다.

전이해에 대한 상이한 시각에도 불구하고 이들 모두에게서 전이해는 성서해석에서 간과할 수 없는 출발점으로서의 역할을 하고 있다. 이와 같은 점은 해석학적 성서해석이 단지 객관적 해석에만 목적을 두지 않는다는 사실을 단적으로 증명해 준다고 할 수 있다(물론 객관적 해석이라는 것이 도무지 가능하다면 말이다). 해석학적으로 볼 때 텍스트를 해석한다는 것은 텍스트와 해석자 간의 상호작용이다. 텍스트의 지평이 있지만, 동시에 해석자의 지평이 있고, 이 지평 간의 '융합'이 이루어질 때 해석이라는 사건이 일어나는 것이다. 그런 의미에서 성서해석은 성서 자체의 지평을 알아야 하지만, 동시에 해석자의 지평을 명명하고 의식화하고 명료화해야 하고, 이 과정을 통해서 오히려 성서의 지평이 분명하게 드러날 수 있다. 어떤 형태로든 해석에 참여하게 되는 전이해를 오히려 해석의 과정에서 명료화함으로써, 텍스트를 그 자체로 볼 수 있는 '텍스트의 타자성'을 담보하는 통로를 찾을 수 있다는 말이다. 그 과정이 생략될 경우 해석은 오히려 해석자의 주관적 관심에 좌우될 수 있거나 리쾨르가 말하는 소위 "일차적 소박성"에 머물러 있게 되는 것이다. 따라서 해석학적 성서 해석은 먼저 해석자의 해석의 지평인 전이해를 명료화하는 것으로부터 시작하는 것이다. 그렇지 않을 경우 우리는 윙크의 지적대로 텍스트와의 무의식적 연합 속에서 우리 자신을 바로 아는 것에도 실패할 수 있고, 또 텍스트 자체를 그 자체로 보는 것도 실패함으로써, 결국 텍스트가 우리 자신에게 말 걸어오도록 하는 것에 실패할 수 있는 것이다.184)

2. 텍스트와 해석자의 삶 간의 관계성

해석학적 성서해석에서 나타나는 핵심적 공통점들 중 또 다른 하나는 "텍스트와 해석자의 삶 간의 순환적 관련성의 추구"라는 점이다. 앞에서 지적한 바와 같이 해석학적 인식론은 순환적 인식론이다. 이해가 전이해와 서로 순환적 관계 안에 있는 것과 같이, 앎은 또한 삶과 서로 순환적 관계에 있다고 본다. 해석학적 인식론은 '앎'이 하나의 절대적인 "아르키메데스적 기점"으로부터 출발하는 것이 아니라, 언제나 이미 '삶'이라는 기반 위에서 미리 형성된 이해의 전구조에 의해서 시작되고, 또한 역으로 그를 바탕으로 해서 이루어진 앎도 단순히 앎으로 그치는 것이 아니라 다시금 삶의 기반이 되고, 전이해의 직조 속으로 짜여들어 가서 앎과 삶은 끊임없는 순환구조 안에 있는 것이라고 본다.185)

이러한 관점 위에서 해석학적 성서해석은 텍스트 자체를 이해하는

---

184) Wink, Ibid.
185) 이규호,「앎과 삶, 해석학적 지식론」(좋은날, 2001(초판, 1972), P. 40이하.

것에 성서해석의 목적을 두지 않는다. 앞에 살펴본 모든 모델의 핵심적 목적은 해석자의 삶에 영향을 미치고 변화시키는 성서해석이다. 그들은 텍스트의 의미가 어떻게 해석자의 삶과 실존과 만날 수 있는지, 또 역으로 해석자의 삶과 경험이 어떻게 텍스트와 만날 수 있는지에 관심을 가지면서 그 둘 간의 순환적 관계를 바탕으로 해석의 과정을 구성하고 있는 것을 볼 수 있다. 이들은 성서에 나타난 과거의 사건을 사실(fact)로써 탐구하는 것에 그치는 것이 아니라, 그 과거의 사건을 오늘날 해석자의 경험 안에 다시 "생생하게 살리고", 그것을 통하여 "개인적, 사회적 변형"을 가져오도록 하는 것에 성서해석의 목적이 있다고 보았다. 윙크의 모델이 "인간 변형을 위한 성경공부"인 것은 이를 단적으로 증명해 주는 것이라고 할 수 있다. 말 그대로 성경연구의 목적은 변형에 있다는 것이다. 성경 자체가 "믿음에서 믿음으로"이르도록 하는 증언의 목적으로 기록되었고, 그런 의미에서 성경의 해석은 이 증언의 사건이 일어나도록 하는 것에 있다는 것이다. 해석은 궁극적으로 해석자가 텍스트와 만나고, 텍스트로 하여금 우리의 심연에 들어와 우리에게 말하도록 하는 사건이며, 이를 통하여 해석자의 삶이 변형되는 사건이어야 하는 것이다.

윙크의 경우 해석이란 우리의 미래와 관련하여 텍스트를 우리의 현재에로 적용하려는 "자기-탐색적 적용(self-explorative application)"이고 이것은 연구의 마지막 행위가 아니라 처음부터 우리의 관심이라고 하면서, 그의 해석모델을 "변형을 위한 해석학"이라고 칭하였다.186) 콘라드는 성경해석의 과정에서 본문이 학습자의 내면으로 침투해 들어가서 변화시키도록 하는 "침묵과 묵상의 시간"을 성경해석의 하나의 단계로 설정하고 있다. 이 과정에서 성서가 학생의 내부

---

186) Wink, Ibid., P. 75.

에서 "발효되도록" 기다려야 하고, 결국 이를 통해 학습자가 새로운 통찰을 얻어 자신이 가진 갈등을 가지고도 은혜로 살 수 있는 길을 모색할 수 있도록 이끌어야 한다는 것이다. 헤스가 제시하는 "실천적 성서해석"도 그 마지막 단계는 해석을 통해 얻은 "삶을 변화시키는 통찰(life-changing insights)"을 표현하고, 나누고, 축하하는 것으로 마치고 있다. 그의 성서해석 모델이 결국은 삶을 변화시키는 것에 강조점이 놓여있음을 읽을 수 있는 구절이다. 포겔장의 경우에는 심지어 해석을 통해 얻은 통찰을 학습자가 실제로 삶 속에서 살아냄으로써 구체적인 형태를 부여하여 "역사에 펼쳐진 이야기"로 만들어가는 것을 마지막 단계로 삼고 있다. 이 단계를 통해서 학습자와 공동체를 통해서 하나님의 이야기가 육화되고, 사회적 구조와 전통과 역사 속으로 펼쳐져야 한다는 것이다. 이것이 무슨 의미인가? 텍스트는 학습자의 삶을 재형성하지만, 또한 동시에 학습자의 삶을 통해서 텍스트가 지속적으로 재구성되는 상호순환의 과정이 일어난다는 것이다. 이와 같은 모델들은 텍스트와 해석자의 삶이 얼마나 깊게 서로가 서로에게 내적으로 연결되어 있는지를 잘 보여주고 있다. 해석학적 성서해석은 본질적으로 텍스트와 학습자의 삶 간의 관련성을 모색하는 해석이고, 이를 통해 학습자의 삶이 변형되고, 사회와 전통이 재구성되는 것을 추구하는 해석이다.

3. 성서비평학의 사용과 한계

해석학적 성서해석의 관심은 단순히 성서를 객관적으로 해석하는 것이 아니라, 성서를 통해서 학습자의 삶이 변형되는 것에 있다. 따라서 해석학적 성서해석은 성서에 대하여 객관적 거리두기를 추구하는 성서비평학을 비판적인 관점에서 보지만, 동시에 성서비평학을 해석의 한 과정으로 수용한다. 이와 같은 입장은 다른 누구보다 윙크가 그의 모델 "변증법적 해석학"에서 분명히 보여주고 있다.

윙크는 먼저 성서비평학은 현대의 과학적, 역사적 탐구방법을 사용하는 과정에서, 그 방법들이 전제로 하고 있는 '객관성'과 '가치중립성'을 추구하게 되었고, 그것은 결국 비평학으로 하여금 성서 자체의 본래적 의도, 즉 독자들에게 믿음 안에서 더욱 성장하도록 하기 위한 증인의 역할을 하는 것은 망각하게 하였다고 지적하였다. 비평학자들은 성서를 삶으로부터 분리시키고, 연구자로서의 자기 자신들을 연구의 대상인 성서로부터 고립시켜서, 결국 성서를 우리의 삶과 사회의 구체적인 문제와 갈등으로부터 고립시키고, 더 나아가 성서로부터 개인적 신앙에 답을 찾으려는 이들의 노력에 구체적 도움을 줄 수 없는 죽은 문서로 만들려고 하였다는 것이다.[187]

비평학에 대한 이와 같은 신랄한 비판에도 불구하고 윙크는 성서비평학을 해석의 과정에서 필수적인 것으로 수용한다. 텍스트에 대한 '거리두기'로 텍스트 자체가 갖는 타자성은 담보되어야 하기 때문이라는 것이다. 앞에서 살핀 대로 텍스트는 궁극적으로 해석자의 삶을 변형시키는 것이어야 하지만, 텍스트가 해석자의 삶을 변형시키는 것이 되기 위해서는 더욱 더 텍스트 자체의 타자성이 분명하게 드러나 텍스트가 스스로 말할 수 있도록 해야 한다는 것이다. 텍스트의 의미를 보다 명료하고 전체적으로 볼 수 있기 위해서, 텍스트는 일정한 '거리두기'를 통해서 우리의 전이해로부터 분리되어야 하고, 또한 당연한 것으로 여겨졌던 전통과 우리 사이의 병합은 의심과 의혹의 대상으로 부정되어야 한다는 것이다.

이를 위하여 성서비평학이 요청되는데, 성서에 대한 다양한 비평

---

187) Wink, Ibid., P. 6.

들, 즉 문헌비평, 원전비평, 양식사비평 및 편집사비평과 같은 탐구들은 텍스트를 해석자의 전이해나, 전통에 무비판적으로 섞여있는 해석의 역사들로부터 벗어나, 텍스트 자체의 의미를 드러내는 데 도움을 주는 통로가 된다는 것이다. 물론 윙크는 이와 같은 거리두기는 다시 한 번 부정 되어야 하고(N2) 결국 최종적으로 해석자와 텍스트 간의 융합이 이루어져야 한다고 하였다. 이 융합을 통해서 텍스트의 상징성은 다시 회복되고, 텍스트가 독자적으로 가지고 있는 세계기획이 텍스트 앞의 해석자의 삶과 자기이해를 변형시키는 힘으로 작용하게 되어, 리쾨르가 말하는 2차적 소박성이 일어난다고 하였다. 어쨌든 이러한 과정 가운데서 성서비평학은 무시할 수 없는 필수적인 해석의 단계가 되는데, 그것은 무엇보다 텍스트 자체의 객관성과 타자성이 담보되기 위한 장치이기 때문이라는 것이다.

　이와 같은 입장은 많게 혹은 적게 다른 모델들에게서도 나타난다. 헤스도 그의 모델의 두 번째의 단계에서 주석의 과정을 거쳐야 한다고 하였다. 이 과정에서 텍스트의 장르, 시대적 배경, 언어, 구조 등이 탐구되어야 하고, 문헌비평적 연구가 진행되어야 한다고 하였다. 포젤장의 경우에도 "성서 이야기" 단계에서 탐구되는 성서 텍스트는 역사적, 문헌적, 전통적, 이념적 4차원적 배경에서 탐구되어야 한다고 하였다. 물론 이들 모델들도 비평학적 탐구에서 그치는 것이 아니라 그를 넘어서서 텍스트와 해석자와의 융합을 추구하고, 텍스트의 상징성을 회복하여 궁극적으로는 해석자의 자기이해를 새롭게 하고 변형하는 해석을 지향한다.

　요약해서 말하면 해석학적 성서해석은 텍스트에 대한 '설명'의 방법으로 성서비평학적 탐구방법으로 수용한다. 그러나 성서비평학이 추구하는 '객관화'와 '거리두기'의 방법이 안고 있는 태생적 문제들과 한계를 보면서, 비평학을 텍스트의 타자성을 담보하는 차원에서 수용할 뿐이지 절대화하지는 않는다. 해석학적 성서해석은 텍스트와 해석자 간의 만남과 삶을 변형하는 목적을 지향하면서, 이 과정에서 텍스트 자체의 이해를 돕고, 모든 전이해와 왜곡된 감정이입을 넘어서서 텍스트가 스스로 말하도록 하여 결국은 텍스트와 해석자간의 만남을 돕는 차원에서 비평학을 수용한다.

4. '위'와 '아래'로부터의 해석학과 '뒤'와 '앞'으로부터의 해석학

그렇게 볼 때 해석학적 성서해석은 "아래로부터의 해석학"과 "위로부터의 해석학"을 모두 포괄하는 해석학이다. 이 말은 콘라드가 풀러(R.Fuller)의 말을 빌어서 사용한 개념으로 '아래로부터의 해석학' 이라 함은 해석자의 전이해를 구체화하고, 그것으로부터 시작하는 해석의 과정을 인정함이요, '위로부터의 해석학' 이라 함은 텍스트 자체가 스스로 말하도록 하는 과정을 통하여 하는 해석이다.[188] 콘라드는 그 둘의 모형을 구별하여, 위로부터의 해석의 예를 윙크의 모델로, 아래로부터의 해석은 토마스 그룹의 "공유된 실천"과 자신의 "창조적 갈등이론"을 예로 제시하였다. 그러나 앞의 고찰들을 바탕으로 해서 보았을 때, 해석학적 성서해석은 궁극적으로 아래로부터의 해석과 위로부터의 해석 모두를 포괄하고, 그 둘이 변증법적으로 서로 연결되고

---

[188] Fuller는 기독론을 해석하는 두 가지 방식이 있는 바, 하나는 위로부터의 해석이요, 다른 하나는 아래로부터의 해석이라고 하였다. '위로부터의 해석' 이란 전통적인 기독론의 해석방식으로 그리스도를 먼저 하나님의 아들이요, 삼위일체의 두 번째 인격으로 보는 것에서부터 시작하여, 그의 역사적 실존의 모습으로 내려와 보는 방법이라고 할 수 있다면, 아래로부터의 해석은 역사적 예수로부터 시작하여 그의 전존재(pre-existence)와 성육신으로 올라가는 것이라고 하였다. 콘라드는 여기에서 힌트를 얻어 성서해석 방법을 두 가지로 분류하여, 아래로부터의 해석학을 학습자의 전이해로부터 출발하는 것으로, 위로부터의 해석학은 텍스트 자체의 이해로부터 출발하는 해석으로 이해하고 있다. R.Fuller, *Who Is This Christ? Gospel Christology and Contemporary Faith*, (London, SCM, 1983)5-6; Conrad, Ibid, 397 이하.

대화하는 해석이 되어야 함을 알 수 있다. 성서 해석이 어느 시점에서 출발하든지 간에 해석자의 전이해와 관심은 해석의 과정에서 명료화 되어야 하고, 또한 텍스트 자체의 객관성과 타자성은 보장되어 텍스트가 스스로 말할 수 있도록 해야 한다. 따라서 어디에서 시작하느냐가 문제가 아니라 그 둘이 어떻게 독자적으로 탐구되면서도 동시에 변증법적 대화에로 가져와 질 수 있는가가 관건이다. '위로부터의 해석학'과 '아래로부터의 해석학'은 해석학적 성서해석이 텍스트와 해석자의 삶 간의 상호작용을 모색하는 한 모두 해석의 과정에서 함께 고려되어야 할 요소라고 할 수 있다.

그렇게 보았을 때 해석학적 성서해석은 또한 '뒤로부터의 해석학'과 "앞으로부터의 해석학' 간의 상호작용이기도 해야 한다.[189] '뒤로부터의 해석학'은 텍스트가 형성된 과거로 돌아가 그 시대의 사회, 문화적 배경들과 저자의 원래 의도 및 사고들, 그리고 텍스트가 대상으로 했던 1차적 독자들과, 초대교회 공동체와의 관계 등을 추적하는 해석으로, 성서비평학이 주로 관심을 가지는 해석의 분야라고 할 수 있겠다. 그러나 '앞으로부터의 해석학'이란 텍스트 자체가 가지고 있는 독자적 세계 기획이 텍스트 앞의 해석자와 세계에게 열어주는 새로운 의미를 따라가는 해석이다. 뒤로부터의 해석학이 텍스트가 과거에 무엇을 의미했는지를 밝히는 '설명'적 해석학이라면, 앞으로부터의 해석학은 텍스트가 오늘 우리에게 열어주는 의미의 세계를 밝히는 해석학이다. 저자의 의도에만 얽매이는 해석이 아니라, 오늘날 텍스트 앞에 열려진 세계를 해명하고 변화시킬 수 있는 새로운 의미를 찾는 해석이다. 이 과정에서는 객관적 설명만이 아니라 해석자와 해석자가 속

---

[189] Cyril De Souza, "A Growing Drift Between Contemporary Culture and Religious Education", H.Lombaerts& D.Pollefeyt ed, *Hermeneutics and Religious Education*, (Leuven-Paris-Dudley, Leven University Press, 2004), 261이하.

한 공동체에게 주는 의미를 창의적으로 발견하는 통찰, 상상, 도약 등도 중요한 해석의 방법이 된다. 해석학적 성서해석은 텍스트와 해석자의 삶 간의 상호순환관계를 추구하는 해석방법으로서 '뒤로부터의 해석'만도 아니요 '앞으로부터의 해석'만도 아닌 둘 간의 상호순환 관계를 모색하는 해석이라고 할 수 있다. '뒤로부터의 해석'에만 머물러 있을 때 텍스트의 타자성은 담보될 수 있을지 모르지만, 해석자의 삶에는 영향을 미칠 수 없는 성서해석이 될 수 있고, 또 '앞으로부터의 해석'에만 머물러 있을 때 성서해석은 텍스트의 진정한 타자성을 담보할 수 없는, 그래서 결과적으로는 진정한 '앞으로부터의 해석'이 불가능한 해석이 된다. 리쾨르가 말한 대로 '비평 이전'이 아니라 '비평 이후'의 해석이어야 하는 이유가 여기에 있는 것이다. 위로부터의 해석과 아래로부터의 해석, 뒤로부터의 해석과 앞으로부터의 해석은 그런 의미에서 모두 해석의 과정에서 고려되어야 하며, 각 해석 간의 대화와 순환이 모색될 때에만 해석학적 성서해석은 텍스트의 지평과 해석자의 지평 사이의 대화를 가능하게 하고, 이를 통한 해석자의 삶의 변형을 가능하게 하는 해석이 될 수 있을 것이다.

5. 해석학적 상상력

해석학적 성서해석이 위로부터의 해석과 아래로부터의 해석, 뒤로부터의 해석과 앞으로부터의 해석들 간에 대화와 순환의 관계를 모색한다는 것은 해석학적 성서해석은 다른 어떤 것 보다 창조적 상상력을 요청한다는 것을 시사해 준다. 해석자와 텍스트 사이의 순환적 관계성에는 서로 관련이 없는 것들을 하나로 묶어내는 사고, 즉 상상적 사고가 필요하다. 독일어로 상상력은 "아인빌둥스크라프트(Einbildungskraft)"이다. 이 단어는 '하나'를 뜻하는 'ein'과, '형성하다'는 뜻의

'bildung', 그리고 힘이라는 의미의 'kraft'라는 단어가 합성된 단어로, 하나로 형성하는 힘이라는 뜻이다. 이 어원이 함축하고 있는 것처럼 상상력은 서로 연결되지 않는 것들을 하나로 형성할 수 있는 힘이다. 해석학적 성서해석이 텍스트와 해석자의 삶 간의 관련성을 추구하고, 이를 위하여 위, 아래, 뒤, 앞의 모든 해석학적 방법들을 대화와 순환 안에서 유지하려 한다면, 그것이야말로 다른 어떤 것보다 상상력에 의존되어 있지 않으면 안 되는 해석의 방법임을 시사해 준다.

그 뿐만 아니라 해석학적 성서해석은 과거의 것을 현재의 해석자의 삶 속에서 생생하게 재현할 수 있는 사고, 텍스트의 나타난 세계기획을 통하여 해석자 자신의 자아이해를 새롭게 하고 변형이 일어날 수 있는 도약적 사고, 더 나아가 텍스트로부터 미래에 대한 비전을 발견하고, 그를 현재의 삶과 행동으로 연결시킬 수 있는 사고 등을 요청한다. 이와 같은 사고들은 모두 해석학적 성서해석이 얼마나 창조적 상상력에 의존되어 있는지를 단적으로 보여주는 것이라고 할 수 있다. 상상력은 칸트에 의하면 "그 자체로서 현존하지 않는 대상을 직관 속에서 표상하는 기능"이요,[190] 또한 "법칙에 지배되지 않는 자유로운 활동으로써 이를 통하여 우리의 경험 안에 새로운 구조가 획득되고, 새로운 의미를 생성하는 역할을 하는 것"이다.[191] 상상력을 통하여 우리의 사유는 우리가 직접적인 경험으로 접근할 수 없는 것을 표상화, 즉 이미지화하여 사고 할 수 있고, 그를 통하여 우리 안에 새로운 의미구조가 획득될 수 있다는 것이다.

상상력의 서로 다른 것을 연결시키고 하나로 묶는 정신작용은 또한 상상력이 "하나님-인간의 접촉점"이 될 수 있다는 점을 시사해 준다.

---

190) Immanuel Kant, *Kritik der reinen Vernunft*, P. 151.
191) 참조, M.Johnson, *The Body in the Mind, The Bodily Basis of Meaning, Imagination, and Reason*, (The University of Chicago Press, Chicago, 1987), 165.

초월적 하나님의 신적 계시와 인간적 차원의 이해 및 반응은 상이할 수밖에 없고, 따라서 계시를 이해할 수 있는 접촉점이 있어야 하는데, 상상력의 하나로 묶는 역할이 바로 그러한 접촉점으로서의 역할을 할 수 있는 것이다. 보이지 않는 것을 표상하고 이미지화하는 기능을 통해서 상상력은 초월적 하나님을 인간이 이해하고 느끼고 그와 관계할 수 있는 통로가 될 수 있는 것이다. 따라서 게릿 그린(G. Green)은 상상력을 "계시가 일어나는 자리이며 계시가 일어나는 방식"이라고 하였다.[192)]

상상력은 또한 패턴적 인식을 유비적으로 조직해 낼 수 있는 패러다임적 사고에 관여한다. 예를 들어 우리가 어떤 음악소리를 들었을 때, 상상력은 이것을 다양한 소음으로부터 '음악'이라고 하는 속성을 가진 소리로서 구별할 수 있게 하고, 더 나아가 그 음악을 사랑의 노래 혹은 예배음악과 같은 여러 다양한 장르 중의 하나로 구별해 낼 수 있게 하는 사고이다. 이와 같은 사고는 그 소리가 내포하는 부분으로부터 어떤 하나의 유형적 특성을 발견하여 그것을 '무엇으로서' 이해하는 능력이다. 이와 같은 상상의 기능을 그린은 "패러다임적 상상력"이라 칭하였는데, 패러다임적 상상력은 접근이 어렵고 보다 복잡한 인식의 대상들을 접근 가능한 표준예(exemplars)를 통하여 인식하는 능력이라고 하였다.[193)] 패러다임적 상상은 전체의 일부가 될 잠재적인 '부분들'로부터 어떤 유형을 찾아내는 것과 같은 사고인데, 이 부분들로부터 어떤 '불연속적 도약'을 통하여 유비를 찾아내고 그것을 '무엇과 같은 것으로서' 이해하게 하는 사고이다.

이러한 패러다임적 사고는 우리가 직접적으로 접근할 수 없는, 가

---

192) G.Green, *Imagining God*, 장경철 역, 「하나님 상상하기」, 한국장로교출판사, 2003, 67.
193) G.Green의 앞의 책, 109.

상적 세계나 초월적 측면들과 직접적으로 관계하는 종교적 사고에서 특별히 더 요청된다. 패러다임적 상상을 통한 하나님 상상하기는 초월적 하나님을 우리가 무엇과 같은 것으로(what God is like)이해할 수 있는 사고를 가능케 하기 때문이다.[194] 패러다임적 상상은 이해하기 어렵고 표상 불가능한 하나님을 우리에게 익숙한 삶과 인식의 틀로부터 이해할 수 있는 통로가 되는 것이다. 나아가 패러다임적 상상력은 그리스도의 삶과 우리의 삶 사이, 그리고 성서적 비전과 우리의 삶의 이야기 사이의 패러다임적 유사성을 찾는 인식적 동인이 된다. 그러한 동인에 의하여 우리는 우리의 삶을 그리스도의 삶의 유형을 따라서 빚어가고, 성서적 비전을 따라 우리의 이야기를 형성할 수 있는 계기를 얻을 수 있다.[195] 이것은 패러다임적 상상력이 단순히 인식적 차원에 머물러 있는 것이 아니라 존재론적 자아 전유와 자아변형을 일으키는 통로가 됨을 증명하는 것이라고 할 수 있다. 패러다임적 상상력의 존재론적 자아 전유의 특성으로 인하여 우리는 성서의 삶의 패러다임과 세계기획을 우리의 것으로 수용하고, 그것으로 우리의 자아를 변형하게 되는 통전적 신앙의 사건을 경험을 하게 된다.

해석학적 성서해석의 핵심적 목적이 무엇인가? 해석자가 하나님의 계시를 받아들이는 사건이 아닌가? 성서에 나타난 세계기획으로 자아이해를 새롭게 하고 자아변형을 일으키며, 세계를 변형하는 것에 참여하게 되는 것이 아닌가? 해석자가 초월적 하나님을 만나고 이해하고 그와 관계하게 되는 것이 아닌가? 불가능한 현실 속에서 가능성을 볼 수 있는 사건, 인간의 지식을 넘어서 현실과 가능의 세계 간에 대화할 수 있는 능력에로 열리는 사건이 아닌가?

그와 같은 사건을 목적으로 하는 한, 해석학적 성서해석은 해석의

---

194) G.Green, Ibid., P. 141.
195) Ibid., P. 152.

과정에서 철저히 상상력에 개방되어 있지 않으면 안 된다. 이 상상력은 물론 앞의 게럿 그린이 말한 대로 단순한 인간의 사고력이 아니라 초월적 하나님의 계시가 일어나는 자리이다. 불연속적 도약을 가능케 하는 신적 지혜가 나타나는 통로이다. 해석자의 지평과 텍스트의 지평 간에 융합과 해석자의 삶의 변형을 목적으로 하는 성서해석은 결국 이 초월적 힘이 개입되는 상상력에 의존되어 있는 것이다.

따라서 해석학적 성서해석은 해석자의 전이해를 의식하는 다양한 통로와, 성서비평학의 다양한 도구들을 사용하는 것에 못지 않게, 불연속적 도약을 가능케 하는 초월적 상상력에 자리를 마련하는 다양한 통로들이 모색되어야 한다. 해석학적 성서해석을 추구하는 기독교교육은 성경연구의 과정에서 상상력을 불러일으키는 다양한 방법과 매체를 창의적으로 사용할 수 있어야 한다. 특별히 상상력과 깊은 관련이 있는 명상, 침묵, 관상, 다양한 예술적 방법들, 예전 등등의 풍성한 방법들이 성경공부의 방법으로 사용되어야 한다. 성서해석은 성경사전과 주석들, 교재들만으로 이루어지는 활동이 아니라, 영성적 활동이며, 예술적 활동이며, 창의적 활동이 되어야 하며, 정적 활동이 아니라 동적활동이 되어야 하는 것이다.

VI. 해석학적 성서학습 모델

앞의 고찰들을 바탕으로 하여 이 장에서는 해석학적 성서해석을 위한 성서학습의 모델을 제시하고자 한다. 이 모델을 우리는 "해석학적 성서학습(hermeneutic Bible study)"의 이름으로 칭하고자 하는데, 그것은 이 모델이 학습자에게 해석학적 성서해석을 가능케 하도록 학습의 경험을 구성하는 성서학습모델이기 때문이다.

1. 해석학적 성서학습의 목적

해석학적 성서해석을 위한 성경공부의 핵심적 목적은 "성서의 지평과 학습자의 지평 간에 융합이 이루어지도록 함으로써 학습자에게 성서의 세계기획에 따른 변형이 일어나며, 더 나아가 성서의 세계기획이 그들의 삶 속에서 구체적으로 육화되어 새로운 지평이 창조되도록 하는 것"이다.

성서의 지평과 학습자의 지평 간에 융합이 이루어지도록 한다는 것은, 이 성경공부 모델이 단순히 성서를 이해하는 것에만 목적이 있는 것이 아니라, 성경의 지평과 학습자의 지평 간의 만남과 융합을 목적으로 하는 모델이라는 뜻이다. 해석이란 해석자와 텍스트 사이의 상호작용에 의해서 일어나는 사건이라는 해석학적 인식론에 근거하여, 둘 간의 융합을 추구하는 이 모델은 먼저 학습자의 지평인 전이해를 명료화하는 단계와, 동시에 텍스트인 성서의 지평을 명료화 하는 단계를 거쳐 둘 사이의 융합을 모색하는 학습경험을 구성할 것이다.

학습자에게 성서의 세계기획에 따른 변형이 일어나도록 한다는 것은 학습자가 성서의 지평과 만나면서 성서가 가지는 독자적 세계기획에 자신의 자아이해와 세계이해, 가치관, 지·정·의의 모든 측면에서 변화가 일어나며, 자신과 신앙공동체, 사회에 대한 태도 및 행동에서 변형이 일어나도록 하는 것을 의미한다.

또한 "성서의 세계기획이 학습자의 삶 속에서 육화되어 새로운 지평이 창조되도록 한다"는 것은 이 성서학습을 통하여 발견된 세계기획이 학습자들의 삶 속에서 육화되도록 함으로써, 학습자가 속한 공동체와 사회와 문화 속에서 그 세계기획이 구체적으로 형태를 취하게 함으로써, 새로운 성서의 지평이 창조되는 것을 의미한다. 이와 같은 과정을 통해 성서는 역사 속에 지속적으로 영향을 미치며 변화하는 '영향사'적 의미를 갖는 것이다.

이와 같은 목적에 도달하기 위하여 해석학적 성서학습은 모두 다섯 단계의 학습과정을 거치는데, "지평드러내기", "지평발견하기", "지평 비교하기", "지평 융합하기" 그리고 "지평에 형태부여하기"가 그것이다.

2. 해석학적 성서학습의 단계

1단계 : 지평 드러내기 – 학습자의 전이해 드러내기

해석의 첫 단계는 학습자의 전이해로부터 출발한다. 모든 해석은 해석자의 전이해로부터 시작된다. 성서학습이 성서로부터 시작되든지 학습자의 삶으로부터 시작되든지에 무관하게 모든 해석은 많게 혹은 적게 학습자의 전이해와 연결되어 있고, 이것으로부터 자유로운 해석은 없다. 따라서 해석학적 성서학습의 첫 단계는 학습자의 전이해를 분명히 드러내고 이를 명료화하는 것으로부터 시작되어야 한다. 첫 단계인 "지평 드러내기"는 학습자의 전이해를 명료하게 하는 단계이다. 이 단계에서는 학습자가 자신이 속한 지평, 자신의 관심, 자신의 사회문화적 환경과 그로부터 형성된 전이해를 구체화하고 명료화하며 언어로 표현할 수 있도록 구성되어야 한다. 성서학습과 관련된 학습자의 지평 드러내기는 두 가지로 시작할 수 있다: 성서로부터 시작과 학습자의 삶으로부터 시작이 그것이다.

◯◯ **성서로부터 시작**

전이해 드러내기는 성서의 본문으로부터 시작될 수 있다. 지도자는 학습자에게 성서의 본문을 제시하고 그것과 만나게 하여 학습자가 이해하는 것, 경험했던 것, 자신의 관심이나 문제들을 의식적으로 표현하고 드러냄으로써 본문과 관련한 자신의 전이해를 의식화하도록 돕는다. 지도자는 학습자들에게 제시된 본문을 읽은 후 다음과 같은 물음을 제시하고 답을 서로 나누도록 인도한다. 이 단계는 텍스트 자체가 갖는 의미를 묻는 단계가 아니라 학습자의 전이해를 명료화하는 단계로 정답이나 오답이 있을 수 없다. 학습자들이 자신의 언어로 표현할 것을 격려하고 이를 서로 나누도록 하는데 핵심이 있다. 다음과 같은 질문들이 그 예가 된다.

* "본문을 처음 읽을 때 떠오르는 생각은 무엇인가?"
* "본문이 나에게 주는 핵심적 메시지는 무엇이라고 생각하는가?
* "본문에 관련된 기억이나 경험이 있는가?"
* "본문에 나타나는 사람 중 내가 동일시하게 되는 인물은 누구인가?" "그 이유는?"
* "본문에 등장하는 인물 중 내가 가장 싫어하는 인물은 누구인가?" "그 이유는?"
* "본문 중 이해되지 않는 부분은 어디인가?"

막10:13-16의 본문을[196] 예로 들어 성서학습을 한다고 가정했을 때, 이상과 같은 일반적 질문 외에도 다음과 같은 질문들을 제시할 수 있다.

* "제자들은 왜 어린이를 데리고 온 사람들을 꾸짖었을까?"
* "예수님이 제자들의 행동에 노하신 까닭은 무엇일까?"

---

196) 막10:13-16 "13사람들이 예수께서 만져 주심을 바라고 어린 아이들을 데리고 오매 제자들이 꾸짖거늘 14예수께서 보시고 노하시어 이르시되 어린 아이들이 내게 오는 것을 용납하고 금하지 말라 하나님의 나라가 이런 자의 것이니라 15내가 진실로 너희에게 이르노니 누구든지 하나님의 나라를 어린 아이와 같이 받들지 않는 자는 결단코 그 곳에 들어가지 못하리라 하시고 16그 어린 아이들을 안고 그들 위에 안수하시고 축복하시니라"

✲ "왜 하나님의 나라가 어린이와 같은 자의 것이라고 생각하는가?"
✲ "하나님의 나라가 나의 것이 되기 위해서 나는 무엇을 해야 한다고 생각하는가?"

◌◌ 학습자의 삶으로부터 시작

성서학습은 위에 제시한대로 성서를 읽고 그것과 관련한 학습자의 전이해를 드러낼 수도 있지만, 학습자의 일상적 삶으로부터 시작할 수도 있다. 성서의 본문과 관련된 테마, 갈등, 이슈 등을 선택하여 학습자들에게 제시하고 이에 관하여 생각을 전개하고 토론하면서 학습자의 전이해를 드러내게 한 후 성서본문으로 들어갈 수 있다. 위와 같은 본문(막10:13-16)을 선택할 경우 이와 관련된 테마, '겸손', '어린이와 천국' 혹은 '하나님의 나라'와 같은 문제를 선택하여 이를 학습자들에게 제시하고 그에 관하여 질문과 토론을 유도한 후 마지막으로 성서텍스트를 소개하는 것으로 갈 수 있다. 학습자의 삶으로부터 시작할 경우의 활동들을 단계적으로 제시해 보면 다음과 같다:

① 성서본문과 연관하여 학습자의 삶과 관련된 테마나 갈등, 문제 선정(교사)
② 선택된 문제를 표현할 수 있는 매체(이야기, 영상, 그림, 드라마, 기사, 수필, 에세이) 선택(교사)
③ 매체 제시를 통한 문제제기(교사와 학생)
④ 제기된 문제에 관한 질문과 토론(교사와 학생)
⑤ 학습자의 현실과 관련한 토론(교사와 학생)
⑥ 관련된 성서의 본문 소개(교사와 학생)

성서로부터 시작하든, 학습자의 삶으로부터 첫 번째 단계인 "지평 드러내기"의 단계는 학습자들이 자신의 상황과 전이해에 대한 분명한 그림을 그리며, 자신들의 언어로 분명하게 표현할 수 있도록 하는 것에 목적이 있다.

2단계: 지평발견하기 – 성서본문 탐색하기

2단계의 "지평발견하기"는 성서에 나타난 지평을 탐색하고 발견하는 단계이다. 1단계에서 학습자의 전이해를 드러내는 것이 마무리되면, 이제 2단계에서는 성서 본문으로 들어가 본문 자체를 탐색하게 되는 것이다. 여기에서는 소위 거리두기를 통한 성서의 탐색과 주석(exegesis)이 시도된다. 성서본문 자체를 자세히 탐구하고, 그것으로부터 학습자의 이해와 다른 것들을 발견해 보는 단계이다.

① 본문의 단어, 문법, 구조, 장르, 문맥들을 살피도록 지도한다.
② 성서의 여러 다른 번역본들을 읽고 대조하면서 읽도록 돕는다.
　공관복음의 경우 관련된 다른 복음서들을 대조하며 읽도록 한다.
③ 문헌비평과 관련된 질문을 제기하고 답을 탐색하도록 한다.
　"이 본문은 어떤 종류의 본문인가?"
　"이 본문의 문맥과 콘텍스트는 무엇인가"
　"이 본문은 어떻게 전개되고 있는가"
　"본문의 핵심적 단어나 구절은 무엇인가?"
　"그 단어는 이 본문에서 어떤 의미로 쓰였는가?"
　"이 본문은 앞뒤의 문맥에 어떤 영향을 미치며, 또한 받고 있는가?"
　"본문과 관련된 성서의 다른 본문들과 비교해 보았을 때
　　유사성과 상이성은 무엇인가?"
　"본문과 관련된 당시의 특별한 관습이나, 관련된 역사적 사건,
　　배경들이 있는가?"
　"성서기자가 이 본문을 썼던 핵심적 의도는 무엇이었을까?"
④ 앞의 탐색을 바탕으로 본문의 내용을 다시 탐구하고 정리해 보도록 한다. 본문의 핵심적 관점과 내용, 나타나는 메시지를 재구

성해본다.

막 10:13-16의 본문의 예를 들자면, 다음과 같은 질문을 구성할 수 있다.

마 19:13-15	막 10: 13-16	눅 18:15-17
13그 때에 사람들이 예수께서 안수하고 기도해 주심을 바라고 어린 아이들을 데리고 오매 제자들이 꾸짖거늘 14예수께서 이르시되 어린 아이들을 용납하고 내게 오는 것을 금하지 말라 천국이 이런 사람의 것이니라 하시고 15그들에게 안수하시고 거기를 떠나시니	13사람들이 예수께서 만져 주심을 바라고 어린 아이들을 데리고 오매 제자들이 꾸짖거늘 14예수께서 보시고 노하시어 이르시되 어린 아이들이 내게 오는 것을 용납하고 금하지 말라 하나님의 나라가 이런 자의 것이니라 15내가 진실로 너희에게 이르노니 누구든지 하나님의 나라를 어린 아이와 같이 받들지 않는 자는 결단코 그 곳에 들어가지 못하리라 하시고 16그 어린 아이들을 안고 그들 위에 안수하시고 축복하시니라	15사람들이 예수께서 만져 주심을 바라고 자기 어린 아기를 데리고 오매 제자들이 보고 꾸짖거늘 16예수께서 그 어린 아이들을 불러 가까이 하시고 이르시되 어린 아이들이 내게 오는 것을 용납하고 금하지 말라 하나님의 나라가 이런 자의 것이니라 17내가 진실로 너희에게 이르노니 누구든지 하나님의 나라를 어린 아이와 같이 받아들이지 않는 자는 결단코 거기 들어가지 못하리라 하시니라

✷ "본문에 나타난 단어들, 문법, 구조, 문맥들을 살펴보자."
✷ "본문의 장르는 무엇인가?"
✷ "본문에 나타난 인물들이 누구이고, 그 인물들의 활동과 그 활동을 통한 그들의 특징을 기술해 보자"
✷ "다른 복음서에 나타난 사건과 비교해 보면서 같은 곳과 다른 곳을 찾아보자"
✷ "각 본문이 위치해 있는 복음서 안의 콘텍스트는 무엇인가?"
   "그 차이는 무엇인가?"

※ "각각의 본문에서 강조하고 있는 것은 무엇인가?"
※ "마태복음의 본문에 마가복음과 누가복음에는 있는 것이 빠져 있는 이유는 무엇일까?"
※ "마가복음에서 특별히 예수님이 노하셨다고 하는 것을 강조하는데, 예수님이 노하셨다는 표현이 나타나는 복음서의 다른 구절을 찾아 비교해 보자."
※ "사람들은 어린아이를 왜 예수께 데려왔을까?"
  "어린이를 안수하는 것과 관련된 유대의 풍습은 무엇인가?"197)
※ "제자들이 어린 아이를 꾸짖은 이유에 관련된 유대의 전통이나 풍습이 있는지 살펴보자"
※ "예수님 당시 이스라엘 주변 나라들에서 나타나는 어린이 이해와 이스라엘 사람의 어린이 이해를 찾아 비교해 보자."
※ "예수님이 어린이를 지적하며 하나님의 나라가 이런 자의 것이라고 한 이유는 무엇인가?"
※ 이에 대한 답을 줄 수 있는 성서의 다른 본문을 참고해 보자"
※ 예수님이 어린이에게 하나님 나라를 약속하고 있는 것은 어린이의 속성 때문인가? 아니면, 하나님 나라의 속성 때문인가?"
※ "하나님의 나라를 어린아이와 같이 받든다는 것은 무슨 의미인가?"
  "받들다는 의미가 쓰이는 다른 성서의 구절을 살펴보자."198)
※ "본문에 의하여 나타나는 하나님 나라는 어떤 나라인가?"
※ "예수님께 오는 것을 금하는 것과 하나님 나라와의 관계는 무엇인가?"
※ "이제 예수님이 제자들에 대하여 노하였던 이유를 다시 생각해 보자."199)

---

197) H.R Weber, Jesus und die Kinder, 양금희 역, 「예수님과 어린이」, (장로회신학대학 출판부, 2000) I장과 부록을 참고하여, 이에 관한 수업자료를 준비할 수 있다.
198) 받든다는 것은 맞아들인다는 뜻이다. 어린아이가 부모가 주는 것을 의심 없이, 계산 없이 그대로 받는 것 처럼 빈손으로 손을 뻗쳐서 도움을 받아들이고, 그 것에 온전히 의존해 있는 것, 그것에 자신을 온전히 의탁하는것을 의미한다. 어린아이와 같이 하나님 나라를 받든다는 것은 빈손을 열어서 도움에 전적으로 의존하듯 하나님 나라를 맞아들이는 것을 의미한다. 참고, 「예수님과 어린이」, P. 53이하.
199) 예수님은 하나님 나라를 위하여 오셨고 하나님 나라는 그의 사역의 핵심이다. 다시 말하면 예수님께 오는 것은 하나님 나라에 속하는 것이고, 하나님의 나라가 확장되는 것이다. 그런데 제자들이 이를 막았다. 예수님이 노하신 것은 단순히 어린이에 대한 태도 뿐만 아니라 예수님께 옴으로써 하나님나라에 들어가는 것이라는 하나님 나라의 가장 핵심적인 것이 저해되는 것에 대한 분노라고 할 수 있다. 그의 노하심은 하나님 나라에 대한 거룩한 분노였다.

✽ "위의 탐구들을 바탕으로 해서 보았을 때 이 이야기의 핵심 되는 단어인 예수님, 어린이, 하나님 나라 제자, 간의 관련성에 관하여 생각해 보고, 이로부터 본문의 핵심 되는 메시지를 정리해 보자."

3단계 : 지평 비교하기
 - 학습자의 전이해와 본문의 지평을 비교하기

3단계인 "지평비교하기"는 1단계에서 명료화하였던 학습자의 지평과 2단계에서 탐구한 본문의 지평을 비교하면서, 학습자의 전이해를 수정하는 단계이다. 1단계에서 성서로부터 출발하였든지, 학습자의 삶으로부터 출발하였든지, 학습자가 가지고 있었던 전이해를 2단계의 탐구내용과 비교해 본다.

① "본문을 탐색하면서 지평 드러내기에서 가졌던 생각과 다른 내용을 발견하였나?"
② "본문 탐색을 통하여 바뀌게 된 생각은 무엇인가?"

이 경우 보다 구체화된 비교를 위해서 1단계에서 던졌던 질문을 다시 던질 수 있다:

✽ "제자들은 왜 어린이를 데리고 온 사람들을 꾸짖었을까?"
✽ "예수님이 제자들의 행동에 노하신 까닭은 무엇일까?"
✽ "왜 하나님의 나라가 어린이와 같은 자의 것이라고 생각하는가?"
✽ "하나님의 나라가 나의 것이 되기 위해서 나는 무엇을 해야 한다고 생각하는가?"

여기에서 한 대답들과 1단계에서 했던 대답을 비교하면서, 어떻게 생각이 바뀌게 되었는지 비교 할 수 있다.

학습자의 삶으로부터 시작했을 경우에도 같은 질문을 던질 수 있다:

✻ "본문을 탐색하기 전에 가졌던 '겸손'에 대한 생각과 본문을 탐색한 후 바뀐 '겸손'에 대한 현재의 생각의 차이는 무엇인가?"
✻ "어린이와 천국 간의 관계에 대한 생각은 본문을 탐색 후 어떻게 달라졌는가?"
✻ "본문의 탐구는 하나님 나라에 대한 생각을 어떻게 바꾸었나?"

4단계: 지평융합하기 – 성서의 지평과 학습자의 지평 융합하기

4단계의 "지평 융합하기"는 성서 본문의 지평과 세계기획을 나의 지평이 되도록 융합하는 단계이다. 성경본문의 지평과 학습자의 지평이 만나는 것은 성경본문에 관한 객관적 관찰이나 논리적 탐구에 의해서만이 아니라, 상상과 만남 도약과 같은 해석학적 상상력이 요구되는 단계이다. 이 단계는 인간의 이성과 오감으로만이 아니라 불연속적 도약을 가능케하는 초월적 지혜와 계시적 상상력이 요청된다. 따라서 이 단계는 학습자에게 해석학적 상상력이 불러일으켜 질 수 있는 학습의 경험을 제공해야 한다.

❶ 성경 안으로 들어가기

이 단계에서는 학습자가 성서의 본문 안으로 들어가 성경의 이야기를 개인적으로 체험하도록 함으로써, 성서의 이야기가 학습자의 내면으로 깊이 있게 들어가 만나게 하는 것이 목적이다. 이야기(narrative) 형식으로 된 본문인 경우 이야기 안에 나타나는 인물 중 한 사람의 입장이 되어 상상력을 사용하여 그 이야기를 다시 한 번 재현해 보도록 하거나, 이야기 속에서 자신이 동일시하고 싶거나 자신과 가장 가깝게 느껴지는 인물이 되어 사건을 상상 속에서 재구성 해볼 수 있다. 시나 문학작품의 경우 시의 내용을 침묵과 묵상 속에서 깊이 있게 새기며 학습자에게 마주쳐 오는 통찰이나 느낌을 내면화할 수 있다. 예술 활동이나 창작활동들이 학습자를 성경 안으로 들어가게 하기 위한 통로로 사용될 수 있다. 변형시키는 영적 힘이 동반되어야하는 해석적 단계이다.

막 10:13-16의 예를 다시 들어보면, 학습자들에게 상상력을 사용하여 어린이나, 제자들, 예수님, 혹은 어린이들을 데리고 온 사람들의 입장이 되어 사건이 일어난 현장으로 들어가 사건을 다시 경험하도록 격려한다. 그곳에서 무슨 일이 일어났는지, 사건이 진행되는 동안 무엇을 느꼈으며, 내 안에서 일어난 변화는 무엇인지를 표현해보고, 참가들 간에 서로 나눌 수 있다.

❷ 성경이 학습자에게 들어오도록 하기

성서의 지평과 학습자의 지평 간의 융합을 위해서는 학습자가 성서 안으로 들어갈 수도 있지만, 역으로 성경이 학습자 안으로 들어오도록 할 수도 있다. 학습자 안으로 성서 본문을 받아들이고, 이 빛으로 자신을 살펴보도록 하는 것이다. 이것이 보다 구체적으로 일어나도록 하기 위하여 학습자 내부에서 성서본문과 마주치는 요소들을 찾아내고, 이를 성서적 입장에서 생각해 보게 하는 것이다. 성서에 나타난 세계기획을 통해서 자기 이해를 새롭게 하고, 변형이 일어나도록 인도하는 과정이다. 성서에 나타난 인물이나 요소들에 비추어 자신을 반추해 보고, 말씀의 변형시키는 힘에 자신을 맡기는 과정이다.

예를 들어 막 10:13-16의 경우 "내 안의 어린이는 누구인가?", "내 속의 제자는 누구인가?" 와 같은 질문을 던질 수 있다. 앞의 2단계 본문의 탐구를 통해서 학습자들은 본문 안에서 '제자들'은 하나님 나라의 본질을 깨닫지 못하고, 더 나아가 예수님이 추구하였던 하나님 나라에 대한 관심이 없었던 사람의 한 유형이고, '어린이'는 온전히 타인의 도움에 의존해 있는 존재로서 하나님 나라를 빈손을 들어 받아들이는 사람의 유형이다. 학습자 안의 이러한 두 모습은 어떤 모습인지를 생각해 보도록 하고, 그것을 통해 학습자의 자아이해를 새롭게 하도록 인도한다. 혹은 공동체적 차원에서 "우리 공동체 안의 어린이적 요소는 무엇인가?", "공동체 안의 제자와 같은 요소는 무엇인가?"와 같은 질문을 함으로써 성서의 세계관으로 공동체를 비추어 볼 수 있다.

더 나아가 학습자와 공동체는 하나님의 나라를 세우고자 하는 예수님의 마음을 품어보도록 한다. 그 마음에 자신과 공동체의 어린이적 부분을 들어내어 놓고, 안수와 축복을 받아보고, 또 자신과 공동체의 '제자'와 같은 부분을 드러내 놓고 회개와 화해와 치유가 일어날 것을 기도한다. 변화와 변형을 간구해 본다.

5단계: 지평에 형태부여하기- 지평 실천하기

"지평에 형태부여하기"는 앞의 '지평융합'의 단계에서 학습자가 마주치고 깨달았던 성서의 세계기획이 학습자의 삶 속에서 구체적으로 형태가 부여되도록 기획하고 결단하는 단계이다. 이 단계에서 지도자는 학습자들이 어떻게 본문이 제시하는 세계기획을 자신들과 공동체의 삶 속에서 구체적으로 나타낼 수 있겠는지를 생각해보도록 격려하고, 이를 함께 나누고, 기획하고, 행동에로 옮기는 결단과 이를 축하하는 예식을 할 수 있도록 격려한다.

❶ 숙고하기 – 학습자들과 공동체가 본문으로부터 얻은 세계관을 어떻게 실천할 수 있는지 숙고해 보도록 한다.
❷ 기획하기 – 학습자들과 공동체가 숙고된 실천의 내용을 어떻게 실행할 것인지 기획하도록 격려한다.
❸ 결단하기 – 학습자들과 공동체가 성서의 세계기획을 실천으로 옮김으로써 구체적 형태를 부여할 것을 결단하도록 한다.
❹ 축하하기 – 학습자들과 공동체가 형태부여를 축하하는 예식(예배, 기도, 찬양, 예전 등)을 함께 나눈다.

막 10:13-16의 경우 다음과 같은 활동을 할 수 있다.

숙고하기 – "나와 공동체에서 어린이와 같이 하나님을 받들게 되는 것은 무엇을 하는 것을 말하는가?"

기획하기 – "앞의 숙고하기에서 생각한 내용들을 학습자와 공동체가 구체적으로 실현할 수 있는 계획은 어떠한 것이 되겠는가?"

결단하기 – 앞의 계획들을 결단하기.

축하하기 – 결단을 축하하는 기도와 찬양 예배의 예전을 함께 나눈다.

Ⅶ. 요약 및 결론

앞에서 살펴본 대로 해석학적으로 성서를 해석하고자 하는 사람에게 성서해석의 목적은 분명하다. 성서해석의 궁극적 목적은 성서에 대한 객관적 성찰에 있는 것이 아니라 해석자와 성서의 지평이 융합되어 해석자를 변형시키는 것에 있다. 따라서 이들에게 성서비평학은 텍스트의 타자성을 담보하기 위한 해석의 한 부분으로 필수 불가결한 단계이지만, 그 자체로 해석의 완성은 될 수 없다. 또한 역으로 객관적 비평 없는 해석자의 주관적 해석은 성서의 지평이 스스로 말하도록 하는 것을 소홀히 함으로써 성서의 지평과 해석자의 지평간의 진정한 만남과 융합을 가져오지 못하는 해석자의 임의적 해석이 된다.[200] 해석학적 성서해석은 따라서 해석자의 전이해를 드러내는 것에 충실하지만, 또한 텍스트의 타자성을 인정하고 텍스트가 스스로 말하도록 함으로써 해석자의 지평과 텍스트의 지평을 명료화하는 것에 일차적 관심을 가진다.

그러나 해석학적 성서해석은 여기에 머물지 않고, 그 둘을 융합하는 것을 통해서 궁극적으로 텍스트의 세계기획이 해석자를 변형하도

---

[200] 이것은 리쾨르가 말하는 소위 "일차적 소박성"에 머무는 것이다.

록 하는 것을 목적으로 한다. 이 둘 간의 융합은 인간의 이성과 오감으로써 만이 아니라 불연속적 도약을 가능케 하는 초월적 상상력과 신적 지혜에 의존하는 사건이다. 여기에서 해석은 더 이상 해석자의 기획과 의도 및 예측을 넘어서서 초월적 상상력에 의존하지 않으면 안 되는 사건이 된다. 해석은 하나님의 계시적 힘에 의존하는 사건이고, 따라서 그것은 인지적 차원이 아니라 영적이고, 전인적이며, 하나님과의 관계적 차원을 포괄하는 사건이 된다.

이렇게 볼 때 해석학적 성서해석은 해석자의 전이해와 그에 관련된 모든 사회적 문화적 언어적 차원을 명료화할 수 있는 언어, 텍스트를 객관적으로 이해할 수 있는 모든 성서 비평적 언어, 더 나아가 그 둘 간의 융합을 담아내는 초월적 언어를 포괄하는 의사소통적 활동이다. 해석학적 성서해석이 텍스트와 해석자의 지평간의 융합을 지향하는 한, 이 세 차원 중 어느 하나도 소홀히 할 수 없는 것이다. 이것은 마찬가지로 해석학적 성서해석을 목적으로 하는 성경학습에게도 동일하게 요구되는 가장 핵심적 요소라고 할 수 있다. 해석학적 성서학습은 그것이 어떠한 모델이던지 학습자의 전이해를 명료화할 수 있는 언어와 이를 매개하는 의사소통 형태에 충실해야 하고, 또한 동시에 성서를 객관적으로 이해할 수 있는 방법들과 언어의 규칙들에 친숙하게 해야 하며, 더 나아가 텍스트와 학습자 간의 만남을 가능케 하는 불연속적 도약과 초월적 상상력의 의사소통 양식에로 개방되어 있어야 한다. 그 셋이 함께 갈 때에만 해석학적 성서학습은 학습자에게 자신이 서 있는 지평을 바로 보게 하고, 또한 성서의 지평을 분명히 이해하며, 더 나아가 성서가 스스로 말하도록 자기의 지평을 열고 변형에로 나가게 하는 통로가 되는 것이다.

3장 기독교교육이론형성에 나타난 해석학

I. 들어가는 말

II. 해석활동으로서의 기독교교육 – "Shared Praxis"모델
   1. 실천적 앎의 인식론적 배경
   2. 공유된 실천(Shared Praxis)의 요소들
   3. 공유된 실천의 활동
   4. 공유된 실천의 이론형성에 나타난 해석학

III. 전통과 변형의 통로로서의 종교교육 – Mary C. Boys
   1. 전통과 변형에로의 통로로서의 교육
   2. 종교교육에서의 성서해석의 문제
   3. 보이스의 '전통과 변형'에 나타난 해석학적 인식

IV. 전통의 해석과 변형의 과정으로서의 교육
     – 메리 엘리자벳 무어의 "전통화(traditioning)"모델
   1. 기독교교육사에 나타난 전통과 경험의 딜렘마
   2. 전통화 모형의 이론적 기초
   3. 전통화 모형
   4. 전통화 모형의 이론형성에 나타난 해석학

V. 독일어권에서 이루어진 "해석학적 종교교육"
   1. 해석학적 종교교육의 시기("Hermeneutische Phase")
   2. 문제 중심의 종교수업(Problem-orientierter Religionsunterricht)
   3. 상징 교수학(Symboldidaktik)
   4. 독일어권의 해석학적 종교교육에 나타난 해석학의 의미

VI. 맺는 말 – 현대 기독교교육에 나타난 해석학의 역할과 기능
   1. 성서해석과 수업모델의 이론적 기초
   2. 기독교교육에 대한 통전적 안목 형성
   3. 기독교교육학의 학문적 성격 규명

기독교교육 이론형성에 나타난 해석학

I. 들어가는 말

1장에서 우리는 현대 해석학사의 흐름을 따라 나타난 해석학의 인식론적 특징들과 이의 기독교교육적 함의를 살펴보았다. 이 장에서는 실제로 기존의 기독교교육 이론에 나타난 해석학적 접근들을 살펴보고, 이들의 이론형성에서 해석학이 어떠한 역할을 하고 있는지를 고찰해 보자. 먼저 기독교교육에 나타난 해석학적 접근의 다양한 이론들을 소개하고, 이를 바탕으로 그들 간에 나타나는 유형적 특징 및 유사성과 상이성들을 살펴본 후, 기독교교육의 이론형성에서 나타나는 해석학의 역할을 평가해 보고자 한다.

II. 해석활동으로서의 기독교교육
   - "Shared Praxis" 모델

해석학을 종교교육 이론의 핵심적 근거로 전개하고 있는 대표적 연구의 하나로 토마스 그룹(Thomas Groome)이 1980년에 출간한 「기독교적 종교교육」201)을 들 수 있다. 그는 이 책에서 해석학적 접근을 토대로 하는 기독교교육의 실천적 모델을 제시한 바 있는데, 이른바 "공유된 실천(Shared Praxis)"의 모델이 그것이다.

1. 실천적 앎의 인식론적 배경

토마스 그룹의 "공유된 실천"이 해석학적 전제에서 시작되었다는 것은 그가 이 모델을 제시함에 있어서 소위 "실천적 앎"이라는 인식론적 질문과 더불어 시작하고 있다는 점에서 잘 나타난다. 그는 먼저 성경적 앎의 원리는 단순히 객관적 지식의 개념이 아니라 인격적 관계와 참여적인 지식의 개념이라고 하는 점을 밝히고 있다. 구약의 야다라는 개념이나 신약의 기노스케인(γιωσκειν)과 에이데나이(ειδεναι)와 같은 단어들은 모두 행함, 사랑, 믿음, 복종 등의 개념이 함께 포함되어 있는 앎의 개념이었지, 인간의 삶과 무관한 객관적 지식의 개념이 아니었다는 것이다.202) 다시 말하면 성서적 앎은 "관계적이고(relational)", "경험적이며(experiential)", "성찰적(reflective)" 앎의 차원을 가지고 있다는 것이다.

그는 그러한 성서적 앎의 특성에로의 변화가 기독교교육의 역사에서도 감지되고 있다고 하였다. 코메니우스, 로크, 루소, 페스탈로찌와 프뢰벨, 듀이와 같은 학자들 뿐만 아니라, 피에르 바빈, 가브리엘 모란, 제임스 마이클 리, 쉐릴, 컬리, 밀러와 와이코프 등의 학자들에게서 "실천적이고 성찰적이며, 관계적이고 경험적 앎"의 방법으로의 변

---

201) Th. Groome, *Christian Religious Education*, (Sanfrancisco, Harper & Row Publishers, 1980), 이기문역, 「기독교적 종교교육」(한국장로교출판사, 1983)
202) Th. Groome, 앞의 책, 141이하.

천이 읽혀진다는 것이다.203)

그의 "공유된 실천"은 바로 이와 같은 "관계적, 성찰적, 경험적 앎"을 추구하는 모델인데, 그것은 기독교적 종교교육이 "과거와 현재, 미래를 긴장관계 가운데서 유지하면서, 자유케하는 살아있는 신앙을 육성하며, 기독교공동체와의 창조적 관계를 촉진시키는 앎의 방법을 요청"하기 때문이라는 것이다.204) 기독교의 전통과 현재, 그리고 미래를 연결시킬 수 있는 앎이나, 사람을 자유케 하고, 삶으로 살아지는 신앙을 육성하는 앎, 그리고 신앙공동체와 창조적 관계를 형성하게 하는 앎이라 함은 말 그대로 관계적이고 실존적이며, 경험적이고 성찰적 앎이라고 하는 인식론적 전제 없이는 불가능하다는 것을 알 수 있다. 그의 공유된 실천의 인식론적 기반은 주체와 객체를 구별하는 고전적 인식론이 아니라, 앎과 삶, 이론과 실천을 순환관계 안에서 보며, 인격의 변형과 행동의 변화로 연결되는 앎이라는 해석학적 인식론이라고 할 수 있다.205)

이를 설명하기 위해서 토마스 그룸은 실천적 앎에 대한 "철학적 근거"들을 제시하고 있다.206) 그는 아리스토텔레스로부터 그리스의 주지주의와의 갈등, 헤겔, 마르크스, 하버마스, 파울로 프레이리에 이르기까지에 나타난 실천적 앎, 즉 "프락시스(praxis)" 개념을 고찰하였다. 이 과정에서 그는 이론과 실천 간의 상호연관성, 앎과 삶 간의 불가분리성을 각각의 사상가들로부터 설명하였다. 결론적으로 그는 그러한 "실천적 앎"이야말로 성서적 앎을 촉진시키는 앎이고, 이론과 실천 사이의 통일성을 유지시키는 앎이고, 더 나아가 해방과 인간 자유

---

203) Ibid., 145이하.
204) Ibid., 149.
205) 참조, 이규호, 「앎과 삶, 해석학적 지식론」.
206) Th. Groome, Ibid., P. 153이하.

를 촉진하는 앎이기에, '실천적 앎'이 그가 추구하는 '기독교적 종교교육'의 인식론적 근거이자, 추구하는 바라고 하였다.

2. 공유된 실천(Shared Praxis)의 요소들

앞에서 살펴본 바와 같은 해석학적 인식론의 기초 위에서 그룹은 "공유된 실천"의 모델을 제시하면서 이를 정의하기를: "공유된 실천을 통한 기독교적 종교교육은 생동적인 기독교신앙의 목표를 향하여 기독교이야기와 비전의 조명 아래서 현재의 행동에 대한 비판적 성찰을 대화를 통하여 나누는 기독교인들의 모임"이라고 정의하였다.[207] 그는 이와 같은 정의에 연이어 이 정의에 나타난 단어들 즉 '현재의 행동', '비판적 성찰' '대화', '기독교이야기', '비전'을 세부적으로 설명하였다.

1) 현재의 행동

"현재의 행동(present action)"이란 우리의 세계에 대한 모든 활동 및 행동을 포함하는 전인적 참여를 의미한다. 여기에는 개인적, 대인관계적, 사회적 차원의 삶에 관련된 모든 물리적, 정서적, 지적, 영적 활동이 포함되며, 그런 의미에서 모든 종류의 인간 활동을 다 포함한다고 할 수 있다.[208] 현재의 행동은 자아의 행동으로 나타나지만, 개인적 자아의 행동이란 그 자아가 속하는 사회적 상황과 연결되어 있고, 따라서 전체의 사회문화적 상황에 속하는 규범들, 법들, 기대들, 이데올로기들, 구조들 전통들이 내적으로 연결되는 그러한 행동이라고 할 수 있다. 따라서 현재 행동에 대한 비판적 성찰에는 앞에 열거한

---

207) Ibid., P. 184.
208) Ibid., P. 185.

모든 측면들이 그 대상이 된다고 할 수 있다. 또한 현재라고 하는 시간성은 단순히 현재가 아니라, 과거의 것들의 현재와 미래의 것들의 현재가 포함되는 개념이다. 우리의 현재의 행동은 과거의 결과이면서 미래의 조성자이기 때문이다.

2) 비평적 성찰

"비평적 성찰"은 단순히 추상적인 사고를 지칭하는 것이 아니라, '비판적 추론(reason)'을 비롯하여 '비판적 기억' 그리고 더 나아가 '창조적 상상'까지도 포괄하는 활동이다. '비판적 추론'은 현재를 분명히 직시하도록 시도하는 활동으로, 우리가 일반적으로 분명하다고 받아들이는 것조차도 그 밑을 파고 들어가는 일종의 "명백한 것에 대한 방랑자"가 되는 단계라고 할 수 있다.

둘째 단계인 "비판적 기억"의 단계에서는 현재 행동의 개인적 사회적 원천을 우리의 의식으로 소환하여 상기하는 과정이다. 그러나 단순한 회상이 아니라, 비평적으로 기억하여 현재 안에 있는 과거의 굳어진 껍질을 깨뜨려냄으로써 그것이 현재를 좌지우지하는 것을 저지할 수 있는 단계라고 할 수 있다. 망각된 과거는 현재를 무의식적으로 지배하며 더 나아가 미래를 형성하는데 있어서 우리의 자유를 제한한다. '기억(remembering)'은 우리의 현재의 사회적 생활 속에서 그 원천에 대하여 다시(re-) 멤머가 되는 것(membering)을 의미한다.[209] 그를 통하여 우리는 우리 자신의 이야기를 알게 되고, 우리 자신의 구성적 앎, 즉 우리의 세계에의 참여로부터 생기는 앎을 명명하게 된다.

세 번째 "창조적 상상"은 비평적 성찰에서 반드시 요청되는 단계인데, 우리가 현재와 과거 양자를 검토할 때도 요청되지만 특별히 미래

---

209) Th. Groome, Ibid., P. 186.

를 예정하기 위해서 필요하다. 창조적 상상은 현재와 과거와의 관계성 속에서 미래에 목적성을 부여하는 활동이다. 따라서 그것은 현재로부터 미래를 보며, 예측된 미래를 위해 현재를 형태 짓게 되는 활동이다.

추론, 기억 그리고 상상의 세 단계는 현재와 과거 그리고 미래를 서로 연결시키는 활동이고, 합리적, 정서적 사고 모두와 관계하는 활동이고, 또한 동시에 하나님의 활동과 성령의 분별의 은총이 함께하는 사고의 과정이어야 한다.

3) 대화

대화는 '공유된 실천'의 실제가 이루어지는 통로이다. 대화는 공유된 실천의 모든 과정에서 이루어져야 하는 것으로, 자아 즉 우리 자신의 이야기와 비전과의 대화, 다른 사람과의 나눔, 또한 기독교 이야기와 비전과의 대화를 모두 포함한다. 대화란 표현하고 듣는 두 개의 본질적인 행동으로 이루어져 있는 활동이지만, 이것은 단순히 토론이 아니다. 대화는 그 속에서 대화자들의 단합된 성찰과 행동이 언급되고, 변형되어야 할 세계에 대하여 언급되는 만남이기 때문에 소모적 상호 교환이 아니라, 공동의 진리를 찾아가는 활동이다. 그래서 그룹은 프레이리의 말을 인용하여 대화는 사랑과 겸손, 신앙과 희망이 근본적으로 요청되는 활동이라고 하였다. 뿐만 아니라 대화는 참가자와 공동체와 전통과의 만남 뿐 만이 아니라 하나님과도 이루어져야 하는 활동이라고 하였다. 참가자들은 자신의 이야기와 비전들을 기독교의 신앙전승과 비전 사이에서의 대화를 통하여 응답과 변형을 이끌어내는 과정에 동참하여야 한다.

그 이름에 이미 나타난 대로 '공유된 실천'은 서로 공유하고 나누는 실천이고, 따라서 대화는 공유된 실천의 가장 핵심적 통로이다. 자아와의 대화, 다른 사람과의 대화, 기독교 전승과의 대화로 공유된 실천은 과거와 현재와 미래를 연결하고, 전통과 현재를 연결하며, 앎과 삶을 연결시킬 수 있는 연결의 고리를 찾아가는 실천이다.

4) 기독교의 이야기

'기독교이야기'는 기독교의 신앙전승 전체를 의미한다. 여기에는 성경뿐만 아니라, 해석들, 경건한 관습들, 성례전, 상징, 예전, 축일, 공동체적 구조와 모든 삶의 양식들이 포함된다. 기독교적 삶은 공동체 속에서 이 이야기를 기억하고, 재현하고, 해석하고, 축하하고, 기념하는 것을 통해서 이루어진다. 성찬과 예배, 말씀선포, 교육, 공동체의 나눔, 상징 등 모든 것은 예수님의 이야기와 하나님 백성의 이야기를 기억하고 재현하는 것이고, 그를 통하여 기독교인과 교회는 자신들의 정체성을 확립해 가는 것이다.

그룹은 기독교의 이야기를 대문자 "Story"로 표현하고 있는데, 이 대문자의 이야기는 하나님이 그의 나라와 그의 백성의 이야기를 통해서 지속적으로 완성시켜가는 이야기라고 하였다. 따라서 우리의 이야기인 소문자 "story"는 대문자 Story와의 연속성 속에서 형성되어야 하고, 그런 의미에서 기독교의 Story는 우리의 삶과 신앙공동체의 story를 변형시키는 이야기가 되는 것이다.

5) 비전

그룹은 비전을 "하나님이 기독교 이야기 속에 제시하신 약속"이라고 정의하였다. 기독교의 이야기는 하나님의 약속인 비전을 담고 있다는 말이다. 그런 의미에서 이야기와 비전은 서로 뗄 수 없는 관계에 있다.

그룹은 기독교비전과 기독교 이야기 사이를 분리할 수 없다고 보았지만, 또한 그 사이에 미묘한 차이가 있음을 지적하고 있다. 기독교 이야기는 기독교 비전을 담고 있지만, 기독교 이야기 자체는 아직 완성된 이야기가 아니라, 완성을 향하여 지속적으로 쓰여져야 하는 이야기라고 하였다. 그것이 바로 기독교의 이야기가 공동체 안에서 성찰과 참여를 통해서 만나지고, 또한 실천을 통해 완성에로 나아가야 하는 이유이다. 그룹은 기독교의 이야기는 완성을 위하여 나아가는 과정에 비평적으로 재해석되어야 하고, 또한 지속적으로 변화되며, 재천명되는 이야기이기 때문에, 특정 버전(version) 하나만이 절대적인 것으로 강요되거나 주입되는 것은 바람직하지 않다고 하였다. '공유된 실천'은 따라서 이야기가 지속적으로 쓰여지고 재해석되는 통로라고 할 수 있다.

그룹은 특별히 기독교 비전을 설명하면서 이를 한 마디로 "하나님의 나라"라고 하였다. 이 비전을 담고 있는 기독교 이야기도 따라서 '하나님 나라 이야기'라고 할 수 있다는 것이다. 이 하나님 나라 비전은 하나님 나라 이야기에 들어있는 하나님의 약속이지만, 이것은 동시에 그 나라의 이야기에 대한 우리의 응답이기도 하다. 따라서 하나님 나라의 비전과 만나는 우리는 하나님 나라 이야기를 완성하는 일에 동참함으로써 그에 응답하여야 한다는 것이다.

6) 현재의 변증법적 해석학

그룹은 '공유된 실천'의 정의를 세부적으로 설명하면서, 정의에 나타난 현재의 행동과 기독교이야기, 비전, 비판적 성찰 등의 용어들을 설명 한 후, 정의에는 나타나고 있지 않은 용어인 "현재의 변증법적 해석학(present dialectical hermeneutics)"이라는 제목으로 마무리를 하고 있다.[210]

---

210) Ibid., P. 195.

왜 그런가? 그의 공유된 실천은 결국 기독교의 이야기와 비전이라고 하는 전통을 현재의 행동과의 관련성 안에서 해석하는 것이기 때문이고, 그 해석으로써만 학습자는 기독교 비전의 빛 아래서 현재의 실천을 결단할 수 있기 때문이다. 그의 '공유된 실천'은 과거와 현재가 서로 지평을 융합하는 해석활동이며, 성찰을 행동과 연결하고, 앎과 삶을 연결하는 해석적 순환의 활동이며, 현재의 행동으로 기독교의 전통을 새로 쓰는 이론과 실천의 해석학적 순환 활동 그 자체라고 할 수 있기 때문이다. 또한 현재의 행동과 기독교 이야기에 관한 해석활동은 객관적인 거리두기를 통해 이루어지는 탐구활동이 아니라 해석자의 실존적 차원의 참여와 인격적 관계맺음을 포괄하는 존재론적 해석이 된다. 그 눈으로 해석자는 자신과 공동체의 과거를 의미 있는 과거로 해석할 수 있고, 그 빛 아래서 미래를 계획할 수 있게 되며, 현재의 행동을 결단하게 된다. 따라서 그에게서 현재의 시점에서 '해석'을 행한다는 것은 현재 안에 있는 과거 및 미래 모두를 보는 것이며, 그 눈으로 또한 현재를 성찰하고 실천하는 해석적 활동 그 자체라고 할 수 있다. 그런 의미에서 그는 "현재의 변증법적 해석학"이라고 하는 이름으로 자신의 '공유된 실천'을 정리하고 있는 것이다.

3. 공유된 실천의 활동

그룸은 그와 같은 전제를 바탕으로 "공유하는 실천"의 활동(movement)을 다음의 다섯 단계로 설명하고 있다[211]:

❶ 현재의 행동 – 참가자들은 중심 주제에 관한 자신들의 행동을 명명하기 위하여 초대 된다.

---

211) Ibid., P. 207-208.

❷ 비평적 성찰 – 참가자들은 자신들의 행동의 원인과 결과들을 성찰하도록 초대된다.
❸ 기독교의 이야기와 그의 비전 –지도자는 중심주제에 관련된 기독교공동체의 이야기와 그것이 요청하는 신앙적 응답을 제시 한다
❹ 기독교의 이야기와 일반 이야기들 사이의 변증법 – 기독교의 이야기와 참가자들의 이야기와의 대화 속에서 삶에 적용점을 찾는다.
❺ 기독교의 비전과 일반 비전들 사이의 변증법 – 미래를 위한 개인적 응답을 선택한다.

첫 번째 행동 단계에서 참가자들은 개인적, 관계적, 사회적 차원과 관련된 모든 물리적, 정서적 지적, 영적 영역의 행동에 관하여 생각해 보도록 초대된다. 이 단계에서 지도자는 주로 질문을 조성하여, 참가자들의 앎과 행동에 대한 표현을 끄집어내고, 그들의 사회적 상황과 공동체에서 경험하는 현재의 행동을 명명(naming) 할 수 있도록 인도한다.

두 번째 행동은 첫 번째에서 명명한 현재 행동을 비평적으로 성찰하는 단계이다. 이 단계에서 참가자들은 우리 행동의 이유와 목적에 대하여 성찰하고, 이를 통하여 자신들의 이야기와 비전에 대하여 명백하게 인식하게 된다. 이 단계에서 지도자는 앞에 설명한 바 있는 비판적 성찰의 세 단계 즉 '추론(reason)', '기억', '상상' 의 활동을 다각도로 사용할 수 있도록 노력해야 한다.[212]

세 번째 행동은 앞 단계에서 다루었던 중심주제와 관련된 기독교공동체의 이야기와 비전을 만나게 되는 활동이다. 지도자들은 기독교의 긴 역사적 순례과정을 거쳐 우리에게 이르기까지 전해진 것들을 제

---

212) Ibid., P. 211.

시하는 교리문답적인 활동을 하는데, 이 과정에서는 시청각기제나 각종 탐구과제 등 다양한 방법들이 사용될 수 있다. 주목할 것은 기독교 공동체의 이야기와 비전은 서로 다른 별개의 것들이 아니라, 이야기 속에 비전이 담겨져 있어서, 이야기를 제시할 때, 참가자들은 비전에로 초대되고, 그에 응답하도록 인도된다.

    네 번째의 행동은 삼 단계에서 살펴본 기독교의 이야기와 참가자들의 이야기 사이를 변증법적으로 해석하는 단계이다. 기독교의 이야기를 우리의 이야기들에 비추어서 생각하고, 또한 우리의 현재 이야기를 기독교의 이야기에 비추어 비판하는 과정이다. 각각의 이야기는 서로에게 무슨 의미를 지니는가? 우리의 이야기는 공동체의 이야기에 대하여 무엇을 긍정하고, 어떤 한계 안에 머물고, 어떤 한계를 넘어서 나아가야 하는가? 와 같은 물음들을 묻는다. 이 과정에서 기독교 이야기는 단순히 생각을 유도하는 역할을 하는 것만이 아니라 우리에게 위로와 도전, 격려와 변화에로 초대하는 역할을 하기도 한다. 따라서 이 단계에서 지도자는 생동적인 신앙경험을 바탕으로 하는 정보제공활동을 해야 하고, 그러할 때에만 실천적 앎을 촉진할 수 있다.

    다섯 번째 행동은 기독교의 비전과 참가자들의 비전 사이의 변증법적 해석의 단계이다.[213] 이 단계에서 참가자는 그들의 현재 행동 속에 구체화된 비전들을 하나님 나라의 비전에 비추어 비평하고, 그 비전에 대한 적절한 응답을 결단하도록 인도된다. 이 단계에서 참가자들은 "우리의 현재의 행동을 어떻게 하면 비전에 대해 창조적으로 응답하는 것인가?" "미래에 우리는 어떻게 행동할 것인가?"들을 물으면서, 신앙적 응답, 즉 기독교적 실천을 선택한다.

---

213) Ibid., P. 220이하.

4. 공유된 실천의 이론형성에 나타난 해석학

위에서 고찰한 바와 같이 그룹의 '공유된 실천'은 그 이론적 기초부터, 내용, 구체적 실천의 방법에 이르기까지 해석학과 불가분리의 관계에 있다. 먼저 그는 '공유된 실천'을 위한 이론적 배경으로 해석학적 인식론을 제시하였다. 여기에서 그는 성서적 인식 뿐만 아니라, 기독교교육의 역사에서 나타난 인식론, 그리고 철학적 인식론들을 고찰하였다. 그것으로부터 그룹은 앎이란 객관적이고 가치중립적으로 일어나는 것이 아니라, 인식하는 사람의 삶과 경험 그리고 사회적 상호작용들과 뗄래야 뗄 수 없게 연결된 순환의 관계에 있고, 그렇기 때문에 앎은 인격과 연결되고, 이론은 실천과 순환관계에 있으며, 앎은 행위와 불가분리의 관계 안에 있다는 것을 해명하였다. 따라서 그의 '공유된 실천'은 실천적 이론이라고 하는 점을 강조하였다.

그와 같은 이론적 기초 위에 그가 제시하고 있는 '공유된 실천'은 자세히 살펴보면 그 자체로 해석적 활동이라고 할 수 있다. 참가자의 현재 행동을 명명하고, 이를 비평적으로 성찰하는 것, 기독교의 이야기와 비전을 성찰하는 것, 기독교의 이야기와 현재 행동 사이의 대화, 기독교 비전에 비추어 참가자의 현재에 실천적 응답을 결단하는 것의 다섯 과정 중 어느 단계가 해석적 활동 아닌 것이 있는가?

참가자의 현재행동을 구성하는 개인적, 관계적, 사회적 상황과 그에 관련되어 있는 모든 배경들을 명명해 내는 것부터 이미 해석의 활동이거니와, 그 배경과 원인들에 대한 추론, 기억, 상상은 모두 자아와 사회에 대한 해석이다. 여기에는 물론 실존적 해석 뿐만 아니라, 비판적 거리두기를 통한 비판적 해석에 이르기까지 다측면적 해석활동이 포함된다.

또한 기독교의 이야기와 그 이야기 안에 들어있는 기독교의 비전을 발견하는 것 자체도 이미 현재의 행동이라는 관점에서 기독교의 이야기와 비전을 해석하는 활동이 된다. 뿐만 아니라 기독교 전통을 현재의 이야기와 변증법적으로 대화하는 것 또한 과거와 현재의 지평을 융합하는 해석의 활동이라고 할 수 있다. 더 나아가 기독교 이야기에 나타나 있는 기독교의 비전을 찾는 것도 해석의 활동이고, 그 비전의 빛 아래서 참가자의 과거와 미래를 구상하는 것도 해석의 활동이다.

　마지막 단계에서 참가자가 기독교의 비전에 비추어 현재에 실천적 응답을 결단하는 것 또한 이론을 실천과의 순환과정에서 보는 해석학적 순환의 활동이며, 기독교텍스트에 나타난 세계기획, 즉 '하나님의 나라'를 참가자 자신의 개념으로 '전유'하여[214] 자신을 변화시키고 행동을 변화시키는 해석적 활동이라고 할 수 있다.

　이렇게 볼 때 그룹의 '공유된 실천'은 **교육적으로 의도된 해석활동**이라고 할 수 있다. 여기에서 우리는 해석학과 기독교교육의 차이를 발견하게 된다. 해석학이 해석현상과, 앎의 현상 자체에 관하여 관심을 기울이고 있다면, 그룹은 기독교교육학자로서 교육을 어떻게 해석적 활동으로 기획하고 실천할 수 있는지를 모색하였다고 할 수 있다. 그는 해석적 인식이 기독교의 전승과 현재의 행동을 연결하고, 자아와 세계와 공동체의 과거와 현재와 미래를 연결하는 힘이 있다면, 기독교교육이야말로 이러한 인식을 일으키는 통로이어야 한다고 보았고, 이를 구체화하는 방법을 모색한 것이다. 그 과정에서 교육은 전통을 현재와 구체적으로 연결시켜 볼 수 있는 기회를 의도적으로 제공하고, 이론이 실천과 연결되도록 결단으로 인도하는 의도적이고 계획적인

---

[214] 이 개념은 리쾨르 해석학의 중요한 개념으로서, 리쾨르는 해석자가 text에 대하여 일정한 거리두기 즉 '소격화'를 통하여 텍스트 그 자체를 이해하는 해석단계를 거쳐, 텍스트가 가지고 있는 세계기획을 자신의 것으로 받아들이는 '전유'의 과정을 통하여 자기 변형을 동반하는 해석의 과정을 거친다고 하였다. 참조, 앞 장의 인식이론으로서의 해석학 참조.

통로의 역할을 하는 것이다.

그룹의 이와 같은 시도는 사실 여러 가지 측면에서 고전적 양자택일의 물음을 극복하고 서로 상이한 두 측면들을 변증법적으로 연결시켜주는 시도였다고 평가할 수 있다. 그는 우선 "전통이냐 현재의 경험이냐"에 대한 물음을 극복하고 전통과 현재를 서로 변증법적으로 연결하는 시도를 하였다. 또한 "지식중심이냐 행동중심이냐"의 이분법에 대해서도 "반성적 실천"이라고 하는 이름으로 통합시키고 있다. "개인이냐 공동체냐"의 질문에 대해서도 해석의 과정에서 그 둘이 서로 뗄 수 없는 관계에 있음을 전제하면서, 공동체의 이야기와 비전을 개인의 이야기와 비전에로 서로 연결시키는 시도를 하고 있는 것을 볼 수 있다. '공유된 실천'에서는 또한 "교사중심이냐 학생중심이냐"의 양자택일적 질문도 극복된다. 교사는 물론 기독교 전통에 익숙해야 하고, 학생으로부터 해석을 끄집어낼 수 있도록 하며, 적절한 방법을 능숙하게 구사할 수 있어야 하지만, 결코 혼자서 모든 것을 결정하거나 주도하지 않고, '대화'를 통하여 학생이 스스로 발견할 수 있도록 돕는 사람이다. 교사가 묻고, 제시하지만, 결국은 학생이 자신의 실존과 관련된 해석에 도달하고, 학생이 스스로 결단할 수 있는 구도로 가는 것이 목적이기에, 이 같은 양자택일적 질문은 극복된다.

위와 같은 점들의 배후에도 결정적으로 해석학적 인식론의 영향이 있었다고 할 수 있다. 해석학의 전통과 현재를 연결하여 보는 것, 이론과 실천, 개인과 공동체, 전체와 부분의 해석적 순환 개념이 그 둘 중 어느 하나를 택일하지 않고, 변증법적 해석을 가능케 하는 인식론적 기초가 되는 것을 볼 수 있다. 그룹의 '공유된 실천'은 해석학과 기독교교육이 만나 어떠한 이론 형성과 실천적 방향이 모색될 수 있는지를 보여준 탁월한 해석학적 모델이라고 할 수 있다.

Ⅲ. 전통과 변형의 통로로서의 종교교육 – Mary C. Boys

그룹의 「기독교적 종교교육」이 출판되었던 1980년은 종교교육을 해석학적으로 접근하는 또 한 권의 책, 즉 메리 보이스(Mary C. Boys)의 「종교교육에서의 성서 해석」215)이 출판된 해이기도 하다. 그 이후로 1983년에 메리 엘리자벳 무어(Mary Elizabeth Moore)의 해석학적 저서「기독교 교육의 새로운 모형」216)이 출판되기도 하였으니, 1980년은 해석학적 기독교교육에게 특별한 의미가 있는 해였다고 할 수 있다.

보이스의 책 「종교교육에서의 성서 해석」은 그러나 그보다 한 해 앞서 출판된 그녀의 논문 "전통과 변형에로의 접근(Access to Traditions and Transformation)"과의 관련성에서 함께 보아질 때 그 특성과 연속성이 분명히 들어난다. 그녀의 이 논문은 그녀의 해석학적 관점을 압축적으로 담고 있는 글이기 때문이다.217) 따라서 이 장에서는 먼저 그녀의 논문 "전통과 변형에로의 접근"에 나타난 기본 입장을 고찰 한 후, 그녀의 해석학적 주저인 「종교교육에서의 성서 해석」을 간단히 살펴보고자 한다.

---

215) Mary C. Boys, *Biblical Interpretation In Religious Education*, (Birmingham, Alabama, REP, 1980)
216) Mary Elizabeth Moore, *Education for Continuity & Change, New Model For Christian Religious Education*, (Nashville, Abingdon Press, 1983), 이정근, 박혜성 역, 「기독교교육의 새로운 모형」(대한기독교교육협회, 1991)
217) Mary C.Boys, "Access to Traditions and Transformation", Padraic O' Hare(edited), *Transformation and tradition in Religious Education*, (Birmingham, Alabama, Religious Education Press, 1979). 이 논문에 나타난 전통과 변형간의 관계에 관한 그녀의 입장은 후에 발표된 그녀의 글 "The Tradition as teacher: repairing the world" (Religious Education Summer90, Vol85)에도 그대로 나타난다.

1. 전통과 변형에로의 통로로서의 교육

1) 전통과 변형의 관계

　보이스는 그녀의 논문 "전통과 변형에로의 접근"에서 연구의 목적을 "전통을 전달하는 것과 세상을 변화시키는 것 사이의 생산적 긴장을 유지할 수 있는 종교교육"을 정의하는 것이라고 밝히면서 시작하였다.218) 그러면서 그녀는 기독교교육사에는 이 둘 사이의 분리를 주장하였던 극단적 두 예가 있었는데 그것이 코우(G.A.Coe)와 융만(J.J.Jungmann)이라고 하였다.

　코우는 "기독교 교육의 일차적 목적이 '종교'를 전수하는 것인가, 아니면 새로운 세계를 창조하는 것인가?"라고 물으면서, 이 물음에 답하는 두 가지 유형의 교육이 있는데, 그것이 바로 "전수하는 교육(transmissive education)"과 "창조적 교육(creative education)"이라고 하였다는 것이다.219) 전수하는 교육은 '교육이란 이미 존재하는 문화를 영속시켜야한다'는 가정 아래 실행되는 모든 정책과 실천들을 포괄하는 교육이라고 한다면, '창조적 교육'은 이와는 반대로 사회를 재건하는 것에 일차적으로 참여하는 것을 전제로 하는 교육이라는 것이다. 사회복음화 운동에 참여하였던 사람으로서 코우는 물론 후자, 즉 '창조적 교육'을 주창하면서, 기독교교육의 목적은 "어린이들에게 크리스천이 알아야 할 것들을 가르치는 것도 아니요, 교회의 일원이 되도록 준비시키는 것도, 그들의 영혼을 구원하는 일도, 진리를 강요하는 것도 아니라, 성장 세대들을 '신의 민주주의'에 효과적으로 헌신하는 데까지 성장하도록 하며, 또한 그곳에서 행복한 자기성취를 이루

---

218) Mary C.Boys, Ibid., P. 10.
219) J.A.Coe, "What Is Christian Education?", (New York: Scriber's, 1930), 28, Boys의 앞글에서 재인용.

도록 촉진하는 일이다"[220]라고 하였다. 그는 경험적, 과학적 방법에 심취하고, 후기 다아윈 시대의 진보적 정신에 가득차서 종교 안에서의 도그마나 신비주의를 배재하고, 권위주의적 구조를 질타하였다. 종교교육은 도그마를 다루는 것이 아니라 '가치의 변형'과 '성장'에 관계하여야 한다는 것이다. 그는 '전수하는 교육'과 '창조적 교육' 사이를 분리하는 이분법 위에서, '우리는 청소년들이 결코 비교육적인 복음주의(uneducational evangelism)에로 향하게 해서는 안 된다' 라고까지 말하였다.[221] '비교육적 복음주의'란 물론 그가 앞에서 말한 '전수하는 교육'을 의미한다.

보이스는 코우와 다른 쪽 극에 서 있는 사람으로 융만(Jungmann)을 들고 있다. 보이스는 융만의 종교교육의 목적 즉 "종교교육은 학습자가 신앙의 내용 자체를 생동적으로 이해함으로써, 영적 성숙과 독자적인 신앙생활을 하기까지 성장할 수 있도록 이끌어야 한다"는 것을 인용하면서, 융만의 입장은 "선포적 재생(kerygmatic re-newal)"에 촛점을 두는 입장으로, 코우의 사회 개혁적 입장과는 상반된 입장이라고 하였다.[222]

보이스는 코우와 융만 사이의 이와 같은 근본적 차이에도 불구하고, 이 둘 사이에는 공통점이 나타난다고 하였다. 그것은 이들이 "전통을 전수하는 것"과 "세상을 변화시키는 종교교육"을 서로 반명제적 관계에서 보고 있다는 것이다.[223] 그러면서 그녀는 그 둘은 반명제가 아니라 어느 하나도 포기되어져서는 안 되는 변증법적 긴장 관계 안에서 보아져야 한다고 하였다. 코우가 말한 전달과 창조는 서로 긴장관

---

220) J.A.Coe, *A Social Theory of Religious Education* (New York: Schribner's, 1917), 55.
221) Coe, Ibid., 182-183. Boys의 앞 글 11.
222) Boys, "Access to Tradition and Transformation", P. 12이하.
223) Ibid., P. 13.

계 안에서 함께 가야 한다는 것이다:

> "만일 종교교육이 무비판적 추종과 화석화의 함정을 피하려고 한다면, 그것은 '전달하는 것'과 변화시키는 것' 둘 다를 포기하지 않고 함께 강조하는 것이다. 그것은 고대의 상징을 지속하는 것과 새로운 가능성을 탐색하는 것, 전통의 전수와 세상의 변형 둘 다를 포기하지 않는 것이다. 전통은 뿌리와 같아서 삶의 새로운 본질이 발전되는 생동적 원천의 생명선이다. 전통은 동시에 변형이 가능하기 위하여 존재하는 것이다"[224]

보이스는 전달과 창조는 둘 다가 진리라고 인정하는 것을 넘어서서, 이 둘이 종교교육의 이론과 실천을 통해서 실제로 협력하여야 한다고 하였다. 그녀는 종교교육이 전통의 전수와 세계의 변형을 모두 변증법적 긴장관계 안에서 유지해야 한다면, 종교교육은 전통이나 변형에 하나의 통로(access)가 되어야 한다고 보았다.[225] 보이스는 앞에 서술한 바와 같은 기본 입장을 바탕으로 종교교육이 전통에게도, 변형에게도 하나의 통로가 되기 위해서는 어떠한 교육이 되어야 하는 지를 묻는다.

2) 전통에로의 접근

보이스는 먼저 종교교육이 전통에 접근하는 것에 대한 이론적 근거를 성서로부터 찾으면서, 성서 자체가 전통에로 접근하는 분명한 예를 보여준다고 하였다. 그녀는 먼저 성서신학을 통해서 밝혀진 구약성서의 내용들 속에 이미 전통의 개념이 언제나 새롭게 접근되고 생생하게 되살려지는 예를 볼 수 있다고 하였다. 이스라엘 사람들에게 중요한 의미를 가지는 '예루살렘', '벧엘', '세겜'과 같은 장소들은 이스라

---

224) Ibid., P. 14.
225) Ibid., P. 15.

엘 사람들의 역사에서 오랫동안 복잡한 과정을 거쳐서 형성된 전통의 결과이고 현재에도 중요한 의미를 갖는 장소이다. 제사장, 레위인, 예언자, 현자 등등의 그룹들과 그들의 활동도 긴 전통 형성과정 속에서 생성된 것이라는 것이다. 이스라엘 사람들의 삶 자체가 전통을 언제나 다시금 생동적으로 살아 내는 삶이라는 것을 간파하였다..

구약 성서의 형성 자체도 전통을 수용하면서 그를 변형하는 과정에서 형성되었다. 보이스는 폰라드를 인용하여, 구약의 예언자들은 다양한 전통의 요소들을 선택하고, 조합하고, 또한 첨삭하는 것을 통해서 그를 생생하게 재현하였던 사람들이라고 하였다.226) 이스라엘의 전통은 단순히 딱딱하고 고정된 규율들의 모음이 아니라, 이스라엘의 경험을 이야기하고, 가르치고, 정보를 주고, 조절하고, 해석하는 살아있는 생생한 기억들이었다는 것이다.

예수님도 전통을 무비판적으로 수용하지 않았다. 예수님은 막7:9에서 "너희가 너희 전통을 지키려고 하나님의 계명을 잘 저버리는도다."(막7:1, 15)라고 하면서, 전통을 하나님의 계명보다 중시하는 태도를 비판한 적이 있고, 또 "옛 사람에게 말한 바……하였다는 것을 너희

---

226) 폰라드는 이사야의 예를 들어 설명하였다. 이사야의 유명한 '구원의 예언(salvation oracle)' "두려워 말라 내가 너와 함께 함이라 놀라지 말라 나는 네 하나님이 됨이라"(사41:8-13; 14-16; 43:1-3a 등)는 이스라엘 사람들에게 야웨가 가까이 계심을 의미하는 것이다. 그런데 이 내용은 이사야가 시편의 애가로부터 가져와서 오히려 반전을 시킨 내용이라는 것이다. 애가로 쓰인 시편 22:6절에 "나는 벌레라 사람이 아니오"라는 구절은 이사야 41장 14절에 와서 "버러지 같은 너 야곱아, 너희 이스라엘 사람들아 두려워하지 말라 나 여호와가 말하노니 내가 너를 도울 것이라 네 구속자는 이스라엘의 거룩한 이이니라"(사41:14)로 변한다. 심지어 이사야는 옛것과 새것을 비교하면서, "너희는 이전 일을 기억하지 말며, 옛날 일을 생각하지 말라, 보라 내가 새 일을 행하리니 이제 나타낼 것이라, 너희가 그것을 알지 못하겠느냐 반드시 내가 광야에 길을 사막에 강을 내리니"라고 한다. 과거를 반복하는 것에서 그치지 않고, 새롭고 더 큰 미래가 이제 펼쳐질 것임을 예언한다. 이사야에게서 우리는 과거가 다시 생생하게 되고, 변화되고, 또한 삭제되는 것조차도 볼 수 있다는 것이다. 참조, G.v.Rad, Old Testament Theology II, (New York: Harper and Row, 1965)240ff. Boys, Ibid., 17.

가 들었으나, 나는 너희에게 이르노니...."라고 하면서 전통에 터하면서도, 이보다 더 나아가는 가르침을 주었다(마5:21, 27, 33, 38, 43). 예수님은 전통을 무비판적으로 수용하여 전달한 것이 아니라, 그를 변형하고 수정하여 새로운 가르침을 주었다. 이 외에도 편집비평이나, 양식비평과 같은 연구들은 전통이 어떻게 보태어지고, 변화되고 또 생생하게 다시 재현되었는지를 잘 보여주는 예이다.

그렇게 볼 때 보이스는 전통은 그것으로부터 새것이 나올 수 있는 근원이라고 하였다. 그녀는 성서의 말씀은 변화되지 않는 화석화된 진리가 아니라, 끊임없이 시대의 상황에 자신을 맞추어 온 진리였다고 하였다.[227] 다시 말하면 성서의 형성과정에서 전달과 재창조가 동시에 함께 일어났다는 것이다. 따라서 누군가가 전달과 재창조를 분리시켜 보려 한다면, 그것이 융만 같은 보수주의자로부터든, 코우와 같은 자유주의자로부터든 부적절한 것이라는 것이다.

전통에로 접근한다는 것은 보이스에게 단순히 현재의 문제를 해결하기 위하여 과거에게 명령하게 하는 것도 아니요, 그렇다고 과거를 옆으로 제쳐놓는 것도 아니다. 전통에로의 접근은 과거를 열어 보는 행위이고, 과거로 하여금 미래를 위해서 현재 속에서 말하도록 하는 행위인 것이다.[228] 전통이란 바로 우리가 '나와 너'의 관계 속에서 만나고 그와 우정을 갖게 되는 우리의 대화파트너인 것이다. 그녀는 또한 타바드(G.Tavard)의 글을 인용하면서, "전통은 교회의 회중들에 의해 살아진, 그리고 현재에도 살고 있는 자기의식"이고, 따라서 끊임없이 구성과 재구성의 과정을 거친다고 하였다. 회중들은 과거의 기억을 미래의 신앙을 위한 규범으로서 재해석하고, 그래서 과거는 결코 최종적인 것으로 고정되는 법이 없다. 전통은 미래의

---

227) Boys, "Access to Traditions and Transformation" P. 20.
228) Ibid., P. 20.

빛 안에서 회중이 수용하는 대로 변한다. 다른 말로 하면 실천에 의하여 수정된다.

따라서 보이스는 우리가 전통의 전수를 단순히 교화(indoctrination)로 이해하는 것은 전통의 본질을 모르는 태도라고 하였다. 전통은 이미 끝나고 고정된 것이 아니라 끊임없이 변형되는 과정에 있기 때문에 전통의 전수행위 자체가 고정된 지식의 조각을 배달하는 것이 아니라, 전통과 만나고 전통형성에 참여하는 행위이어야 한다는 것이다. 전통은 "끝나지 않는 속성(unfinished nature)"을 갖고 있기 때문이다.

이와 관련하여 보이스는 종교교육에 대한 매우 중요한 관점을 제시한다. 종교교육은 단순히 신학이나 교회의 교리를 전달하는 것이 아니라, 교리의 구성에 참여하는 것이라는 것이다. 종교교육은 신앙공동체의 전통형성 과정에 참여하는 행위이기 때문이다.229) 보이스는 이와 아울러 종교교육은 특별히 "다리를 놓는" 기능을 할 수 있다고 하였다:

> "종교교육은 특수한 중재적 기능을 가진 영역으로 보아질 수 있다. 그것은 신학자와 목사, 목사와 회중, 신학자와 일반인, 신학자와 교육자 등의 사이에서 다리를 놓는 기능을 하기에 가장 적합한 능력을 가졌다. 따라서 종교교육자는 교회적 언어와 교육적 언어 둘 다를 쓸 필요가 있다."230)

이를 통해서 보이스는 종교교육은 종교를 전수하고, 새로운 세계를 창조하는 두 가지의 일, 전통을 전수하고 그를 재창조, 재구성하는 두 가지의 일에 모두 참여하는 것이라고 하였다.

---

229) Ibid., P. 22.
230) Ibid.

3) 변형에로의 접근

종교교육은 전통에로도 접근해야 하지만, 동시에 변형에로도 접근해야 한다. 보이스는 종교교육이 변형에로 접근해야 한다는 것은 "전통이 행동으로 살아지는 것을 말한다"고 하였다.[231] 전통은 하나님과 이웃과의 관계 속에서 생명력을 유지한다. 이야기들과 말씀들은 세대에서 세대로 전해지면서 은혜를 끼치고, 그렇게 행동으로 옮겨졌다. 실천자체 속에 전통의 보존이 일어나는 것이다.

이와 같은 변형에로의 접근도 보이스는 성서에서 그 근거를 찾을 수 있는데, 성서적 앎은 행동 없는 앎이 아니었다는 것을 증명해 준다고 하였다. 하나님을 안다는 것은, 그의 뜻을 행하는 것이다. 또한 우리가 잘 아는 구약성서의 "야다"라는 단어도 '알다'는 의미와 '성적으로 친밀한 관계를 맺다'는 의미를 모두 내포하고 있다. 다시 말해서 성서에서는 아는 것과 행하는 것이 함께 가는 것이라는 점을 말해준다는 것이다. 그런 의미에서 전통을 알게 하는 종교교육의 과제는 곧 전통을 살게 하는 과제와 함께 묶여 있을 수밖에 없다는 것이다. 따라서 변형에로의 접근은 필연적으로 전통에로의 접근과 함께 갈 수 밖에 없다는 것이다.

이와 연관성 속에서 보이스는 예수님의 비유적 가르침도 "우리를 괴롭히고, 놀래키고, 직면하게하면서도, 그것을 들을 귀가 있는 자들에게는 새로운 의미를 열어줄 뿐만 아니라, 그들의 삶에서 스스로 결정하고 선택하도록 이끌어간다"고 하였다. 예수님의 비유적 가르침은 우리를 상상에로 인도한다. 비유는 하나의 의미가 고정되어 있는 것이 아니라, 끝나지 않은 세계에로 지속적으로 새롭게 자신을 연다. 따라서 비유는 지시적이기 보다는 상상적이고 암시적이다. 상상을 통해서

---
231) Ibid., P. 23.

우리는 전통과의 대화 안에로 들어가고, 그를 통해서 자유로운 실천과 삶의 변형과정에로 들어가게 된다는 것이다.

보이스는 그녀의 글 마지막 부분에서 전통과 변형 모두에로의 접근을 위한 종교교육의 세 가지 형태를 제안하는데, '선포', '설화', '해석'이 그것이라고 하였다.232) 이 셋은 전통 그리고 변형 모두에 관련하기 때문이라는 것이다.

보이스는 이 글에서 전통과 변형의 관계를 성서적 근거로부터 해명하고, 종교교육이야 말로 그 둘 모두에게로의 통로가 되는 핵심적 과제를 가지고 있음을 역설하였다.

2. 종교교육에서의 성서해석의 문제

보이스가 앞에 살펴본 바 있는 논문 "종교교육에 있어서 전통과 변형"에 나타나는 그녀의 입장은 1980년에 출판한 「종교교육에 있어서의 성서해석」233)에서 다시 고찰된다. 이 책에서 보이스는 특별히 "구원사(Heilsgeschicte)"를 중심으로 그녀의 논지를 전개해 가는데, '구원사' 연구의 역사야말로 왜 종교교육이 '전통과 변형에로의 접근'이 되지 않으면 안 되는지를 단적으로 보여주는 장이 된다.

1) 구원사

보이스는 그녀의 책 「종교교육에 있어서의 성서해석」의 첫 두 장을 성서신학의 역사에서 구원사가 어떻게 연구되어 왔는지를 19세기부터 현대에 이르기까지 고찰하는 것으로 메우고 있다. 그녀는 호프만

---

232) Ibid., 28-29.
233) Mary C. Boys, *Biblical Interpretation In Religious Education*, (Birmingham, Alabama, REP, 1980)

(J.C.K. von Hofmann)과 폰라드(G. von Rad) 쿨만(O.Cullmann) 등에 의해 연구된 '구원사' 개념과, 특별히 카톨릭교회의 역사에서 19세기 이후로 융만(Jungman)이나 호핑어(Hoffinger)들에 의해 발전된 구원사 개념을 고찰하였다.

그녀가 방대한 성서신학적 연구들을 기초로 하여 정리한 구원사의 개념을 지나친 단순화의 위험에도 불구하고 한 마디로 정리하자면, '구원사'는 성서 자체가 내포하고 있는 성서해석의 원리라는 것이다.234) 19세기 이래 성서신학적 연구에 나타난 구원사 연구에 의하면 하나님의 구원의 역사는 구약으로부터 시작되어 점차적으로 발전하여 신약의 예수 그리스도에게서 그 정점에로 치닫는 역사로, 하나의 과정 가운데 나타난 계시의 역사이라는 것이다. 따라서 신약의 예수 그리스도 없이 구약을 해석하는 것은 불완전하고, 그런 의미에서 구원사는 성서의 "해석학적 열쇠(hermeneutical key)"라는 것이다.235)

보이스는 이와 같은 구원사의 개념은 구교와 신교 모두에게 영향을 미치면서 종교교육에 있어서의 해석학적 원리로서의 역할을 톡톡히 해 왔다고 하였다. 개신교에서 출판된 커리큘럼인 "신앙과 삶(Christian Faith and LIfe)"은 구원사를 해석학적 원리로 하여 쓰여진 대표적 커리큘럼이었다.236) 카톨릭 교회에서도 호핑어와 융만에 의해서 제창되는 구원사적 해석원리는 각국의 커리큘럼에 반영되기도 하였다.237) 1960년 중반까지 카톨릭 교회의 종교교육을 이끌어갔던 소위 '선포적 운동(kerygmatic movement)'의 배경에는 이 '구원사' 개념이 있었다는 것이다.

---

234) Boys, Ibid., 52-53.
235) Ibid., 53.
236) Ibid., 51.
237) Ibid., 62이하.

2) '구원사'의 역사에 나타난 종교교육의 특징

그러나 보이스는 60년대에 들어와서 '구원사'는 종교교육에서 그 영향력을 잃기 시작하였다가 60년대 말에는 완전히 그 대단원의 막을 내렸다고 하였다. 그 이유가 무엇인가? 보이스는 먼저 물론 신학 안에서도 원인이 있었다고 하였다. 계시에 대한 이해, 신약과 구약의 관계에 대한 재조명, 그리스도중심 기독론의 변화, 교회론과 같은 다양한 측면에서 나타난 새로운 연구동향들이 더 이상 기존 '구원사'의 개념이 60년대 이전에 미쳤던 영향만큼 강력하지 못하도록 하는 원인이 되었다는 것이다.238) 그러나 보이스는 이러한 신학적 이유로부터만 그에 대한 설명을 찾기엔 너무 약하다고 하면서, 그에 덧붙여서 문화적, 교육학적 요인들과 종교교육적 요인들을 고찰한다.

문화적 요인으로 보이스는 60년대의 우주선 '달 착륙', '핵무기개발' 등의 사건이 나타나 사람들에게 기술문명의 중요성을 각인 시키는 결과를 낳았고, 인간 정신적 측면에서는 '치료(therapy)', '인간의 잠재능력', '자유'와 같은 개념들이 중심적 개념이었다는 점을 지적하였다.239) 뿐만 아니라 이 시기에는 기술의 발달과 인간의 잠재능력에 대한 연구들의 발달에도 불구하고, '시민운동(civil right movement)', '베트남 전쟁' 등과 같은 사건들로 소요와 분규가 있었으며, 이 와중에 기존의 권위에 대한 훼손과 전통적인 종교 역할에 대한 회의가 일어났다고 하였다. 한 마디로 '위기의 시기(Age of Crisis)'였던 것이다.

교육적 요인은 어떠한가? 보이스는 이시기의 교육적 특징들을 설명 하였는바, 이 시기의 교육적 관심은 다른 무엇보다 '기술직인 깃'

---

238) Boys, Ibid., 141-205, 248-249.
239) Ibid., 202이하.

에 쏠려 있었다고 하였다. '과학교육'의 개혁, 지식의 '기본 구조'에 대한 관심240), '행동주의', '구조분석', '능력에 기초하는 교사교육', '행동주의 심리학' 등이 이시기 교육영역의 표면에 나타난 핵심적 이슈였다는 것이다. '인간의 잠재력'이라는 측면이 특별히 내면적 차원의 교육적 사고에 반영되었으며, 이를 바탕으로' 어린이의 경험, '감성', '목표들'과 같은 개념이 일선에 서 있었고, 무엇보다 "인간화 교육"의 개념이 주의를 끌었다. '개방교실', '대안학교', '내담자 중심 상담 및 교수법', '형태심리학' 또한 주의를 끄는 개념들이었다. 교육의 '정치적 성격'에 대한 관심, 현 체제(status quo)를 유지하는 도구로서의 학교제도(schooling)에 대한 비판이 대두되기도 하였고, 더 나아가 사회적, 철학적 측면에서 교육에 대한 비판적 안목이 증가되기도 하였다.

종교교육학적 요인으로 보이스는 이시기 카톨릭 종교교육 영역에서 나타난 요인들을 지적하였다. 그녀는 먼저 제임스 마이클 리(James Michael Lee)에 의해 시도된 '사회과학적 접근'을 지적하였다.241) 이 접근은 경험적 행동과학적 측면에 강조점을 두었던 당시 일반교육학적 경향을 종교교육에 연결시키는 시도였다고 하였다. 이와 같은 현상과 나란히 이 시기에는 선포적(kerygmatic) 교육으로부터 경험적(experiential) 교육으로의 전환이 일어나 인간학적 차원이 종교교육 안으로 대폭 침투해 들어왔다. 교재들은 주로 '개인적인 측면', '실존적 동기'들을 다루게 되었고, 학생 삶의 '여기와 지금'에 있어서의 계시의 의미가 관심의 전면으로 부각되었다. 이와 같은 관심은 특히 가브리엘 모란(Gabriel Moran)의 1966년 저서에 나타나는데, 보이스는

---

240) 지식의 구조는 소위 학문중심 교육과정에서 관심을 기울인 개념으로 모든 학생들을 과학의 전문가적 수준으로 이끌어가기 위한 커리큘럼 이론의 주요 개념이다.
241) Boys, *Biblical Interpretation* 231이하.

모란이 제시하는 소위 "이층 구조(double-layered system)"는 해석학적 원칙으로서의 '구원사'의 개념에 종지부를 찍는 데 결정적 역할을 하였다고 하였다.242) 보이스는 후기 모란의 저술들은 더욱 비선포적 기초로부터 전개된 것이고, 모란과 나란히 토마스 그룸의 저술도 종교교육의 재개념주의적 관점을 대표한다고 하였다.

이와 같은 고찰 후 보이스는 다음과 같은 결론을 내린다. '구원사'가 더 이상 종교교육을 떠받치는 해석적 원리로서의 의미를 잃게 된 데에는, 물론 신학적 요인도 있었지만, 폭넓은 문화적, 교육학적, 종교교육적 요소들이 훨씬 더 직접적인 요인으로 작용하였다는 것이다.243) 그렇게 보았을 때 해석학적 원칙으로서의 '구원사'가 종교교육에서 종지부를 찍게된 과정은 **종교교육이야말로 간학문적(inter-disciplinary) 성격을 띠고 있다는 것을 단적으로 증명해주는 요소**라는 것이다. 종교교육은 여러 학문들의 '**유기적 결합(configuration)**'으로서, 그 결합 속에서 특정의 신학적 접근과 교육학적 접근의 교차점 역할을 하는 것이라는 것이다.244) 그녀는 종교교육이 단순히 신학이나 교회의 교리를 위한 '전달체제(delivery system)'로서의 기능을 한다는 생각이 보편화되어 있지만, 이 생각은 종교교육의 간학문적 본질을 이해하지 못하는 생각이라고 하였다.245) 종교교육은 그녀에게서 신학과 교육학이 만날 수 있는 교차점을 제공할 수 있는 영역이라는 것이다.

그러면서 그녀는 60년대 미국의 카톨릭 종교교육이 너무 빨리 선포(kerygmatic)중심에서 인간학적(anthropological) 접근으로 넘어

---

242) Ibid., 239이하, 251이하.
243) Ibid., 252.
244) Ibid., 278.
245) Ibid.

가 버렸다고 하였다.246) 60년대 초반부터 중반까지의 선포중심의 종교교육이 '선포'만을 중시하고 '해석'은 소홀히 하였다면, 60년대 말의 인간학적 접근으로의 전환은 과거와 전통 자체를 소홀히 하는 결과를 낳았다는 것이다. 그들은 그 이전 시기의 '선포' 자리를 '대화'와 '치유' 같은 인간학적 개념으로 대치해 버린 것이다.247) '정치적' 개념, 교사와 학생에 대한 '로저스적 대화원칙'과 같은 개념들은 성숙한 '행동', '봉사' 같은 개념을 중시하는 것으로 나아갔다. 그러나 그 어디에도 개인의 해석적 기술의 촉진이나 비판적 신앙의 발달에 대한 조직적 관심은 기울여지지 않았다는 것이다.248) 그들은 전통과 과거에 대한 관심을 너무 소홀히 함으로써, 사람들이 전통에 대한 고전적 자료들을 어떻게 다루고 어떻게 공부해야 하는지를 잘 모르도록 만들었다는 것이다. 보이스는 인간학적 측면의 강조 대신 신학적으로 심도 있는 고민을 포기하였던 이 시기의 종교교육은 엄격한 의미에서 종교교육의 간학문적 성격에 충실하지 않은 결과라고 하였다.

3) 종교교육에 관한 새 정의 - "전통과 변형에로의 통로"

보이스는 다양한 이론가들의 종교교육에 대한 정의를 분석하는 결정적 기준은 그 정의가 신학과 교육학의 교차점에 의해서 형성된 유기적 결합을 나타내고 있느냐라고 하는 점이라고 하면서, 그녀 나름대로 종교교육의 간학문적 성격을 담보할 수 있는 대안적 정의를 제시하였다: "종교교육은 종교적 공동체에게 전통에로의 통로를 제공하고, 또한 전통과 변형 사이의 내적 관련성을 분명하게 하는 것이다"249)

---

246) Ibid., 281.
247) Ibid.
248) Ibid., 282.
249) Ibid., 282.

이 정의는 물론 우리가 앞에서 살핀 그녀의 논문 "전통과 변형에로의 접근"에서 정의된 종교교육 정의와 일치하는 내용이고, 연이어 그녀가 제시하는 설명도 앞의 논문에서와 거의 일치하는 내용으로 구성되어 있다.250) 그녀의 설명의 핵심은 전통에 대한 접근의 과제와 변형에 대한 접근의 과제는 서로 불가분리의 관계에 있다는 것이다. 이것은 성서 내적으로나(구약과 신약의 관계, 예수 그리스도 등), 성서신학적 연구들(편집사나 양식사 비판의 연구들)에서도 이미 증명되고 있다는 것이다. 전통은 처음부터 고정되고 화석화된 상태로 전달되어 온 것이 아니라, 다양한 시대의 다양한 신앙공동체에 의해서 재해석되고, 재활성화 되면서, 끊임없이 그 자체로 변형의 과정을 걸어왔다는 것이다. 그녀의 핵심은 **종교교육이야말로 전통의 전수와 변형의 한 가운데 서 있으면서, 전통을 전달해 주고, 동시에 전통이 변형하게 되는 통로 그 자체라는 것이다.** 흔히들 종교교육은 단순히 전통과 교리를 전달하는 수단으로 이해되고 있지만, 전통의 전달이라는 사건 자체가 이미 해석의 활동이고, 그런 의미에서 이 과정에서 변형이 일어나는 사건이라는 것이다.

보이스는 마지막으로 종교교육이 전통과 변형 두 가지 모두에 접근하는 바른 통로가 되기 위하여서 종교교사의 과제를 제시하였다. 교사는 먼저 전통 자체를 명확히 해명하고 그 의미와 중요성을 제시해야 할 책임이 있고, 또한 동시에 학생 개개인이 그들이 받은 은혜와 성숙의 정도에 따라 자유롭게 이 전통을 해석하고, 평가하고 재활성화 할 수 있도록 인도해야 한다고 하였는데, 전자가 전통에로의 접근이라면, 후자는 변형에로의 접근통로가 될 수 있다는 것이다.251) 첫 번째의 책임을 위해서 종교교사는 스스로 전통에 대한 내적 관계가 있어야 하

---

250) Ibid., 282-288.
251) Ibid., 288.

고, 더 나아가 전통에 대한 깊은 이해와 통찰이 있어야 한다고 한다. 두 번째의 책임을 위해서 교사는 참가자들을 스스로의 분석과 결정에로 초대하는 대화적 분위기를 활성화시킬 수 있어야 할 것이라고 하였다.[252]

이 책의 마지막 부분에서 보이스는 종교교육이 '전통과 변형'에 동시에 관여하기 위해서는 성서의 현대적 연구와 관련하여 특별한 책임을 수행해야 한다고 하면서 다음과 같은 세 가지를 제시하였다. 첫째, 성서 비평학의 등장으로 인하여 성서연구 영역에 나타난 변화에 발맞추어 교육이나 목회에 있어서도 성서를 다루는 새로운 태도가 발전되어야 할 것이다. 둘째, 성서학자와 종교교육가 사이에 현존하는 틈은 극복되어야 한다. 성서 비평은 단순히 학자들의 전매특허로 남을 것이 아니라, 교회의 삶 안에로 적절하게 스며들어야 한다. 셋째, 종교교육학자는 성서학자와 협력해야 한다. 이 협력은 먼저 종교교육자가 성서 자체에 대한 지식과, 해석의 역사, 해석이론이라는 삼중적 차원에서 조직적으로 준비되어야 할 것을 의미하지만, 또한 동시에 성서 연구를 전문적 종교교육 커리큘럼 구성을 통해서 교회의 삶 안으로 구체적 통합시키는데 기여해야 할 것이라는 것이다.

3. 보이스의 '전통과 변형'에 나타난 해석학적 인식

앞에 살펴본 보이스의 종교교육개념에서 해석학은 중요한 이론형성의 기초가 되고 있다. 이것은 그녀의 책 제목 「종교교육에서의 성서해석」에서 느껴지는 것처럼 그녀가 종교교육 안에서 성서해석의 구체

---

[252] 보이스의 이와 같은 새로운 정의가 적용된다는 것은 다음의 세 가지 점을 포함하는 것이라고 하였다; 첫째, 전통을 모든 모호성이나 양면성에 이르기까지 기꺼이 접근하려는 노력, 둘째, 신앙의 확장한 개념에 대한 발달, 셋째, 교리의 역할에 대한 재고. 참고, Ibid., 327.

적 방법을 제안하고 있기 때문이 아니라, 종교교육에 있어서의 '전통과 변형'의 문제, 그를 통해 보는 '종교교육의 정체성'의 문제, 그리고 '종교교육의 학문적 성격' 등의 핵심적 문제를 해석학적으로 접근하고 있기 때문이다.

그녀의 1979년 발표된 논문 "전통과 변형에로의 접근"에서나 1980년에 발표된 책「종교교육에서의 성서해석」에서 '전통과 변형'의 문제는 핵심적인 화두이다. 왜 그런가? 그녀는 전통적으로 종교교육 안에 존재했던, 양자택일의 문제 즉 '전통의 유지냐, 세상의 변형이냐'의 문제가 진정 둘 중 어느 하나만을 선택해야 하는 반명제인가 하는 물음을 물었고, 이를 해석학적으로 접근할 때 그 둘은 결코 분리될 수 없는 긴장관계 안에 서 있다는 사실과, 종교교육은 하나의 해석과정으로서 전통과 변형의 한 가운데 서 있음을 보았기 때문이다.

그녀는 전통을 전수하는 행위는 결코 단순한 전달행위가 아니라 이미 하나의 해석행위라고 하는 사실을 해석학적 통찰을 통해 얻었다. 성서해석의 역사에 나타난 구원사의 개념에 관한 고찰, 구약과 신약 사이의 관계에 대한 해석학적 고찰, 또 예수님의 전통에 대한 태도 고찰들은 그녀를 전통이란 결코 조금의 가감 없이 전달되는 화석화된 지식의 조각이 아니라 끊임없이 재활성화되고, 역동적으로 재해석되는 순환의 과정 안에서 형성되는 것이라고 하는 결론에로 이끌어 갔다. 전통에 대한 이와 같은 이해는 성서해석적으로 뿐만 아니라 철학적 해석학자인 가다머의 '전통'의 개념으로부터도 뒷받침되는 것으로, 가다머는 전통은 과거의 지평과 현재의 지평 사이에서 일어나는 '지평융합'의 해석과정을 통해서 형성되는 것이라고 이해하였다. 이 과정에서 전통은 지속적으로 과거와 현재의 융합과정을 걸으면서 끊임없이 재해석되고 재 활성화되며, 그렇게 지속적으로 현재를 변형시키는 힘으로 작용하는 영향사적 힘을 가진다는 것이다. 전통은 그렇게 우리의 오늘을 변형하고, 그 과정에서 스스로도 변형되는 과정 위에 있다는 것이다.

보이스가 간파하는 또 하나의 관점은 종교교육이야말로 전통과 변형이 이루어지는 통로가 된다는 것이다. 전통이 현재와 만나면서, 현재의 세계를 변형시키고, 또 현재에 사는 사람들의 삶을 통해서 구체화되면서 스스로도 변형되는 현상이 이루어질 수 있는 최적의 장소가 어디인가? 그것은 전통이 현재와 직접적으로 만나게 되는 장소이고, 전달과 해석이 이루어지는 장소인데, 보이스에게는 바로 그를 위한 최적의 장소가 '종교교육'이라는 장이다. 구원사의 개념이 종교교육에서 왜 사양길로 접어들게 되었는지에 대한 고찰로부터 보이스는 종교교육에 영향을 미치는 요인은 단순히 신학적 요인만이 아니라, 폭넓은 문화적, 사회적, 교육학적, 그리고 종교교육학적인 요인들이 복합적으로 작용한다는 점을 밝혀내었다. 이것이 의미하는 것은 무엇인가. 종교교육이야말로, 전통이 현재의 적나라한 문제들과 가장 직접적으로 만나고, 그 만남을 통해서 의미 있는 전통이 다시 활성화되고, 현재의 문제들이 전통에 비추어 해석되는 장이라는 뜻이 아닌가 하는 것이다. 종교교육은 전통에로의 접근이 일어나고, 전통과 변형과의 관련성에 대한 접근이 일어나는 해석학적 접전지인 것이다.

그러한 보이스의 해석학적 통찰은 종교교육개념 자체에 대한 의미의 확대를 가져온다. 먼저 단순히 전통을 전달하는 수단으로 이해되어 왔던 기존의 종교교육에 대한 이해로부터 탈피하여, 그녀는 종교교육 자체가 전통의 전수와 변형 현상에 참여하는 것이라고 하는 이해를 제시하였다. 해석학적으로 보면, 전수행위 자체는 이미 해석이고, 해석이기 때문에 또한 변형에로의 참여이다. 해석행위는 옛것을 새롭게 다시 살리는 것이고, 현재라는 콘텍스트 맞게 재창조하는 것이기 때문이다. 종교교육을 해석과정이라고 보는 순간 종교교육은 지식의 전달이나, 단순한 교수-학습과정에만 머물러 있는 것이 아니라, 전통의 유지와 확대와 재창조에 관여하는 가장 적극적인 행위가 되는 것이다.

해석의 과정으로 보아지는 순간 종교교육은 또한 전통과 현재의 문화적, 사회적, 교육적 문제들이 만나게 되는 교차점이 된다. 해석은 텍스트와 학습자가 서 있는 콘텍스트가 서로 만날 때 이루어진다고 보았을 때, 종교교육의 현장이야말로 학습자가 발 디디고 서 있는 콘텍스트, 즉 현대의 기술문명의 변화와 정치적, 사회적, 경제적 변수들이 모두 만나는 교차점이다. 구원사가 60년대 중반까지 신학적으로 그렇게 설득력을 갖는 해석학적 원칙이었어도, 학습자가 매일 부딪치고 만나는 일상의 현실적 문제들에 대한 해석적 원칙으로서의 힘을 상실하면 더 이상 종교교육에서 해석적 원칙으로서의 역할을 할 수 없는 것을 우리는 보았다. 그런 의미에서 보이스는 종교교육이야말로 어느 신학의 자리보다 직접적으로 간학문적(interdisciplinary) 만남과 연구가 이루어질 수 있는 교차점으로서의 장소가 된다고 보았다. 그곳은 전통의 문제를 다루는 신학과 인간 현실의 문제를 다루는 인문학이 만나는 장소이어야 한다는 것이다. 그런 의미에서 그 둘 중 어느 한 편으로만 편승하였을 때 종교교육은 자신의 간학문적 본질에 충실하지 못하게 된다. 60년대 중반 이전 전통과 신학에 머물렀던 미국 카톨릭 종교교육의 '선포적 카테케틱'과 60년 후반 이후의 '인문학적 카테케틱' 모두는 보이스에게 그런 의미에서 종교교육의 간학문적 본질에 충실하지 못하였다.

보이스가 그녀의 책 「종교교육에 있어서 성서해석」 마지막 부분에 제안한 종교교육과 성서비평학 간의 상호협력은 그런 의미에서 단순히 종교교육에서 성서해석 방법의 개선을 위한 제언이 아니라 종교교육이 보다 간학문적 본질에 충실하면서, 동시에 전통과 변형에로의 접근이라는 해석학적 과제에 성실하기 위한 필연적 조건인 것이다. 그런 의미에서 보이스의 저술은 종교교육의 본질에 대한 자리매김을 해석학적으로 숙고한 탁월한 연구였다고 할 수 있는 것이다.

Ⅳ. 전통의 해석과 변형의 과정으로서의 교육
   - 메리 엘리자벳 무어의 "전통화(traditioning)"모델

보이스가 종교교육을 전통과 변형에로의 통로로 이해하는 해석학적 기초를 놓았다면, 메리 엘리자벳 무어(Mary Elizabeth Moore)는 그와 같은 기초 위에서, 종교교육을 전체적으로 재구성하는 해석적 접근을 시도하였다. 1983년에 출판된 그녀의 저서「기독교 교육의 새로운 모형」253)이 바로 그것이다. 보이스가 '전통이냐 변형이냐'의 양자택일에 관한 질문을 물었다면, 무어는 이 책에서 "연속성이냐 변화성이냐"의 문제를 묻고 이 둘 사이의 양자택일을 극복할 수 있는 교육모형으로 "전통화(traditioning)" 모형을 제시하면서, 이 모형을 통하여 교육의 목적, 장, 과정, 방법 등 기독교교육의 기본구조 전체를 재개념화 하는 시도를 하였다.

무어는 먼저 기독교교육의 역사에서 "연속성과 변화성", "역사적 전통과 현재의 경험" 사이의 긴장관계가 언제나 있었는데, 이것은 기독교교육 뿐만 아니라 기독교와 기독교 신학 자체의 역사에서도 지속적으로 나타나는 현상이었다고 하였다. 매 시기마다 과거의 전통과 현재의 상황(context) 사이에서 어느 하나를 선택하게 되는 유혹 안에 기독교와 기독교신학은 끊임없이 직면하여 왔다는 것이다. 이 둘 사이

---

253) Mary Elizabeth Moore, *Education for Continuity & Change, New Model For Christian Religious Education*, (Nashville, Abingdon Press, 1983), 이정근, 박혜성 역,「기독교교육의 새로운 모형」(대한기독교교육협회, 1991)

의 긴장은 이미 성서의 예언자적 전통으로부터 시작하여 현재에까지 지속되었는데, 20세기 중엽에 있었던 자유주의와 신정통주의 신학 사이의 논쟁에서 그 대표적인 예를 찾을 수 있다고 하였다.254)

그녀의 입장은 그 둘 사이에서의 임의적 택일은 결코 바람직하지도 가능하지도 않고, 오히려 그 둘 중 어느 것도 포기하지 않고 서로 연결하는 것이 해결의 열쇠라는 것이다. 이 해결을 위하여 우리는 두 가지 측면의 도전에 응답해야 하는데, 그 하나가, **변화하는 콘텍스트**(context) 속에서 역사적 텍스트(text)의 적절한 의미를 해석하는 것이며, 다른 하나는 현재 속에서 새로운 의미를 찾아 전통에 새로운 것을 덧붙이는 것이라는 것이다.255) 전자를 "연속성(continuity)"이라고 할 수 있다면, 후자는 "**변화성(change)**"이라고 할 수 있고, 연속성과 변화성을 동시에 극대화하는 교육모형을 제시하는 것이 바로 그녀가 이 책에서 추구하는 "**전통화**" 모델이라는 것이다.

1. 기독교교육사에 나타난 전통과 경험의 딜레마

무어는 그녀의 전통화모델을 제시하기에 앞서 먼저 기독교교육의 역사에 나타난 전통과 경험 사이의 이분법적 현상과 이를 통합하려는 노력들을 고찰하였다. 그녀에 의하면 17세기 이래 교육의 역사는 '현재의 경험'에 보다 중점을 두고 이루어져 왔고, 그와 같은 맥락에서 20세기 초 미국의 진보주의 교육철학도, 이 철학에 영향을 받은 코우(G.A.Coe), 바우어(W.Cl.Bower) 엘리엇(H.Elliott) 등의 학자들이 속한 "종교교육(Religious Education)" 운동이 서 있다고 하였다.256) 이들은 교육에서 '인간발달과정', '인간에 내재한 하나님의 속성', '인

---

254) M.E.Moore, Ibid., 15-16.
255) Ibid., 15.
256) Ibid., 29이하.

간의 경험'과 같은 점에 집중하면서 인간경험을 교육의 전면에로 부각시켰다.

반면 그녀는 종교개혁 이후의 교리문답식 교육과, 20세기 초반의 '주일학교운동가들', 쉘튼 스미스(H.S.Smith)로 대표되는 '신정통주의적 교육', 그리고 로마 카톨릭 측의 융만(J.A.Jungmann)과 호핑어(J.Hofinger) 같은 '케리그마적 접근'들이 소위 **"전통"**을 기초로 하는 교육을 중시하였다고 하였다.257) 이들은 '복음전파', '성서중심교육', '그리스도중심', '선포된 말씀' 등을 중심으로 전통에 보다 강조점을 두는 교육을 주창하였다.

그런가 하면 그녀는 **경험과 전통 사이의 긴장관계**를 지적하기도 하였는데, 현재의 경험을 강조한 엘리엇과 전통중심의 교육을 강조한 스미스 사이의 논쟁은 그 대표적인 것이라고 하였다. 이 논쟁은 진보교육의 입장에 서는 슈나이더(R.Snyder), 어어윈(P.Irwin) 그리고 전통에 기초를 둔 스마트(J.Smart)와 리(J.M.Lee)등에게서도 지속되었다고 하였다.258)

반면 그녀는 그 둘 사이를 **통합(Syntheses)**하는 운동도 있었다고 하면서, 넬슨(E.Nelson)과 웨스터호프(J.Westerhoff)의 '사회화 모형'259), 토마스 그룸과 메리 보이스의 대화이론(dialogical theo-

---

257) Ibid., 33이하.
258) Ibid., 42.
259) 넬슨과 웨스터호프는 신앙공동체 안의 사회화 과정을 통해서 학습자들이 역사적 전통과 현대의 경험을 종합하게 된다고 보았다. 특별히 넬슨의 경우 과거와 현재 사이의 매개체는 전통인데, 전통자체가 곧 전달의 과정이라고 보았다. 전통은 명사로 후대에 전해지는 것이기도 하지만, 동시에 개인이나 그룹들이 전통을 살면서, 수정하고 다시 전통에로 넘겨주는 경험을 의미하기도 한다. 따라서 전통은 공동체의 경험을 통해 계속 재형성되는 과정 안에 있는 것이다. 다시말하면 공동체의 경험이 곧 전통과 현재의 경험 간의 상호작용이며, 또한 지속적 전통의 재형성과정이라는 것이다. 참조 Ibid., 46f.
260) 무어는 그룸과 보이스의 모형을 '대화이론'이라고 칭하고 있다. 그룸의 경우 현재

rie)260), 그리고 휴브너(D.Huebner), 멜랜드(B.Meland)로 대표되는 초월이론(transcending theory)261)을 예로 들고 있다.

전통과 경험의 관계에 대한 위와 같은 고찰에 이어 무어는 다음과 같은 몇 가지의 결론을 제시하였다.262) 첫째 전통과 경험을 이분하는 경향은 지난 수세기동안 실제로 존재해 왔다. 둘째, 그러나 전통과 경험의 이분법은 옳지 않다. 셋째, 과거와 현재 그리고 미래는 모두 기독교종교교육의 내용에 절대적으로 중요하다. 넷째, 기독교종교교육은 '비평적 성찰'과 '상상력' 양측 모두의 자료들을 사용하여 전개되어야 한다. 다섯째, 기독교종교교육은 전체 신앙공동체가 포함되는 사회적 상호작용적 경험이어야 한다. 여섯째, 교육이론과 실천의 기초가 되는 가설들은 반드시 매 세대마다 재검토되어야 한다. 일곱째, 기독교종교교육은 역사적 기독교전통과 현재의 경험 그리고 미래의 희망 속에서 신앙의 비전을 찾는 학문이다.

2. 전통화 모형의 이론적 기초

위와 같은 결론들을 수렴하는 전통과 경험의 통합모델로 무어는 '전통화(traditioning)' 모델을 제시하였다. '전통화'는 무어가 '전통(tradition)'이라는 명사에 'ing'를 붙여 만든 단어이다. 이미 이 단어의 합성이 암시하는 바와 같이 '전통화'는 '전통'이라는 단어가 갖는

를 과거와 미래와의 대화적 상황에서 재해석하기 때문이고, 보이스의 경우 전통과 변형을 분리하지 않고 모두 받아들일 수 있게 대화적 관점에서 보려한다는 점에서 그러하다는 것이다. 이 둘에게서도 전통과 경험은 서로 연계성 안에서 고찰되고 있다. 참조 Ibid., 48f.

261) 휴브너와 멜랜드는 교육철학자들인데, 이들은 학생들이 과거-현재-미래에 존재하는 자신의 투영된 잠재력을 상상할수 있도록, 자신의 한계를 초월하는 교육과정을 중시하였고, 멜랜드의 경우 과거와 현재, 미래의 가능성에 대해 창조적 개방성을 갖게 하는 감상의식(appreciative consciousness)을 이야기하였다. 참조 Ibid., 49f.

262) Ibid., 51f.

'전수된 것'이라고 하는 명사적 의미에 머물러 있지 않고, '전수되는 과정'에 강조점을 둔 것으로 전통이 지속적으로 전달되고 변형되는 과정을 곧 교육의 현상으로 보는 모델이라고 할 수 있다. 그녀는 전통은 "하나님의 선물을 전달해 주는 하나의 과정"으로서 하나님이 과거에도 활동하셨고, 지금도 활동하시며 미래에도 활동하신다는 점을 전제하는 것이라고 하였다.263) 그렇다면 전통은 옛 기억을 생생하게 유지하는 지속성을 요청하기도 하지만 동시에 하나님의 현재 활동참여와 미래 활동에 대한 희망을 요청하는 것이다. 그렇게 볼 때 전통화 과정은 과거의 연속성과 새로운 것을 창조하는 변화성을 동시에 담보하는 과정 그 자체라고 할 수 있다. 무어는 이러한 그녀의 전통화모델을 위한 이론적 기초를 '전통화 공동체'와 '과정 속에 있는 인간'이라고 하는 두 측면으로부터 전개하고 있다. '공동체'와 '인간'은 전통화과정이 일어나는 자리이기 때문이다.

1) 전통화공동체

무어는 기독교공동체는 하나님으로부터 전통을 선물로 받았지만 동시에 그것을 전달하는 책임도 부여받았다는 점에서 전통의 전달과 생성에 관여하는 "전통화공동체(traditioning community)"라고 하였다. 전통의 전달과 생성의 과정에 관여함이란 그녀에게서는 단순히 전통을 전수하는 것이 아니라, 전통의 증언들과 현재의 개인적, 문화적 역동구조 사이에서의 대화를 모색해야 하는 것이며, 따라서 이것은 과거와 현재 그리고 미래를 통합적으로 관찰하는 것을 통해서 이루어져야 한다. 과거의 텍스트는 성서적이고 역사적인 것이지만, 동시에 현재의 증언과 미래의 희망이라는 차원을 모두 포괄하는 의미로 해석

---

263) Ibid., 59.

되어야 하기 때문이라는 것이다. 그런 의미에서 교회는 정적인 공동체가 아니며, 과거와 현재와 미래가 교차함으로써 발생되는 공동체이고, 바로 그 점으로 인해서 교회는 전통화공동체가 되지 않으면 안 되는 것이다.

무어는 전통화공동체로서 교회의 가장 핵심적 과제는 "해석"과 "변화"를 동시에 추구하는 것이라고 하였다. '해석'의 과제를 위하여 무어는 교회가 과거로부터 내려온 전통을 경험과 세상에 대한 풍부한 이해를 바탕으로 해석하고 그 의미를 선포하는 "해석적 공동체(interpreting community)"[264]의 기능을 감당해야 한다고 보았다. 해석적 공동체는 특별히 역사적 전통과 현재의 경험, 미래의 희망을 연구할 '신학적 공동체'로서의 역할 속에서 첨예화 되는데, 신학적 공동체는 과거의 연속성에 보다 초점을 두는 "응용신학"과 현재의 경험을 중심으로 한 변형에 초점을 두는 "경험신학"의 양극성을 초월하여 과거 현재 그리고 미래를 통전적으로 보는 과제를 바르게 수행해야 한다.

'변화'의 과제를 위하여 무어는 교회가 "변형화공동체(transforming community)"[265]가 되어야 한다고 하였다. 변형화 공동체는 해석적 공동체의 해석을 바탕으로 교회와 세계 속에서 행동하면서, 세상을 변화시키고, 스스로 변화하는 공동체의 역할을 수행하는 것이다. 따라서 변형화공동체는 회중들이 교회의 살아있는 기독교전통에 참여하며, 하나님의 약속에 대한 기대와 희망 위에 이웃과 사회에서 하나님의 나라를 구체적으로 실천하도록 돕는 공동체가 되어야 한다.

2) 과정 속에 있는 인간

'전통화공동체'와 나란히 무어는 전통화모델의 이론적 기초를 '과

---

264) Ibid., 77이하.
265) Ibid., 81.

정적 인간'이라는 토대 위에 세우고 있다. 인간은 본질적으로 과정적 본질 즉 끊임 없이 변화하고 생성하는 본질을 가지고 있다는 것이다. 이를 설명하기 위하여 그녀는 인간의 본질이 '고정적인가 변화하는 가?', '개별적인가 공동체적인가?', '능동적인가 수동적인가?'의 물음을 던진다. 첫째 질문에 대하여 그녀는 인간이 고정적이기도 하지만 또한 변화하는 존재이기도 한데, 그것은 인간이 어떻게든지 그들의 과거와 연결되면서도 동시에 미래로 나아가면서 변화하는 존재이기 때문이라는 것이다. 인간은 "교차로"에서 계획대로 나아갈지 아니면 진로를 변경할지를 선택해야 하는 상황에 직면하여 있고, 연속성과 변화성의 힘이 그 선택에 개입하여 있다고 하였다. 두 번째의 질문에 대하여 그녀는 인간이 개인적인 존재이면서도 동시에 하나님과 이웃, 세상에 대하여 연결되어 있다고 제안한다. 세 번째 질문에 대하여 인간은 하나님과 주변의 세상에 대하여 적극적으로 영향을 주고받는 존재이지 수동적 방관자가 아니라고 정의한다.

그녀의 이와 같은 입장을 증명하기 위하여 무어는 미드(G.H. Mead)의 사회심리학적 이론과 화이트헤드(A.N.Whitehead)와 하트숀(Hartshorne)의 과정철학을 제시하였고, 이것으로 그녀는 인간이 과정적 존재라고 하는 점을 설명하였다. 인간의 현재 속에는 과거와 미래가 들어와 있고, 인간에게 일어나는 사건의 발생이란 과거의 체험과 미래의 예상을 통하여, 두 세계와 관련을 맺으며 이루어지는 것이다. 따라서 무어는 인간의 본성 자체로부터 연속성과 변화성의 통합이 이루어지게 되어있다는 점을 역설하고 있다.

그와 같은 고찰로부터 무어는 '종교교육'이 시작되어야 할 곳은 바로 이 교차로의 한 가운데라고 하는 결론을 내린다. 종교교육은 사람이 사람을 만나고 미래를 예상하며, 과거를 탐구하고, 현대의 문제들과 맞대면하고 있는 곳에서 시작해야 한다는 것이다. 그녀는 이러한 관계들의 중심이 아닌 다른 곳에서 교육을 시작하는 것은 삶의 일부 측면만을 인위적으로 떼어내어 다룸으로써 다른 모든 측면들을 간과하는 것이라고 하였다. 종교교육이 이 교차로에서 시작하는 한 그녀는 성서와 삶의 양자택일에 관한 진부한 문제는 극복될 수 있다고 하였다:

> "삶의 경험으로부터 성서로 접근할 것인가 아니면 성서에서 삶의 경험으로 접근할 것인가 하는 진부한 문제는 이제 더 이상 논의할 필요조차 없다. 성서나 현재의 삶의 경험 그 어느쪽도 기독교 종교교육의 출발점이어서는 안된다. 출발점은 교차로에서 시작해야 한다. 이 교차로에는 성서나 각 개인의 현재의 삶의 경험 뿐만 아니라 부모, 교인, 역사적 교회전통, 세계의 미래에 대한 공포와 희망, 교회를 둘러싸고 있는 문화, 지구촌의 여러 문제들 그리고 하나님이 있다."266)

무어는 결론적으로 연속성과 변화성을 통합할 수 있는 개인이나 공동체의 능력은 교육에 의하여 북돋워야만 한다고 보았다. 교육이 개인과 환경간의 상호작용을 자극하고 풍부하고 다양한 체험을 유도하며, 각 개인의 통찰능력을 높이고 새로운 생각을 자극하는 일을 하여야 한다는 것이다. '전통화 공동체'의 측면과 '과정 속의 인간'이라는 측면에서 볼 때 종교교육은 전통과의 관련 속에서 연속성과 변화성을 통합하는 기능을 담당해야 하고, 더 나아가 교육이야말로 이 기능을 의도적으로 담당할 수 있는 통로가 된다.

3. 전통화 모형

무어는 전통화모형이란 "역사적 전통이 기억되고 변형되게 하는 과정으로서, 이를 통해 기독교공동체가 하나님과 세계를 현재의 경험 가운데 만나고, 더 나아가 미래를 향하여 동기화되도록 하는 것"

---

266) Ibid., 111.

이라고 정의하고 있다.267) 이 정의에 나타난 대로 전통화의 주요과제는 사람들이 전통과 만나고, 전통에 참여하며, 전통을 변화시키는 것인데, 이 과제에는 "해석(hermeneutics)"과 "변형(transformation)"이라는 두 차원이 핵심이다. 전통화 모형은 해석하고 변형하는 공동체를 통하여 이 두 기능이 조화를 이루게 하는 것이 핵심적 과제이다.

1) 교육목표

무어는 이 모형이 추구해야 할 구체적 목표(Objectives)는 "사람들을 기독교 전통에 참여시키고, 창조적 결단을 내리게 하는 데에 있다"고 하였다.268) 참여와 결단은 결국 변형의 사건으로 설명할 수 있다고 하였다. 더 나아가 무어는 이 모형의 "목적"을 앞에서 지적한 대로 "해석과 변형이 조화되는 앎"이라고 정의하였다.269) 이 모형의 "비전"은 세 가지로 제시되는데, 첫째, 살아있는 신앙을 유지하고 변형에로 개방하는 것, 둘째, 하나님과 사람과의 관계성을 증진하는 것, 셋째, 하나님 나라를 향해 나아가는 것이다.

2) 교육의 장

무어는 전통화모형에서 고전적인 교육의 장에 관한 개념을 넘어서서 시 공간적으로 확대된 교육의 장의 개념을 제시하였는 바, "교육의 장이란 모든 신앙, 가치 그리고 행위를 수반하는 과거, 현재, 미래의 기독교 신앙공동체"라고 하였다.270) 역사와 현재 그리고 미래를 통해서 하나님과 세상과 관련되어 있는 모든 콘텍스트가 전통화 모형

---

267) Ibid., 121.
268) Ibid., 152.
269) Ibid., 152이하.
270) Ibid., 155이하.

의 교육의 장이라고 하는 것이다. 전통화 모형의 핵심적 관심이 전통의 해석과 변형이라고 한 그녀의 입장은 결국 과거와 현재와 미래가 모두 연결되는 신앙공동체의 역사도 교육의 장으로 수렴하여 볼 수 있는 것이다.

무어는 교육의 장을 다음과 같은 네가지로 다시 세분화하여 설명하고 있다: 첫째 "사람들이 기독교 전통에 관련되기를 추구하는 곳"이다. 이곳은 사람들이 신앙에 대해 배우게 되고, 전통과 관련하여, 신앙을 얻게 되는 곳을 말한다. 둘째는 "사람들이 서로의 신앙을 의사소통하는 곳"이다. 이곳은 사람들이 친교로 모이는 곳을 의미하는 것으로 코이노니아에 대한 성서적 의미, 즉 사람들이 실제적이고 구체적 방법으로 그리스도의 신비와 은혜를 나누는 친교공동체, 나눔의 공동체를 의미한다. 셋째, "하나님과 영적 교제가 지원되고 안내되는 곳"이다. 이곳은 예배공동체이며 다양한 영적 안내가 일어나는 공동체이다. 넷째는 "사람들이 그리스도 선교를 수행하는 곳"이다. 신앙공동체란 무어에 의하면 신앙, 가치 행위를 수반하는 기독교공동체이고, 그 콘텍스트에 참여한다는 것은 그 공동체의 행위에 개입한다는 것을 암시한다. 그렇기 때문에 전통화모형의 장도 사회적 활동에 참여하는 행위공동체이기도 하다.

3) 교육방법

무어가 제시하는 전통화 모형의 **교육방법**은 "전달(transmission)"과 "성찰(reflection)"이다.271) 전달은 '의사소통(communication)'으로 신앙공동체의 과거와 현재적 증언, 미래의 희망과 의사소통하는 것을 말한다. 여기에는 이야기를 하는 것(story telling), 이야

---

271) Ibid., 127이하.

기의 부분을 구성하는 사상, 행위, 이미지를 나누는 것 뿐만 아니라 모든 문화적 형식, 학교식 교육 모형(schooling instructional paradigm) 등이 포함된다. 성찰은 "사상 또는 경험에 관하여 생각하는 객관적 양식인 '비판적 성찰'과, 그 사상 혹은 경험을 내적으로 숙고하는 '심층적 성찰'이 있다. 전달과 성찰은 모두 전통화 모형의 핵심과제인 '해석'과 '변형'을 촉진하는 방법들이다.

무어는 전달과 성찰을 축으로 이루어지는 교육방법을 다시 세 가지 측면에서 구체화 하고 있는데, "교차점에 있는 사람들과 관련된 교수", "전통화의 목적에 연관된 교수", 그리고 "기독교 신앙공동체의 장과 연관된 교수"가 그것이라고 하였다. 첫째, "교차점에 있는 사람들과 관련된 교수"에서 특별히 고려해야 할 것은 연속성과 변화성 둘 다를 극대화하는 방법을 추구해야 한다는 것이다. 무어는 그 둘을 모두 쉽게 가르치려면 특별히 학습자들의 상상력을 포착하여 그들이 전통을 탐구할 때 흥미를 발견할 수 있도록 해야 한다는 것이다. 이것은 이야기하기, 소설, 모방, 연극, 예술 등을 통한 역사적 인물과 사건의 재창조 등을 통하여 이루어 질 수 있다고 하였다. 연속성과 변화성 모두를 위한 가르침은 사람들이 전통에 대한 경험을 넘어서서 새로운 비전을 갖도록 돕는 것에 초점을 두어야 하는데, 학습자들이 자신의 생각을 표현하고 또한 경청하는 기회와, 미래를 위한 가능성을 상상하며, 익숙한 것들을 예술의 형태로 바꾸어 말하거나 비교할 수 있는 기회를 가질 수 있도록 해야 한다.

둘째, "전통화의 목적에 연관된 교수"의 경우는 학습자들이 기독교 전통에 참여하게 하는 방법 뿐만 아니라, 그들 자신의 삶과 전통의 다른 측면들에서 의미를 찾게 하는 방법을 요청한다. 이는 풍성한 전통을 전달하고, 그 유산에 대하여 비평적 이고 심층적으로 성찰하는 방법 모두를 요청한다.272)

셋째, "신앙공동체의 장과 연관된 교수"는 특별히 기독교신앙공동체에 의해 표현되는 신앙, 행위 그리고 가치등을 이해하고 의사소통할 수 있는 방법을 요청한다. 무어는 이를 위하여 특별히 기독교공동체의 상징을 의사소통하는 방법이 필요하다고 하였다. 상징들을 발견하기 위한 영화, 서적, 다른 공동체의 방문들도 중요하지만, 무엇보다 교사 스스로가 공동체의 상징들 안으로 몰입해야 할 것이 필요하다.

4) 교육과정

무어는 전통화 모델은 고정화된 커리큘럼을 지향하지 않는다고 하였다. 고정화된 커리큘럼은 틀이 고정되어 모든 사람이 그의 안내에 따라가도록 설계되어 있지만 개개 학습자나 공동체의 실제 삶과는 괴리가 있는 커리큘럼이기 때문이다. 전통화과정이란 결국 학습자가 전통에 대한 자신의 경험을 꿰뚫어 볼 수 있어야 하고, 전통화 과정에 능동적으로 참여하여 전통을 형성하고 변형시키는 과정이다.[273] 따라서 전통화모형의 커리큘럼은 그와 같은 고정화된 커리큘럼을 지양하고, 교사가 학생들과 함께 여행하고 연구하며, 학생들은 또한 세상을 경험하고 형성하는 기회를 제공받게 되는 커리큘럼이어야 한다.

그렇게 보았을 때 커리큘럼은 변경하거나 수정할 수 없는 고정화된 것이 아니라 "단순히 하나의 계획된 경로로서, 여행 중인 사람들이 지나가는 하나의 오솔길"이라고 할 수 있다. 따라서 이 커리큘럼의 목적은 "신앙의 여정에 있는 사람들을 안내하는 것"이다.

전통화 모형의 핵심적 **교육내용**은 "기독교 공동체의 과거와 현재 그리고 기대되는 미래의 축적된 경험이다.[274] 이 경험에는 물론 직접

---

272) Ibid., 164.
273) Ibid., 170.
274) Ibid., 127.

적 경험 뿐만 아니라 넓은 의미의 간접적 경험, 즉 개인과 공동체 전체 (지방교회, 지역교회, 각교단, 보편교회)의 경험을 포괄하며, 제도적 공동체의 경험 뿐만 아니라 하나님과 세상에 대한 공동체의 경험도 포함한다.

전통화 모형에서 커리큘럼의 **출발점**은 "하나님과 세계와의 관계성 안에 있는 사람들"이다. 커리큘럼의 단위들은 '변형하는 사건'들인데, 이 사건 속에서 사람들은 하나님과 세상과 만나고, 새로운 통찰과 행동을 얻게 되며, 이를 통해 신앙공동체에 지혜를 더하게 되는 사건이다.

전통화모형의 커리큘럼 **구성요소**(components)는 첫째, 인간(교사와 학생), 둘째, 소재(subject matter), 셋째, 인간과 주제를 대화에로 인도하는 설계(design)와 자원(resource)들이다.275) 인간 구성 요소의 한 축인 '교사'는 안내자로, 행동하는 여행 동료로 함께 여행하는 사람들을 도와주고, 전달하며, 성찰하고 변형을 위한 공식적 통로를 열어주는 사람이다. 인간 구성 요소의 다른 한 축인 '학습자'는 이 여행에 동반된 여행자들로서 함께 이야기하고, 이야기에 대해 깊이 성찰하며, 이야기를 변형하고, 자신들도 변형된다. '소재'는 하나님이 선물로 주신 전통(the Tradition)을 담고 있는 축적된 지혜이다. 이것은 전달과정에서 지속적으로 반복되면서도 개혁되어온 내용이다. 따라서 교육소재는 하나의 나무토막처럼 부동의 조각이 아니라 사람들과 만날 때 변형된다. '설계'는 "전통화를 손쉽게 만드는 환경을 고안하는 것"으로 이를 통하여 사람들이 전통에 참여하고 공동체의 지혜가 발생되도록 돕는 것이다. '자료들'은 전통화모형에서 전통과의 의사소통이 일어나게 하는 자료들을 의미한다. 이 자료는 역사적이고 현

---

275) Ibid., 178이하.

대적이어야 하지만, 동시에 미래의 비전이 다루어지는 것이어야 한다. 그럴 때에만 커리큘럼에게 연속성과 변화성 모두를 담보할 수 있다.

결론적으로 말하여 전통화 모형의 커리큘럼은 세 가지 특성, 즉 "교차점에 서 있는 사람과 관계한다는 것", "상호작용을 촉진시키는 것", 그리고 "이해와 변형을 동반하는 지식을 향상하는 것"을 지향하는 커리큘럼이라고 할 수 있다.276)

4. 전통화 모형의 이론형성에 나타난 해석학

무어의 전통화 모형에서도 해석학은 이 모델이 형성되는 인식론적 기초의 역할을 하고 있는 것을 볼 수 있다. 그것은 먼저 '전통화'라고 하는 개념 자체에 반영되어 있는 기본 생각에서 나타난다. 그녀는 전통이란 단순히 옛날부터 변화하지 않고 전달되는 내용이 아니라, 그것이 전달되는 현재 상황과의 상호작용 속에서 끊임없이 새롭게 해석되고, 이 해석과정을 통하여 지속적으로 변형되는 과정 위에 서 있다는 점으로부터 출발한다.

이러한 출발점 안에는 해석학의 기본적 전제들이 바탕이 되고 있는 것을 볼 수 있다. 해석학은 "텍스트"는(지식과 문화, 가치들을 포함하는 총체적 개념) 초시간적, 초공간적으로 고정된 의미와 불변하는 영향력을 갖는 것이 아니라, 시대와 상황 즉 "콘텍스트"와 만나면서 서로 간에 "지평융합"이 이루어질 때 "해석"이 이루어진다는 인식을 공유하고 있다. 슐라이어막허와 딜타이, 하이덱거나 가다머 같은 해석학자들 모두는 이와 같은 인식론적 기초를 공유하고 있었다. 특별히 가다머는 "지평융합"이란 단어로 텍스트의 지평과 해석자의 지평이 만남으로써 해석이 이루어진다는 사실을 설명한 바 있다.277) 그는 또한

---

276) Ibid., 187.

"영향사(Wirkungsgeschichte)"라고 하는 개념을 통해서 '전통'의 특성을 설명한 바 있는데, 전통이란 단순히 시공간을 초월해서 절대적인 것으로 전수되는 것이 아니라 그것이 전달되는 상황(context)과의 지평융합과정을 통해서도 지속적으로 영향을 미치는 힘을 내포하는 것이고, 바로 그러한 영향이 나타나는 역사를 '영향사'라고 칭하였다. 우리가 그러한 '영향사 의식'을 갖고 전통에게 우리를 열 수 있을 때, 전통은 우리를 변형하는 영향력을 나타낼 수 있다는 것이다. 가다머는 그러나 전통이란 고정된 것이 아니고, 지평융합의 과정에서 지속적으로 변형되는 것이지만, 그렇다고 해서 본질조차도 사라지고 전혀 다른 내용으로 변한다는 의미가 아니라 그것이 전달되는 콘텍스트에 따라 내용과 형태가 달라질 수 있지만 여전히 영향을 미치는 본질적 힘을 내포하는 어떤 것이라고 하였다.

무어는 전통화 개념을 설명하면서 가다머의 해석학적 용어들을 직접 인용하지는 않았다. 그러나 이와 같은 가다머의 '지평융합'과 '영향사' 개념들은 무어의 전통화개념의 핵심을 이루고 있는 것을 볼 수 있다. 그녀는 '전통화' 모형에서 기독교 전통이 하나님이 선물로 주신 대문자의 전통(The Tradition)은 그것이 전달되고 의사소통되는 통로, 즉 소문자 전통(traditions)을 통해서 세대에서 세대로 전해진다고 하였다. 이 소문자 전통들은 대문자 전통을 담고 있지만 그와 동일한 것은 아니다. 소문자의 전통들은 시대와 상황에 따라 달라지고 변형되면서 매 시대에 맞게 하나님의 선물인 대문자 전통(Tradition)을 전달하는 창구 역할을 한다는 것이다.[278] 대문자의 전통은 시대와 상황을 넘어서서 영향력을 나타내는 영향사를 가지고 있지만, 그것은 다양한 콘텍스트 속에서 다양한 형태의 '소문자 전통'들의 그릇에 담겨져서

---

277) 앞 장 "기독교교육의 인식론적 기초로서의 해석학" 참조.
278) Moore, Ibid.

전달된다. 따라서 사람들은 소문자의 전통을 전달받고 전수해주는 과정에서 그것에로의 참여가 이루어져야 하고, 해석이 이루어 져야 하며, 콘텍스트에 맞는 변형이 이루어 져야 한다. 무어가 말하는 '연속성'과 '변화성'은 그런 의미에서 서로 불가분리의 관계 안에 있는 것이다.

무어가 '연속성'과 '변화성'이 '전통화' 모델에서 서로 상호작용해야 한다고 한 것은 전통화모델 자체가 '해석'의 과정이 되어야 한다는 의미라고 할 수 있다. 해석이란 텍스트와 콘텍스트가 서로 만나는 현상이고, 거기에서 과거의 전통이 연속성을 담보하지만, 동시에 현재의 콘텍스트 속에서 변형되는 사건을 의미하기 때문이다. 이 해석의 과정에서 전통은 영향력을 나타내면서 '영향사'의 과정으로 편입되게 되는 것이다. 이렇게 볼 때 해석이란 과거에만 머무는 것도 아니고, 현재의 콘텍스트에만 집중하는 것도 아니요, 그 둘 간의 만남이고 융합의 사건이다. 무어가 그녀의 전통화 모델로 기독교교육이 오랫동안 물어왔던 이분법적 질문, '성서냐 삶이냐', '과거의 전통이냐 현재의 경험이냐'의 이분법을 극복하려고 한 것도 이와 같은 해석학적 이해와 무관하지 않다. 그녀가 제시한 전통화모델의 기본 개념 "연속성", "변화성", "전통", "경험" 등은 모두 깊게 살펴보면 해석학의 기본 개념들이라고 할 수 있는 것이다.

전통화의 과정을 곧 해석의 과정이라고 본 무어의 개념도 앞 장에서 살펴본 보이스에게서처럼 '교육'이라는 개념의 확대를 가져왔다고 할 수 있다. 교육은 단순히 교사가 학생에게 문화유산을 전달하고, 공동체에로 사회화하게 하는 역할을 하는 것만이 아니라, 그 자체로 전통을 전수하고 변형하는 적극적인 통로라고 하는 것이다. 해석이란 단순한 전달이 아니라 미래를 내다보며 현재에 이루어지는 전통의 재창조이다. 그런 의미에서 해석 없는 전통의 전수와 재창조는 있을 수 없다. 교육을 해석의 과정으로 보아, '전통화' 모델이라고 이름붙이고 있는 시각은 '교육'이 단순한 응용의 장이 아니라, 전통 자체의 유지와 전달, 재창조에 본질적인 요소가 된다는 이해에로 연결된다. 그런 의미에서 교육을 해석의 과정으로 보는 무어의 시각은 필연적으로 종교교육 개념의 확대를 가져왔다고 할 수 있다. 종교교육은 신학에서 제시된 전통의 내용을 응용하고 전달하는 영역이 아니라, 전통 자체를 재생산하는 가장 본질적인 자리가 되는 것이다.279)

V. 독일어권에서 이루어진 "해석학적 종교교육"

독일의 종교교육 영역에서 해석학은 일찌감치 중요한 역할을 해왔지만 미국과는 조금 다른 양상으로 나타나기 시작하였다. 독일 개신교 종교교육의 역사를 살펴보면 1950년대 말부터 60년대 초반까지 소위 "해석학적 종교교육(Hermeneutische Religionsunterricht)"이라고 불리우던 시기가 있었다. 그러나 독일 종교교육에서의 해석학적 접근을 이 시기만으로 국한할 수는 없고, 뿐만 아니라 실제로 '해석학적 종교교육'이 해석학적 원칙들을 가장 잘 들어낸 모델이라고도 할 수 없다.

독일의 종교교육에서 '해석학'의 자취는 '해석학적 종교교육'이라는 특정의 시기를 넘어서서 '기독교의 전통'과 '학습자의 경험'을 서로 수렴하는 노력이 있는 곳에 언제나 함께 있었다. 그렇게 볼 때 해석

---

279) 그래서 무어의 전통화 모델에는 교수학습이 이루어지는 '교실' 만이 아니라, "전통화 공동체", "해석화 공동체"가 중요한 교육의 장이 되고, 전통화가 이루어지는 '과거', '현재', '미래' 라는 시간적 공간 즉 '역사' 그 자체가 교육의 장이 된다. 또한 그녀에게는 해석과 변형이 이루어지는 모든 장소, 사람들이 전통에 관련되는 모든 곳이 교육의 장이 된다.

학은 1960년대 이후 지속적으로 독일의 종교교육을 이끌어왔던 핵심적 사고의 하나라고 할 수 있다. 그래서 슈바이쩌(Fridrich Schweitzer)는 해석학과 종교교육의 밀접한 관계는 어느 특정 시기에 국한되는 개념이 아니라 기독교교육의 근본적 조건이라고 하였다.280) 종교교육이 기독교의 전통과 학생의 경험을 연결해야 하는 본질적 과제를 갖고 있는 한 오히려 종교교육의 본질 자체가 해석학적 조건을 갖고 있는 것이라고 할 수 있다는 것이다. 아래에서는 1960년대 이후 독일의 종교교육이 어떻게 '기독교의 전통'과 '학습자의 경험'을 연결하려는 해석학적 노력을 전개해 왔는지를 대표적인 몇 이론을 중심으로 살펴보고자 한다.

1. 해석학적 종교교육의 시기("Hermeneutische Phase")

독일의 종교교육은 1960년대 초에 소위 "해석학적 전환(hermeneutische Wende)"이라고 하는 변화를 맞게 된다. '전환'이라고 하는 단어가 암시하는 것처럼, 이 시기 독일의 종교교육은 그 이전과는 다른 방향으로 나아가는 전환이 일어났는데, 이를 이해하기 위해서는 그 이전 독일의 기독교교육을 알 필요가 있다.

독일은 1920년대부터 1950년대 말까지 소위 바르트에 의하여 시작된 변증법적 신학으로부터 영향을 받은 "복음수업(Evangelische Unterweisung)"의 시기를 거치게 된다. "복음수업"은 19세기 이후 독일의 종교교육을 주도해왔던 자유주의적 종교교육281)에 반기를 들

---

280) Fr.Schweitzer, "The Hermeneutic condition of Religious education", H.Lombaerts& D.Pollefeyt(ed), *Hermeneutics and Religious Education*, (Leuven: Peeters, 2004) 87.
281) 슐라이어막허로부터 시작된 자유주의 신학이 19세기에 신학을 주도해 온 것처럼, 이것은 기독교교육의 영역에도 영향을 미쳤는데, 특히 19세기 이후 학문적으로 발전하게 된 교육학과 서로 밀접하게 연관을 지으면서, 인간의 잠재력, 인간학적이고 심리학적 기반, 경험 등을 중심으로 기독교교육을 전개해 왔다. 20세기에 들어서는

고 출현한 기독교교육의 흐름으로, 그 이전의 자유주의적 기독교교육을 대표하는 단어인 "종교교육"이 기독교성을 담보할 수 없다고 비판하면서, 보다 적극적인 기독교적 가르침을 의미하는 '복음적 교육'이라는 단어를 제창하였다. 이들은 그 이름에 걸맞게 '성서', '선포', '복음' 등과 같은 핵심적 개념을 중심으로 기독교교육을 전개하였다.282)

독일의 경우 교회학교를 중심으로 하는 미국이나 한국의 기독교교육과는 달리, 루터시대 이래로 학교를 중심으로 하는 기독교교육 구조를 가지고 있어서, 오늘날에도 유치원에서부터 고등학교에 이르기까지 모든 공교육기관 안에 종교수업을 실시하고 있다. 이 '복음수업'의 시기에는 학교에서 이루어지는 종교수업이 '성서'의 말씀을 선포하고 학생들을 신앙적 결단에로 초대하는 것에 초점이 놓여 있었다. 성서는 물론 '하나님의 계시의 말씀'으로서의 권위를 갖고 있었고, 교사들은 교회의 목회자와 마찬가지로 학생들에게 복음을 선포하고 결단을 촉구하는 사역자들로 이해되었다. 따라서 이 시기에 성서를 가르치는 것은 '해석적 활동'이기보다는 하나님의 계시의 말씀을 선포하는 것이었고, 학생들은 그 권위를 수용해야 하는 대상으로 이해되었다.

이와 같은 '복음교육'은 독일민족이 양 대에 걸친 세계대전을 겪으며 위기에 싸였던 시대적 상황과 잘 맞아 떨어졌고, 독일 민족에게 신앙의 순수성을 회복하고, 교회를 부흥시키는 데에 크게 기여를 하였

카비쉬(R.Kabish), 니버갈(Fr.Niebergall), 바움가르텐(O.Baumgarten) 등에 의해 대표되었다. 참조, K.Wegenast, "Lernwege der Religionspädagogik in der zweite Hälfte des 20.Jahrhunderts", http://www.evrel.ewf.uni-erlangen.de/diana/wegenast/Lernwege.htm.
282) Wilhelm Sturm, *Religionsunterricht Gestern Heute Morgen*, (Stuttgart, Calwer Verlag, 1971), P. 75이하. 이것은 미국의 기독교교육이 신정통주의로부터 영향을 받으면서 추구하였던 방향과 대단히 흡사하다.
283) W. Sturum, Ibid.

다.283) 그러나 독일민족이 전쟁의 상처로부터 회복되고 사회적 안정을 찾게 되는 50년대 말과 60년대 초에 이르러서 '복음교육'은 더 이상 초기의 역동적인 역할을 감당할 수 없었을 뿐만 아니라, 학교라는 장에서 가르치는 교사나 학생들에게 큰 부담요인으로 작용하게 되었다. 먼저 교회의 사역자이기 보다는 학교의 교사로 국가로부터 임용된 종교교사들에게 교회의 목사와 같은 사역을 요구하는 것이 부담요인이 되었고, 또한 학교라고 하는 중립적인 장소가 신앙적 결단을 이끌어내는 장소가 되는 것에 대한 사회적 비판이 증가하였다.

그와 같은 상황 속에서 50년대 말에 소위 "해석학적 전환"이 일어났다. 스탈만(M.Stallmann)284)과 스톡(H.Stock)285), 오토(G. Otto)286)와 같은 학자들이 종교교육은 '선포'를 중심으로 하는 교육에서 벗어나 학교의 다른 과목과 동등한 교과목 차원에서 가르쳐 져야 한다고 주장하면서 시작되었다. 그들은 학교의 기본적 과제가 '문화와 전통을 전달하는 것'이라는 관점에서 볼 때, 종교과목도 선포와 개인의 결단 중심이 아니라, 서구 문화의 중요한 요소인 기독교문화를 전달하는 것에 초점이 놓여야 한다고 보았다. 성서도 하나님의 계시 말씀으로서가 아니라 기독교 문화의 경전으로서, 오늘날의 상황에 맞게 '해석'되어야 하는 역사적 문서로 이해되어야 한다고 보았다. 그러면서 이들은 성서가 '해석'의 대상이 되기 위한 적절한 해석의 도구를 찾았고, 이를 위하여 이미 18세기 말부터 성서신학 영역에서 활발하게 이루어져 왔던 "역사비평방법"을 종교수업 안으로 수용하였다.

'해석학적 종교수업'은 '역사비평방법'을 종교수업에 도입하여 그

---

284) M.Stallmann, *Christentum und Schule*, (Stuttgart, Schwab, 1958)

285) H.Stock, *Studien zur Auslegung der synoptischen Evangelien im Unterricht*, (Gütersloh, Mohn, 1959)

286) G. Otto, *Schule-Religionsunterricht-Kirche*, (Göttingen 1961)

야말로 역사적 문서로서의 성서를 '해석'하는 것에 종교수업의 중점을 두게 되었다. "학문적 신학과 학교의 종교수업 사이에 다리를 놓는 시도"가 이루어졌다.287) 성서의 배경을 보다 더 잘 이해하기 위해서는 신학 뿐만 아니라, 역사학, 사회학, 철학과 심리학 등도 종교수업 안으로 대폭 수용되었고, 종교수업은 그야말로 성서해석학 수업을 방불케 하는 해석적 수업을 지향하게 되었다. 이 당시 스톡(H.Stock)이나 스탈만(M.Stallman)288)에 의해 쓰여진 종교수업 교과서는 성서신학의 영역에서 쓰여진 공관복음서의 주석과 크게 다르지 않았다.

이들 '해석학적 종교수업'을 대표하는 학자들에 의해 표방된 원칙 중의 하나는 성서를 현대라는 콘텍스트에서 이해함으로서, 오늘을 사는 학습자에게 이해가능하고 의미 있는 해석을 제공한다는 것이었다. 그래서 이 모델 안에서의 학습자는 '현대인'으로 이해되었고, 현대라는 배경 안에 출현된 다양한 비평방법과 과학적 사고들이 수업의 탐구방법으로 고려되었다. 교사는 기존의 "복음 교육" 시기에 가졌던 부담을 떨어버리고, 문화적이고 역사적 문서로서의 성서를 학생과 함께 탐구하고 가르치는 것에 집중하게 되었으며, 종교수업은 신앙수업이기 보다는 학교안의 여타의 다른 과목처럼 지적 탐구의 수업이 되었다.

'해석학적 종교수업'은 이렇게 교사들을 선포의 의무로부터 자유롭게 하였고, 또한 종교과목을 타교과목에 비하여 학문성에 있어서 손색이 없는 교과목으로 변하게 한 듯하였으나, 오래가지 않아 실패를 자인할 수밖에 없었다. 거의 신학수업을 방불케하는 주석수업이 수업의 대상인 어린이와 청소년에게 적합지 않았던 것이다. 슈바이쩌는 '해석학적 종교교육'의 핵심적 목적이 '현대인에게 맞는 해석'을 시

---

287) H.Stock, Ibid., 9.
288) M.Stallmann, *Die biblische Geschichte im Unterricht*, (Göttingen, Vandenhoeck & Ruprecht, 1963).

도한다는 것이었지만, 실제 그 현대인인 어린이와 청소년, 그리고 그들의 경험이 크게 고려되지 않았던 것이 실패의 가장 큰 원인이라고 지적하였다.289) 해석학적 수업은 수업의 대상인 어린이와 청소년의 수준과 관심, 그리고 현재적 상황은 실제적으로 고려되지 않은 채, 주로 과거 지향적 텍스트 해석에 관심이 머물러 있었고, 그런 한 이 수업이 학생들의 관심과 흥미를 불러일으키는 것은 한계가 있었던 것이다.

필자에게 '해석학적 종교수업'은 그 추구하는바 근본 원칙과 그들이 사용했던 수단 간의 상충으로 인하여 처음부터 실패할 수밖에 없는 구도를 가지고 있었던 것으로 보인다. 이들이 추구하였던 것은 성서를 현대라는 콘텍스트에서 이해함으로서, 오늘을 사는 학습자에게 이해 가능하고 의미 있는 해석을 제공한다는 것이었다. 그러나 학습자에게 이해가능하고 의미 있는 해석을 제공한다는 것이 무엇인가? 그것은 성서에 대한 객관적 이해를 통해서가 아니라 성서가 학습자의 신앙에 의미를 주고, 그들의 자기이해와 삶에 영향을 미칠 수 있도록 만남을 주선할 때 가능한 것이다. 그러나 '해석학적 종교수업'은 '역사비평방법'이나 다른 현대의 과학적 학문들을 수용하여 객관적 성서해석을 제공하고자 하였다. 이 책의 2장에서 살펴본 대로 '역사비평방법'의 근본적 원칙은 '객관화'와 '거리두기'이다. 그것은 해석자의 실존적 문제나 해석자가 처하여 있는 상황은 괄호 안에 넣고, 텍스트가 형성된 배경과 텍스트의 문맥, 양식, 원전, 편집의 과정 등을 비판하여 분석하는 방법이다. 이 방법은 텍스트 해석의 한 과정으로는 필요할 수 있지만, 학습자들에게 성서를 오늘의 삶과 만나게 해 주는 데는 직접적이고 구체적으로 기여할 수 없다는 태생적 한계를 가지고 있었다. '해석학적 종교수업'이 현대적 해석학의 기반 위에서 학습자를 성서

---

289) Fr.Schweitzer, "The Hermeneutic condition of Religious education", H.Lombaerts& D.Pollefeyt(ed), *Hermeneutics and Religious Education*, (Leuven: Peeters, 2004)

와 만나게 하려 시도했다면, 성서비평학적 탐구에 머물지 말고, 이에서 더 나아가 성서의 지평이 학습자의 지평과 마주칠 수 있는 방법과 과정을 강구했어야 했던 것이다.

'해석학적 종교수업'이 실패하게 된 또 하나의 근본적 원인은 이들에게서 학습자는 '현대인'으로서는 이해되었을지 모르지만 '신앙인'으로서는 이해되지 않았다는 것이다. 성서가 쓰여진 것은 '신앙에서 신앙에로' 이르게 하는 '증인(witness)'의 목적을 위해서이다. 따라서 성서 텍스트를 현대인이 이해할 수 있도록 해석한다는 의미는 신앙의 텍스트인 성서가 현대인의 신앙에 자극을 주고 실존적으로 마주치도록 하는 것을 의미한다. 증인의 역할을 위해 쓰여진 성서와의 만남은 성서가 증거하는 것이 실제로 내가 만난 것처럼 느낄 때 가장 극대화되는 것이다. 성서와의 이와 같은 만남은 종교교육이 학습자를 신앙적 성장의 도상에 서 있는 '신앙인'으로 전제할 때에 추구되는 것이다. 신학자나 전문가가 아닌 어린이와 청소년이 굳이 성서를 수천 년의 거리를 극복하고 탐구해야 할 이유가 그것 외에 무엇이겠는가? '해석학적 종교수업'은 바로 이 핵심적 문제를 간과하였다.

위와 같은 점을 미루어 볼 때, 독일에서 50년대 말과 60년대 초에 일어났던 '해석학적 종교교육'은 해석학이 추구하는바 앎과 삶의 순환적 관계나, 텍스트와 해석자 간의 상호작용으로서의 해석의 개념, 또 텍스트 해석으로부터 얻는 해석자의 '자기 이해'의 확장과 '자기 변형'과 같은 개념에 충실하기 보다는, 역사비평방법을 사용한 성서해석에 보다 강조점을 두었던 것을 볼 수 있다. 따라서 이 시기의 종교교육이 '해석학적 시기'라고 칭하여지기는 하지만, 진정한 의미의 해석학적 접근이 이루어졌는지에 관하여는 의문을 제기하지 않을 수 없다. '해석학적 종교교육'은 그 자체로서 보다는 오히려 그 이후로 성서의 전승을 학습자의 경험과 서로 연결시키는 다양한 모델이 출현하게 하는 계기가 되었다.

2. 문제 중심의 종교수업
(Problem-orientierter Religionsunterricht)

'해석학적 종교교육'의 실패는 결국 그 후발주자들로 하여금 종교교육에 있어서 '학습자의 경험'에로 회기하게 하는데 결정적 기여를 하였다. 60년대 중반 '해석학적 종교교육'이 지속될수록 학생들의 종교수업에 대한 흥미가 반감되었고, 종교수업 취소율이 상승하면서 종교수업의 위기 상황이 그 어느 때보다 고조되자, 학자들은 '해석학적 종교교육'이 소홀하게 생각하였던 측면 즉 '학습자의 경험'에로 관심을 전환하였다.

그와 같은 상황 안에서 나타난 모델이 "문제 중심의 종교수업"이다. '문제중심 종교수업'은 당시의 독일 종교교육 상황에 매우 자극적 질문 즉 "종교수업의 중심에 성서가 서 있어야만 하는가?"라는 질문과 더불어 시작되었다.[290] 카우프만(H.B.Kaufmann)이 던진 이 질문은 그동안 "종교수업은 성경공부"라고 하는 등식에 근본적 질문을 던지는 것이기도 하였지만, 다른 한 편으로는 종교수업의 핵심은 전통의 전수만이 아니라 학생이 처해 있는 현재의 상황과 경험도 포함한다는 것을 제시한 물음이기도 하였다. 이 물음에 대한 토론이 불길같이 번질 만큼 당시 독일의 종교수업은 한계 상황 가운데 있었다.

그런 상황에서 닢코(K.E.Nipkow)와 카우프만(H.B.Kaufmann) 비일(P.Biehl) 등의 학자들이 '성서'만을 종교수업의 중심에 놓기 보다는 현재 문제들, 테마들을 종교수업의 중심에 놓고 그것으로부터 성

---

290) H.B.Kaufmann, "Muβ die Bibel im Mittelpunkt des Religionsunterrichts stehen?" G.Otto, H.Stock(ed), *Schule und Kirche von den Aufgaben der Erziehung, Festschrift M.Stallmann*, (Hamburg, 1968), P. 79이하.

서와의 연관성으로 들어가자는 의미에서 '문제 중심의 종교수업'을 제창하였다.291) 이들은 '종교'가 의미하는 것은 신학적 지식이 아니라, "궁극적으로 개인과 공동체의 삶에 의미를 주고, 그들의 삶을 결정하는 힘으로서의 기능을 하는 일종의 의미와 가치체계와 같은 것"이라고 볼 때, 종교수업은 단순히 전통을 전수하고 전달하는 것에 그치거나, 비평학적으로 성서를 해석하는 것에 그치는 것이 아니라, 학습자의 삶과 관련된 의미 형성에 목적을 두어야 한다고 보았다. 종교수업의 목적은 바른 신앙고백에 있는 것이 아니라, 학습자의 삶 속에서 잘못된 의미, 혹은 의미상실과 싸우고, 기독교적 의미체계를 형성하는 것이며, 또한 그 의미체계를 바탕으로 통전적 삶을 살아가도록 돕는 것에 있다는 것이다.

그러한 기능을 하기 위해서 종교수업은 학습자가 실제로 속해 있는 삶의 지평으로부터 문제들을 발견하고, 문제들을 문제들로 의식하며, 이 문제들을 통해 기독교적 의미체계를 숙고함으로써, 좁게는 이 문제들을 기독교적 관점에서 해결할 수 있는 도움을 주고, 넓게는 학습자의 정체성에 영향을 미치는 기독교적 의미형성에 기여할 수 있게 되어야 한다고 보았다. 학습자들은 종교수업을 통해서 전통을 이해하는 것뿐만 아니라, 발견하고, 창조하고, 문제를 해결하는 사고를 형성할 수 있어야 하며, 더 나아가 그들의 신앙을 삶 속에서 지키며 살아내는 데 도움을 주는 것이어야 한다고 보았다.

따라서 이들은 종교수업이 성서로부터 시작할 것이 아니라, 오늘날의 상황과 경험으로부터 시작하여야 하며, 그것으로부터 성서에로 접근하여 학습자로 하여금 삶과 성서 간의 상호관계 구조를 보다 분명히

---

291) H.B. Kaufmann(ed), *Streit um den problemorientierten Unterricht in Schule und Kirche*, (Frankfurt, Deisterweg, 1973), K.E.Nipkow, *Schule und Religionsunterricht im Wandel, Ausgewählte Studien zur Pädagogik und Relgionspädagogik*, (Heidelberg, Quelle & Meyer, 1971)

하도록 돕고, 더 나아가 성서와 삶이 모두 세계에 책임이 있는 것임을 알도록 해야 한다고 강조하였다.

닢코는 자신의 문제중심 모델을 특별히 "수렴이론(Konvergenztheorie)" 모델이라고 칭하였는바, 그는 주제와 문제(Themen und Problem)를 통해서 학습자가 처해있는 '상황'과 '성서'가 서로 수렴되어야 한다고 보았다.292) 이 둘 간의 수렴의 개념을 닢코는 특별히 틸리히(P.Tillich)와 연결시켜 설명였다. 틸리히는 소위 "상관관계(Korrelation)"의 개념을 제시하면서, 기독교 전통과 경험 간의 상호 작용은 기독교 신앙을 결정짓는 핵심적 요소라고 보았다.292) 틸리히는 신학이나 기독교 신앙은 진공상태에서 출발하는 것이 아니라, 언제나 사회적-역사적 지평인 '문화' 안에서 시작되는 것임을 강조하면서, 모든 신학은, 더 나아가 모든 개개인의 삶의 스타일도 결국은 구체적인 경험 세계인 문화와 종교의 계시적 차원 간의 상호작용, 즉 상관관계로부터 출발하는 것이라고 보았다. 그에게 "종교는 문화에 의미를 주는 주체이고, 문화는 또한 종교의 기본적 요소를 표현하는 통로"이기 때문에, 그 둘은 따라서 뗄 수 없는 불가분리의 관계 안에 있는 것이다.294) 그렇기 때문에 틸리히는 "상관관계 방법"을 통해서 기독교메시지와 인간의 상황을 서로 연결하려 하였다. 그는 '물음과 대답', '상황과 메시지', '인간실존과 신적 자기계시'를 상호작용 속에서 보면서, 기독교의 신앙은 결국 실존적 질문과 신학적 대답 간의 상호작용적 의존을 통해서만 해명될 수 있다고 보았다.295)

이와 같은 틸리히의 "상관관계(correlational)"이론을 근거로 하여

---

292) Nipkow, Ibid., P. 272이하.
293) P.Tillich, *Systematische Theology*, (Berlin, 1984), 18.
294) P.Tillich, *Recht und Bedeutung religiöser Symbole*. Bd. V.(Stuttgart 1961), 29.
295) P.Tillich, *Systematische Theology*, 15, 74.

닢코는 신학이 반드시 현대의 상황에 답변하는 신학이어야 하는 것처럼, 종교교육도 현재의 문제와 상황에 답변할 수 있는 교육이어야 한다고 보았다.296) 이 답변은 "해석학적 종교교육"처럼 성서를 주석하는 것만으로는 얻을 수 없고, 학습자가 처해 있는 상황과 성서가 만나서로 대화할 때 얻을 수 있는데, '주제'와 '문제'가 바로 그러한 대화가 이루어질 수 있는 '수렴점'이라고 하였다. 그는 인간 경험의 측면과 계시적 측면을 서로 연결시킴으로써 개인적이고 인격적으로 의미를 주는 기독교적 메시지를 발견하는 것에 수렴이론의 목적을 두었다.

'문제중심 종교수업'의 기본 개념을 바탕으로 여러 다양한 수업모델이 개발되었고, 독일의 여러 주들에서는 이를 바탕으로 한 커리큘럼 개발이 이루어 졌다. 수업의 모델의 다양성에도 불구하고 베겐아스트(K.Wegenast)는 '문제중심 종교수업'은 전체적으로 다음과 같은 공통된 구조를 공유하고 있다고 하였다297):

첫째, 특정의 문제에 관한 현재의 상황 분석하기,
둘째, 문제와 관련된 갈등상황 반성하기(reflexion)
셋째, 신학적으로 판단하기
넷째, 다양한 해결가능성에 대하여 토론하기
다섯째, 관련된 행동과 태도에 관하여 생각나누기
여섯째, 최종적 행동가능성 상상하기 및 실험하기

첫째 단계인 '문제 설정' 과정은 특별히 학습자의 연령에 따른 "발달적 특성"과, "사회 문화적 콘텍스트"에 관한 정보들이 중요한 두 축을 이룬다. 이를 위하여 '문제중심 종교수업'은 학습자의 발달적 특성

---

296) M.K de.Laza, *Problemorientierter Religionsunterricht*.
297) Wegenast, Ibid.

에 관한 연구와 다양한 사회이론들을 수용하였다. 닢코와 슈바이쩌 등은 학습자의 사회적, 도덕적, 종교적 발달 특성들을 고려하면서, 동시에 어린이와 청소년의 종교적 판단들, 즉 그들의 하나님, 교회, 기도, 성경 등에 관한 이해와 판단들에 관하여 폭넓은 현장 조사와 인터뷰를 실시하였고, 이를 통하여 독일이라는 문화적 정황 안에서 성장하는 학습자들의 종교적 특성의 구체화를 모색하였다.298) 뿐만 아니라 미디어를 통한 사회의 이슈들과 정치, 경제, 문화, 종교적 측면들의 주제들을 수집하고, 학습자의 발달적 특성과 수렴되는 지점들을 모색하였다. 이 과정에서 학습자가 실제 일상의 삶에서 만나게 되는 다양한 가치관과 안목들, 즉 합리주의적 관점, 자연과학적 관점, 세속화의 경향들도 주제와 문제의 내용 안으로 편입하면서, 그것들과 관련되는 기독교 전통과의 대화를 시도하였다. 이 대화는 특별히 세 번째 단계인 '신학적 판단하기'에서 이루어진다. 이를 위해서 '문제중심 종교수업'은 또한 성서신학과 조직신학, 기독교윤리적 이해들과의 간학문적(interdisciplinary) 연구와 대화를 시도하였다. 네 번째부터 여섯 번째 단계까지는 학습자의 삶의 실천을 구체적으로 변화시키는 것에 주안점이 놓여있다. 다시 말하면 이 수업의 궁극적인 목적은 행위지향적(handlungsorientiert)이라는 것이다.

'문제중심 종교수업'은 위와 같은 종교수업의 모델을 구성하는 과정 속에서 단순히 하나의 수업모델을 지향하는 이론으로 머문 것이 아니라, 기독교교육학의 학문적 특성 자체를 재규정하는 이론으로 발전하였다. 닢코는 기독교 전승과 학습자의 현재 경험 간의 수렴을 모색하는 기독교교육학은 그 본질상 "간학문성(interdisciplinarität)"을

---

298) K.E.Nipkow, *Erwachen werden ohne Gott*, (München, Kaiser Verlag, 1987), Fr.Schweitzer, *Lebensgeschichte und Religion* (München, Kaiserverlag, 1987), A.Feige, Nipkow, *Erfahrungen mit Kirche*, (Hannover, Lutherisches Verlagshaus, 1982).

바탕으로 하는 학문이라고 규정하였다. 기독교교육학은 한 편으로는 기독교의 전승에 대하여 이해를 발전시켜야 하지만, 다른 한 편으로는 학습자의 현재의 경험과 사회문화적 배경들에 관한 전문적 입장을 갖고 있어야 한다는 점에서 다양한 인접학문들과의 대화가 없이 전개될 수 없는 학문이고, 그런 점에서 '간학문성'이 기독교교육학의 본질적 특성일 수밖에 없다고 하였다. 그러나 기독교교육학은 인접학문, 특별히 기독교전통에 관심하는 신학과 학습자의 이해와 학습경험의 구성에 관심하는 심리학이나 교육학의 연구 성과에 의지하지만 단순히 그것을 종합하는 역할 만에 머무는 것은 아니라고 하였다. 그 둘을 서로 수렴하고 연결하는 작업은 신학도 교육학도 대신할 수 없는 기독교교육학만의 독자적 영역이라는 것이다. 신학은 기독교전통과 초월적(transcendental) 측면에 통찰을 제시하지만, 그것과 학습자의 경험 간의 상호작용이라는 기독교교육의 본질적 과제를 감당할 수 없다. 반면 교육학이나 사회학 및 여러 인문과학은 학습자에 대한 이해와 경험 그리고 학습경험의 구성과 매개라고 하는 측면의 통찰을 제시하지만 그것만으로는 기독교적 전통과 초월적 측면을 담보할 수는 없다. 그렇기 때문에 신학이나 교육학은 기독교교육학의 자리를 대신할 수 없는 것이다.

　기독교교육학과 인접학문과의 이와 같은 관계를 닢코는 "상대적 자율성(relative Autonomie)"라고 표현하였다. 기독교교육학은 신학으로부터 기독교전통과 초월적 차원의 통찰을, 교육학 및 인문과학으로부터 학습자의 경험에 대한 통찰을 얻는다는 점에서 그들에게 의존되어 있지만, 그렇다고 그들과 종속관계에 있는 것이 아니라고 하였다. 기독교교육학은 나름대로 독자적 입장에서 그들을 비판적으로 판단하고 선택적으로 수용을 하는 상대적 자율성의 관계에 있다는 것이다. 이 상대적 자율성의 관계에 있을 때만 기독교교육학은 신학적 요소들을 어린이와 청소년의 발달 및 사회 문화적 차원에서 재구성할 수 있고, 또한 사회문화적 내용들을 신학적으로 판단하며 선택할 수 있으며 이를 전체 기독교교육의 틀 안에서 체계화할 수 있고 재구성 할 수 있다는 것이다.

기독교의 전통과 학습자의 경험 사이를 '문제와 주제(Themen und Problem)'를 통해 수렴하고자 했던 '문제중심 종교수업'은 단순히 종교수업모델만을 개발한 것이 아니라 기독교교육의 목적, 기독교교육학의 성격, 더 나아가 인접학문과의 관계 등 기독교교육 전체에 대한 하나의 통일적인 접근으로 발전하였다. 이와 같은 점들을 통해 보았을 때 우리는 성서적 텍스트와 텍스트 해석자로서의 학습자의 경험 간의 만남을 추구하는 해석학적 사고가 '문제 중심 종교교육'에서는 기독교교육의 목적 빛 방향설정, 종교수업의 모델 개발, 그리고 기독교교육학의 학문성 규명 등 모든 측면에서 하나의 통일적인 이론을 구성하는 핵심적 모티브가 되고 있는 것을 확인하게 된다.

3. 상징 교수학(Symboldidaktik)

'문제중심 종교수업'이 추구하였던바 '기독교 전통과 학습자 경험의 수렴'은 그 이후로 독일 기독교교육을 이끄는 핵심적 화두의 하나가 되었고, 이를 추구하는 비슷한 모델들이 다양하게 나타나는 계기가 되었다.[299] "상징교수학(Symboldidaktik)"이 그 대표적 예이다.[300]

---

[299] 80년 이후 독일에서 기독교전통과 학습자의 경험을 서로 중재하는 기독교교육의 모델에는 "상관관계 모델(Korrelationsdidaktik)"(G.Baudler), "경험지향적 종교수업(Erfahrungsorientierter Religions unterricht)"(W.Ritter, K.Foitzig, F.Harz), "성서교수학(Bibeldidaktik)"(H.K.Berg, I.Balderman), "발달심리학적-기초화교수법(Entwicklungspsychologisch-elementarisierende Didaktik"(K.E.Nipkow, Fr.Schweitzer), "상징교수학(Symboldidaktik)" 등을 들 수 있다.

상징교수학은 '문제중심 종교수업'이 기독교전통과 학습자 경험을 수렴한다는 전제 위에 시작되었지만, 실제로는 '문제'에 집중함으로써 그 둘 간의 진정한 변증법적 수렴에는 미흡했었다는 점을 지적하며, 그 둘이 서로 만날 수 있는 수렴점을 '상징(symbol)'에서 찾았다.[301] '문제 중심의 종교수업'이 '문제'라는 지점으로부터 시작하였다면, 상징교수법은 '상징'으로부터 시작하였는데, 그것은 상징이야말로 학생의 경험과 기독교전통을 통합하고, 또 문제중심에서 중시하였던 '문제'까지도 함께 통합하는 지점이 된다고 보았기 때문이다.[302] 1980년대부터 할프파스(Hubertus Halbfas)와 바우들러(Georg Baudler), 슈피겔(Yorick Spiegel), 파이펠(E.Feifel) 그리고 비일(Peter Biehl)과 같은 일련의 학자들이 '상징' 자체가 갖고 있는 통합성이 기독교전통과 학습자의 경험을 연결할 수 있는 가능성을 내포하고 있다는 점을 간파하면서, 이를 바탕으로 상징교수학적 모델을 제시하였다.[303]

---

300) 문제중심 종교수업은 독일의 기독교교육 영역에서 많은 변화를 일으킨 만큼 또한 많은 비판의 대상이 되기도 하였다. 그 중 가장 큰 비중을 차지하였던 것이 기독교의 전통과 학습자 경험의 연결라고 하는 목표가 얼마나 수렴되었느냐 하는 것이었다. 많은 학자들은 이상적인 이론에도 불구하고 문제중심 종교수업은 실제적 교육의 현장에서는 기독교 전통에 보다는 학생의 경험이라고 하는 측면에 보다 무게 중심이 실렸고, 그런 의미에서 기독교 전통과 학습자 경험 간의 진정한 수렴을 이루지는 못했다는 비판이 제기되었다. 상징교육학은 그와 같은 비판을 제기하면서 그 둘 사이의 진정한 수렴을 이루기 위한 시도로서 출현하였다.
301) 참조, H.Halbfas, *Das dritte Auge, Relgionsdidaktische Anstöβe*, (Patmos, Düsseldorf, 1982), 19이하.
302) P.Biehl, *Symbole geben zu lernen, Einführung in die Symboldidaktik anhand der Symbole Hand, Haus und Weg*, (Neukirchener Verlag, Neukirchen-Vluyn, 1989), 167.
303) Hubertus Halbfas, *Das Dritte Auge*, (Düsseldorf, 1982); G.Baudler, *Korrelationsdidaktik; Leben durch Glauben erschließen* (Schöningh, Paderborn, 1984); Y.Spiegel, *Glaube wie er leibt und lebt*, Bd1-3, (München, 1984); E.Feifel, Entwicklung in der Symboldidaktik, A.Schneider/E.Renhart(ed), *Treu zu Gott - Treue zum Menschen* (Graz, 1988) 295-309; P.Biehl, *Symbole geben zu lernen*

1) 상징

왜 상징이 기독교전통과 학습자 경험의 수렴점으로서의 역할을 하는가? 이를 위해 우리는 먼저 '상징' 자체의 의미를 살펴볼 필요가 있을 것 같다. '상징'이라는 뜻의 그리이스어 "συμβαλειν(심발레인)"은 '함께 던지다', '맞아 떨어지다', '결합하다' 라는 뜻을 가지고 있다. 그것은 상징과 연결된 다음과 같은 고대 그리스의 이야기 때문이다:

> "매우 가까웠던 두 친구가 있었고, 아쉽게도 이들은 아주 오랫동안 이별을 해야만 했다. 그들은 사기조각을 가져다가 그 위에 그들의 이름을 쓰고, 그것을 깨뜨려 두 조각으로 만들었다. 각각은 그 반 쪽 씩을 가지고 헤어졌다. 사기조각을 나눈 것은 그들의 이별의 아픔을 표현한 것이었고, 그들이 그 조각을 조심스럽게 간직한 것은 그들의 서로에 대한 신실함의 표현이었다. 사기조각은 그들에게는 '우정'을 의미하는 것이었다. 그들이 어제 경험했지만, 오늘에는 없는, 그러나 내일 다시 경험될 것에 대한 상징이었다. 깨진 사기조각 자체는 물론 우정이 아니지만, 그들은 그것을 볼 때, 우정을 생각하게 되고, 또 헤어진 친구를 생각하게 되므로 그것은 그들에게 헤어진 친구의 현존과 같은 것이었다. 오랜 시간이 흐른 후 그 친구들은 다시 만났다. 그들은 깨어진 사기 조각을 다시 붙여 본다. 두 조각은 꼭 맞는다. 그들은 갈라졌던 것이 다시 만난 것을 축하하며 기뻐한다."304)

상징이란 이 이야기에 나타나는 사기조각처럼 원래 함께 속해 있던 것이 갈라져서 함께 던져진 것을 의미한다. 깨어진 사기조각은 눈으로 보기에는 사기조각이지만, 헤어진 친구를 대표하는 것이고, 과거 우정에 대한 현존의 형태로서의 기능을 한다. 상징이란 이처럼 눈에 보이도록 표현된 것과 함께 동반되는 어떤 것이다. 그것을 비일은 '함께

(Neukirchn, 1989), H.Saal, *Das Symbol für Leitmodell für religiöses Verstehen*, (Vandenhoeck&Ruprecht, Göttingen1995)

304) J.Amstutz, "Was ist ein Symbol?" Gesellschaft für Symbolforschung(ed), *Symbolforschung*, (Bern, 1984), 9-10.

던져진 것(zusammengeworfenes)'이라고 표현하면서, 이와 같은 상징의 특징들을 다음의 여섯 가지로 정리하였다.305)

첫째, 상징은 "지시하는 특징"을 가졌다. 눈에 보이는 것은 사기 조각이지만 이를 넘어서서 눈에 보이지 않는 '우정'을 지시하듯 상징은 구체적으로 보이는 형태 안에 보이지 않는 어떤 것을 간접적으로 지시하는 기능을 한다. 따라서 상징에는 '감각적 표시(sinnliches Zeichen)'라는 일차적 요소에, 그것이 '지시하는 것'이라는 이차적 요소가 포함된다. 이차적 요소는 일차적 요소가 간접적으로 표현하는 요소이다. 상징은 따라서 숨겨진, 더 깊은 실재를 드러내는 역할을 하는 것이다.

둘째, 상징은 단순히 어떤 것을 지시하는 것에서 그치는 것이 아니라, 새로운 의미를 육화(verkörpert)하고 또한 동시에 창조하는 역할을 하기도 한다. 감추이고 들어나지 않았던 새로운 의미를 열어 보여주는 역할을 한다는 것이다.

셋째, 상징은 공동체에 의해 인식되고 또한 사회적으로 천착된 것이다. 예를 들어 기독교 박해가 있었던 로마시대에 기독교인들은 물고기를 그림으로써 자신이 기독교인임을 서로 간에 알렸다. 이것은 상징이 공동체 안에서 경험되고, 또 공감되는 것을 통해서 자리 잡게 된다는 것을 말해준다.

넷째, 상징이 공동체에 의해 인식되고 사회적으로 천착된다는 것은 상징이 시간과 공간에 의해 제약되는 것이라는 점을 의미한다. 사회적 인정이 사라지면 상징으로서의 기능도 사라진다. 모든 공동체나 모든 사회는 그 사회의 정체성을 형성하여 주는 기본적 상징구조를 가지고 있다. 물건 뿐만 아니라 사람, 사건, 현상 등 모든 것이 상징이 될 수

---

305) Biehl, Ibid, 46이하.

있다. 어느 사람 혹은 물건이 한 사회의 상징이 될 수 있느냐 하는 것은 그것이 얼마나 그 사회와 공동체를 통합하는 힘을 가졌느냐에 달려 있다.

다섯째, 상징은 인간 내면세계의 깊은 차원을 열어준다. 상징은 우리의 내면적 세계와 외면적 세계를 연결해 주고, 의식과 무의식을 연결하는 기능을 한다. 로렌쩌(A.Lorenzer)와 같은 심리학자는 상징을 통해서 우리는 무의식 깊숙한 곳에 억압되었던 것과 만나고, 이를 의식의 세계로 올려 극복하거나 그와 대결할 수 있게 된다고 하였다.306) 상징은 우리의 문제(Ich-problematik), 우리의 갈등과 상처, 희망 등과 관련되어 있고, 그를 극복할 수 있는 통로가 된다.

여섯째, 상징은 그러나 양면성을 가지고 있다. 상징은 한 편으로 살리는 힘도 있지만 죽이는 힘도 있다. 상징은 부정적으로 우리가 흔히 "클리세"라고 부르는 잘못된 편견을 형성하고, 살아있는 의미를 생동적으로 창조하기 보다는, 죽은 것에 고정하는 '우상'의 기능을 하기도 한다.

상징에 관한 이와 같은 정리를 바탕으로 해서 보았을 때, 상징의 가장 본질적 특징은 그의 매개성, 혹은 연결성에 있다고 할 수 있겠다. 상징에 일차적으로 표현된 것 뒤에는 이차적 의미가 매개되어 있는데, 일차적 의미 자체가 이차적 의미를 끌어당겨 연결시켜주는 힘이 있기 때문이다.307) 일차적 의미가 끌어당기는 힘이 있는 것은 그것이 우리의 일상적 삶의 경험과 연결되어 있기 때문이다. 그래서 리쾨르는 상징이란 일종의 사건으로, 상징에 나타난 일차적 의미가 우리에게 숨겨져 있는 의미를 공유하고 그것에 동화하도록 들어내어 주는 사건이라

---

306) 참조, A.Lorenzer, *Kritik des psychoanalytischen Symbolbegriffs*, (Frankfurt a.M., 1972) 65.
307) P.Ricoeur, *The Symbolism of Evil*, (New York: Harper & Row, 1967) 14-17.

고 하였다. 그렇기 때문에 상징은 일차적 내용에서 이차적 내용에로의 '도약'이 일어나는 순간인데, 이 도약은 상징자체가 가진, 더 깊은 의미를 드러내는 힘에 의해 일어나는 것이라고 하였다.308) 이렇게 보았을 때 상징은 일차적 의미와 이차적 의미의 매개 사건 그 자체라고 할 수 있다.

이 매개의 사건을 좀 더 깊게 들여다보면, 상징의 사건은 곧 "해석의 사건"이라고 할 수 있다. 상징에 표현되어 있는 일차적 의미로부터 이차적 의미를 발견하게 되는 것은 곧 상징에 대한 해석의 사건이 일어난 것이라고 할 수 있다. 상징의 사건이 상징이 가지고 있는 세계 기획을 수용하는 일이고, 그것을 공유하는 것이 상징의 사건이라면, 그것은 그 자체로 해석의 사건이라고 하는 점을 알 수 있다. 이 책의 1장에서 살펴본 대로 리쾨르에 의하면 해석이란 우리가 텍스트의 세계기획을 자신의 것으로 전유함을 통해 자기이해를 확장하고 삶을 변형하는 사건이다. 상징을 이해했다는 것은 상징의 일차적 의미 뒤에 숨어 있는 더 깊은 의미를 발견하고 자신의 것으로 수용하며, 이를 통해 자기이해를 확장하는 사건이다. 리쾨르가 그의 「해석이론」에서 상징의 문제를 다루고 있는 것은 그런 의미에서 우연이 아닌 것이다.309) 상징은 다른 어떤 텍스트보다 더 강렬하게 '해석'의 사건을 불러일으키는 힘이 있다. 상징은 그 자체로 더 깊은 의미의 이해에로 초대하고 끌어당기는 힘을 가지고 있기 때문이다.

상징이 해석의 사건을 일으키는 강력한 힘이 되는 것은 상징의 매개성 때문인데, 이 매개성은 일차적 의미와 이차적 의미 사이에서 만이 아니라 다양한 차원에서 일어난다. 상징의 매개기능은 개인과 공동

---

308) Ibid.
309) P.Ricoeur, *Interpretation Theory Discourse and the surplus of meaning*, 김윤성, 조현범 역, 「해석이론」, (서광사, 1994), 87-122.

체 사이에서도 일어난다. 상징은 개인 경험의 통로를 통해 이해되는 것이지만, 이 경험은 사회 안에 형성되고 합의된 이해의 전구조와 분리되어 있는 것이 아니다. 따라서 상징을 이해하는 통로가 있다는 것은 공동체의 참여를 통한 이해체계의 공유가 있을 때 가능한 것이다. 그렇기 때문에 개인이 상징을 이해한다는 것 자체가 이미 공동체의 가치와 문화를 공유하는 것이라고 할 수 있다. 앞에서 살핀 바와 같이 상징이 한 공동체를 묶어주고 통합하는 힘을 가진 요소라고 하는 점을 바탕으로 해서 본다면, 상징은 개인과 공동체의 자아이해와 정체성 형성의 통로로서의 역할을 하는 것이라고 볼 수 있다. 상징은 신앙공동체의 문화를 내면화하고, 기독교인으로서의 자아정체성을 형성하는 중요한 통로가 된다는 말이다.

상징은 또한 우리의 과거와 현재 그리고 미래를 연결하는 다리와 같은 기능을 한다. 앞의 이야기에 나타난 사기조각이 과거의 것을 현재에 재현하고, 또 미래를 현재 안에 기약하는 것처럼, 상징은 과거의 것을 현재에 재현하고, 또한 미래의 희망을 현재에 구현하게 하는 힘을 가지고 있다. 리쾨르는 상징은 한편으로 고고학적 기능을 가지고 있어서 과거를 담고 있지만, 다른 한 편으로는 목적론적(teleologie) 기능을 가지고 있어서, 이미 미래의 희망을 바탕으로 우리의 현재의 행동을 이끌어가는 기능이 있다고 하였다. 기독교회의 핵심적 상징을 '십자가'라 했을 때 이것은 단순히 2000여 년 전의 역사적 예수 그리스도의 십자가 죽음만을 의미하는 것이 아니라, 그를 바탕으로 하는 현재 기독교회의 정체성과 존재목적, 그리고 미래에 대한 비전이 모두 포함되어 있는 것이다. 상징은 우리의 과거와 현재 그리고 미래를 연결하여 주는 접촉점의 역할을 한다.

특별히 신학적 상징은 보이지 않는 초월적 하나님을 인간이 경험하고 이해할 수 있는 통로로 매개하는 기능을 한다. 틸리히(P. Tillich)는 종교적 상징의 일차적 기능은 초월적 존재인 하나님을 인간이 이해할 수 있는 경험의 언어로 표현하는 것이라고 하였다.310) 그와 같은 상징에는 '전능', '사랑', '빛' 과 같은 개념들과 같이 하나님의 무한성을 나타내는 추상적 상징이 있기도 하지만, 성서에서 나타나는 바와 같이 '바위', '성', '하늘', '얼굴', '팔', '손', '눈', '귀', '입', '왕', '목자', '아버지' 등등 구체적 형태들도 있다. 이와 같은 상징은 인간 경험의 차원에 초월적 하나님을 연결시키는 상징들이라고 할 수 있다. 이 말은 무엇을 의미하는가? 상징은 인간이 경험할 수 있는 대상을 통로로 하여 경험하기 어려운 초월적 차원이나 혹은 역사적으로 거리가 먼 차원을 연결하는 역할을 한다는 것이다. 따라서 상징에는 인간이 쉽게 경험할 수 있는 것과 경험하기 어려운 것과의 만남이 이루어진다. 이와 같은 상징의 최 정점에 있는 것이 성육신 상징이다. 성육신은 초월적 존재이신 하나님이 '인간' 이라는 구체적 형태, 즉 인간이 경험할 수 있는 형태로 오신 "하나님의 인간되심(Menschwerdung Gottes)" 사건이요 그 자체로 상징의 사건이라고 할 수 있다. 자신을 인간이 경험할 수 있도록 내준 사건이 성육신 사건이고, 그런 의미에서 그것은 상징의 사건이라고 할 수 있는 것이다. 상징에서 인간 경험과 초월적 하나님의 자기계시가 마주치는 것이다.

종교적 상징은 위에서 살펴본 것처럼 초월적 하나님의 존재를 대표하는 것이기도 하지만, 더 나아가 하나님의 활동과 현재하는 역사를 대신하는 기능도 한다. 하나님을 부르는 이름, 즉 '창조주', '구원자', '심판자', '칭의와 성취' 등의 개념은 하나님의 활동을 대표하는 상징이고, 그렇기 때문에 그 자체로 기독교 신앙의 기본이 되는 상징이기도 하다. 이와 같은 상징을 살펴보면 이것은 단순히 하나님에 관한 상

---

310) P. Tillich, *Gesammelte Werke*, Bd. V, (Stuttgart 1978) 241이하. 206이하. 참조, G.Aulen, *Das Drama und die Symbole*, (Goettingen 1965), 165이하.

징이 아니라, 인간과 관련된 상징이다. 창조주라는 하나님의 상징은 하나님이 인간과 세계를 창조한 분이라는 뜻이고, 따라서 이것은 단순히 하나님에 관한 상징이 아니라 인간의 근원과 존재 방식에 방향을 제시하는 상징인 것이다. '구원자', '심판자' 등의 개념도 모두 인간과 뿌리 깊게 연결되어 인간의 실존과 삶과 행동, 현재와 미래를 이끌어가는 의미체계가 된다. 자세히 보면 가장 근본적인 신학적 상징 한가운데에는 하나님과 인간이 서로 만나는 내용들이 자리하고 있다. '창조'와 '하나님의 형상' 상징은 인간의 존재 자체에 대한 자리매김의 상징이요, 타락, 죄는 인간의 소외에 대한 상징이다. 화해와 은혜는 인간 소외의 극복에 대한 약속의 상징이고, 부활은 인간 존재됨의 희망과 성취에 대한 상징이다.[311]

그래서 융(G.C.Jung)은 하나님에 대한 상징과 인간의 자아에 대한 상징은 동전의 양면처럼 서로 연결되어 있다고 하였다. 그는 상징에는 인간의 깊은 염원이 투영되어 있는데, 특별히 인간의 전체성(Ganzheit)과 자아(Selbst) 그리고 통합(Integration)에 대한 우리의 염원이 강하게 결합되어 나타난다고 하였다. 하나님에 대한 상징은 바로 이러한 인간의 갈망이 가장 집중적으로, 그리고 밀도 있게 천착되어 나타나는 예라고 하였다. 융은 그의 집단무의식개념을 상징과도 연결시켜 설명하는데, 하나님의 상징에 나타나는 인간의 밀도 있는 염원은 단지 어느 한 개인이나 어느 한 특정 시대에만 그치는 것이 아니라 모든 인간에게 공통적으로 존재하기 때문에 상징 안에는 개인을 넘어서서 인간의 집단적 유산이 반영되어 있다고 보았다. 다시 말하여 종교적 상징 안에서 우리는 인간 내면의 가장 깊은 염원과 자아존재에 대한 소원을 만나고, 이 소원에 투영되어 있는 인류의 공통분모적인 염원을

---

311) W.Lohff, *Glaubenslehre und Erziehung*, (Göttingen, 1974), 32이하.
312) Biehl, Ibid., 168.

공유하게 된다.312)

상징은 개인과 집단이 마주치는 지점이고, 과거와 현재 그리고 미래가 접촉하는 지점이며, 인간의 경험과 초월적 하나님의 계시가 마주치는 수렴점, 더 나아가 오랜 시간을 거쳐 축적된 인간 자아의 내면과 인간의 근본적 염원이 투영되는 지점으로서의 역할을 한다. 그렇게 보았을 때 앞에서 살펴본 '문제중심의 종교수업'이 강조하고 있는 '문제'는 학습자의 경험과 기독교의 전통을 매개할 수 있는 통로의 기능을 하는 것으로 이해되고 있지만, '상징'은 이보다 훨씬 심도 있고 복합적인 매개의 기능, 해석의 기능을 포괄하고 있는 것을 볼 수 있다. 그것은 학습자의 경험적 차원과 초월적 하나님을 매개하고, 학습자 개인과 신앙공동체 간의 상호작용을 매개하며, 학습자의 내면적 차원과 근본적 염원을 기독교적 전통과의 관련성에서 볼 수 있는 지점이 되고, 학습자의 과거와 현재와 미래를 연속성 속에서 보며, 그 안에서 기독교인으로서의 정체성을 형성하는 통로가 되는 복합적 매개의 기능이 나타난다.

2) 상징의 교수학적 기능

상징에 관한 위의 고찰에서 우리는 이미 상징이 갖는 교수학적 기능, 특별히 상징의 복합적 매개기능이 갖는 교수학적 기능을 가늠할 수 있었지만, 여기에서는 대표적 상징교수학자들에 의해 제시된 상징의 교수학적 기능들을 살펴보기로 하자.

(1) 방향제시 기능

상징이 갖는 교수학적, 혹은 교육학적 기능 중 제일 먼저 생각해 볼 수 있는 기능중 하나는 그의 '방향제시 기능(orientierungsfunktion)'이라고 할 수 있다.313) 방향제시 기능이라 함은 상징이 우리의 삶의 의미와 관련하여 방향을 제시하는 기능을 하는 것을 말한다. 모든 상징은 의미를 가지고 있다. 상징과 내적 의사소통을 해 본 사람이라면 상징이 우리를 의미의 세계로 초대하고 있고, 그 의미에 우리의 삶 전체(Ganzheit)를 개방하게 하며, 더 나아가 우리의 자아이해를 변형하게 하는 해석적 힘이 있다는 것을 안다.

예를 들어 복음서에 나타나는 세례요한은 이사야서에서 언급된 바 있는 "광야에서 외치는 자의 소리"(눅3:4)를 자신의 삶과 사역에 방향을 제시하는 상징으로 삼고 있는 것을 볼 수 있다. 복음서에 나타난 세례요한의 삶의 흔적들을 보면 세례요한은 실제로 광야에서 살면서 사람들에게 회개의 세례를 선포하고, 회개를 외쳤다. 옛날 왕이 출두하기 위하여서는 누군가 한 신하가 그 왕의 길을 예비하고 길을 평탄케 하기 위하여 그 보다 앞서 가서 사람들에게 길을 비키라고 외치는 기능을 하였다. 세례 요한은 자신이 바로 메시아이신 예수님의 길을 예비하는 '소리'라고 하는 상징을 받아들였고, 예수님의 메시야적 사역을 위해 사람들의 마음을 준비시키는 회개를 외치는 소리의 역할을 담당하였다. 그는 자신을 예수님과 비교해서 '그의 신들메를 풀기도 감당하지 못한다'고 할 만큼 '소리'라고 하는 자신의 정체성에 충실히 머물렀고, '소리'로서의 삶을 살다가 갔다. 이와 같은 예는 상징이 한 사람의 삶에 방향을 제시하여 주는 핵심적 의미체계라고 하는 점을 잘 보여주는 예라고 할 수 있다. 그 외에도 우리는 '종', '청지기'와 '백성', '자녀', '제자', '빛과 소금'과 같은 상징이 실제로 기독교인의 삶을 이끌어가는 방향제시 기능을 하고 있는 것을 우리와 우리의 주변에서 어렵지 않게 확인할 수 있다.

할프파스는 종교적 상징은 삶의 의미에 대한 근본적인 질문과 만나

---

313) H.Halbfas, *Das dritte Auge Religionsdidaktische Anstöβe*, (Patmos, Düsseldorf, 1982) 121.

게 하고, 그 질문에 답을 줄 뿐만 아니라, 상징이 주는 의미를 중심으로 삶 전체에 대한 전망을 형성하게 한다고 하였다.314) 그런 의미에서 상징은 삶 전체를 통합하는 기능이 있다고 하였다. 상징은 우리 삶의 다양한 영역들을 통일성 있게 하나로 묶는 역할을 한다는 것이다. 앞의 세례 요한의 예를 다시 생각해 볼 때 '광야에서 외치는 자의 소리'라고 하는 상징은 그의 삶의 목적 설정에 직접적으로 영향을 미쳤고, 이것은 그의 생각, 그의 행동, 말, 그의 먹고 살고 거주하는 일상적 문제, 인간관계 등 모든 영역들을 그것을 중심으로 통합하게 하는 역할을 했었을 것이라는 점을 생각해 볼 수 있다. 상징은 이처럼 우리의 삶에 방향을 제시하고, 또한 그를 중심으로 삶 전체를 통합하게 하는 기능이 있는 것이다. '소리'라는 것은 실제로 우리의 존재의 일부분이지만, 그것이 상징으로서의 영향력을 갖게 되는 순간, 그를 넘어서서 우리 삶의 전체를 하나의 의미체계로 통합하고 아우르는 역할을 하는 것이다. 따라서 엘리아데(M.Eliade)는 상징의 통전성에 대하여 다음과 같이 말했다:315)

> "상징이 된 대상은 그 자신의 한계를 넘어서서 전체와 하나가 된다… 이 하나 됨(Einung)은 뒤섞이는 혼란을 의미하는 것이 아니다; 상징은 전이를 허락한다. 지평들과 존재양태 사이의 순환을 허락한다. 그리하여 그것은 상징의 영역으로 전체를 통합한다. 전체와 통합하는 것은 곧 전체를 하나의 시스템으로 통합한다는 의미이고, 다양한 것들을 단 하나의 상황으로 되돌려 그것과의 관련성에서 분명하게 할 수 있는 것을 의미한다"

그렇게 보았을 때 상징을 이해한다는 것, 혹은 상징을 내면화한다는 것은 단순히 상징의 의미를 알게 되는 것에서 그치는 것이 아니라,

---

314) Halbfas, Ibid.
315) M.Eliade, *Die Religionen und das Heilige. Elemente der Religionsgeschichte*, (Darmstadt, 1976) 512-513.

상징 안에 들어 있는 의미를 내면화하고, 삶의 목적, 사고와 행동, 말과 관심 등 삶의 모든 측면을 상징을 중심으로 통합적으로 재구성하게 되는 해석의 사건이라고 할 수 있다. 그런 의미에서 우리는 '상징교수학'이 왜 기독교의 전통과 학습자의 경험을 서로 매개한다는 관심에서 출발하였는지를 이해하게 된다. 상징교수학자들은 상징 자체가 가지고 있는 '방향 제시기능'과 삶의 모든 영역을 '통합하는 기능'이 학습자로 하여금 기독교의 전통과 내면적으로 만나고, 그를 바탕으로 한 삶의 변형이 일어나게 하는 요소가 됨을 간파한 것이다.

상징이 이처럼 삶의 방향을 제시하는 기능을 한다면 '상징교수학'의 핵심적 과제는 무엇이겠는가? 학습자로 하여금 기독교적 상징을 이해할 수 있는 통로를 제공함으로써, 상징을 이해하고, 학습자의 삶 속에 내면화함으로써 상징 자체가 가지고 있는 삶의 방향제시 기능이 학습자 안에 이루어지도록 하는 것이라고 할 수 있겠다.

(2) 매개 기능

앞의 상징에 대한 이해에서 살펴보았듯 상징의 가장 큰 기능 중의 하나는 "매개의 기능(Vermittlungsfunktion)"이다. 할프파스는 상징 안에는 모든 것을 서로 연결시키는 매개의 기능이 내재하고 있다고 하였다:

> "상징은 의식적인 것과 무의식적인 것, 육적인 것과 영적인 것, 눈에 보이는 것과 보이지 않는 것, 구체적인 것과 일반적인 것, 부분적인 것과 전체, 하나님과 인간 그리고 세계, 과거와 현재와 미래를 하나가 되게 한다. 또한 그것은 기독교의 전승된 경험과 개인의 삶, 신앙공동체의 객관적 증거와 개인의 실존적 노력을, 언어와 침묵을 개인의 꿈과 집단적 염원을 연결시킨다. 이러한 매개의 기능이 상징 안에 내재하는 것이다"[316]

---

316) H.Halbfas, Ibid., 122.

상징의 중재기능에서 기독교교육적으로 특별히 의미를 갖는 것은 신학적인 내용과 인간적인 내용의 중재기능에서 찾을 수 있다. 상징은 인간이 구체적으로 이해할 수 있는 내용을 통해서 이해하기 어려운 영적인 내용을 드러내는 기능을 한다. 예를 들어 '선한 목자'의 개념을 보자. 목자와 양의 개념은 학습자가 그에게로 접근할 수 있는 통로가 되는 인간학적이고 경험적인 내용이다. 목자와 양의 관계는 양이 목자의 음성을 알고, 또한 그가 양을 아는 관계이다. 목자는 양을 푸른 초장으로 인도하고, 쉴만한 물가로 인도한다. 잃어버린 양이 생기면 목자는 거친 산이나 들 어디든지 마다하지 않고 찾아간다. 이와 같은 내용들은 학습자가 경험을 통해서 접근 가능한 내용이다. 예수님이 선한 목자를 상징하는 개념이 되는 순간, 학습자는 돌보고 인도하며 자신을 희생하는 예수님을 이해할 수 있고, 그 상징이 내면화될 때, 예수님과 목자와 양의 관계라는 인격적 관계를 형성할 수 있게 된다. '돌아온 탕자'의 경우도 마찬가지이다. 집 떠난 아버지를 기다리고, 그가 돌아왔을 때 기쁘게 받아주는 아버지의 개념은 학습자가 경험을 바탕으로 이해 가능한 내용이다. 이 아버지가 하나님에 관한 상징이 되었을 때 학습자는 초월적 하나님의 다함없는 사랑을 이해할 수 있고, 또한 이 상징이 내면화되면서 학습자 안에서 하나님과 아버지와 아들의 관계가 형성될 수 있는 이해의 기반이 생긴다.

    성서가 상징적 개념들을 사용하는 것은 이처럼 상징 스스로가 구체적인 것을 통해 하늘의 것을 밝히 알려주는 매개의 기능이 있기 때문이다. 상징은 그 자체로 구체적인 것과 영적인 것을 중재하는 기능을 내포하고 있다.317) 교수학의 목적이 무엇인가? 특정의 내용을 학습자가 이해할 수 있는 통로를 사용하여 매개하는 것이 아닌가? 그렇게 보

---

317) H.Halbfas, Ibid., 123.

앉을 때 상징은 그 자체로 교수학적 중재역할을 하는 기능을 가지고 있다. 상징은 학습자가 이해할 수 있는 일상적 삶, 물질적인 것, 가시적인 것을 통해서 영적인 것, 초월적인 것을 중재할 수 있는 통로가 되는 것이다. 다시 말하면 상징은 그 자체로 교수학적 중재역할을 하는 것이다.

비일은 상징의 매개기능을 "교량기능(Brückenfunktion)"이라고 칭하면서, 특별히 상징의 과거와 현재 사이의 교량역할은 기독교교육학의 본질적 과제와 만나는 점이 된다고 하였다.[318] 기독교교육의 핵심적 과제가 무엇인가? 기독교의 과거의 전통을 학습자의 현재의 경험과 연결하는 것이 아닌가? 종교적 상징은 과거와 현재 사이의 교량역할을 함으로써 그러한 기독교교육의 과제를 수행하는데 기여한다는 것이다. 왜 그런가? 과거의 것을 현재에 이해하는 것은 시간적 '단절(Diskontinuität)'을 뛰어 넘는 도약이 필요한데, 상징이 바로 그러한 도약이 일어나는 발판이 된다는 것이다. 인간에게는 역사를 넘어서서 근본적으로 반복되는 "기본적 경험(Grunderfahrung)"이 있는데, 사랑, 미움, 신뢰, 신앙, 분노, 방황, 정착, 염원 등과 같은 것들이라고 하였다. 이와 같은 기본경험들은 사회와 문화에 따라 다양한 형태로 표현되었는데, 상징이 바로 그러한 기본경험이 육화된 형태라는 것이다. 상징에는 언제나 다시금 역사적으로 반복되는 기본경험의 배아가 자리 잡고 있고, 그렇기 때문에 상징에서 우리는 역사적 단절을 뛰어 넘어 과거와 만날 수 있는 도약을 경험하게 되는 것이라는 것이다.[319] 상징은 학습자가 이해할 수 있는 통로로 이해하기 어려운 것에 접근하는 매개기능이 있고, 또한 학습자의 현재 경험을 통로로 기독교의 전통에 접근할 수 있는 교수학적 매개기능을 내포한다. 그런 의미

---

318) P.Biehl, *Symbole geben zu lernen*, 182.
319) Ibid.

에서 상징은 기독교교육의 핵심적 과제와 본질적으로 연결되는 개념이다.

(3) 표현의 기능

상징이 가지는 또 하나의 기능은 "표현"할 수 있는 기능이다.320) 우리는 우리의 사랑이나 절망, 기쁨, 간절한 소원과 같은 감정을 표현하기 위해 상징을 필요로 한다. 다윗의 시편에 "너는 내 아들이라 내가 오늘 너를 낳았도다"(시2:7)라는 구절이 있다. 하나님과 자신의 관계를 아들과 아버지라는 상징을 사용하여 표현하면서 그는 내면 깊숙한 곳으로부터 나오는 하나님께의 의지와 소원을 표현하였다. 그 다음 구절은 "내게 구하라 내가 이방 나라를 네 유업으로 주리니, 네 소유가 땅 끝까지 이르리로다. 네가 철장으로 그들을 깨뜨림이여 질그릇 같이 부수리라 하시도다"이다. 다윗은 전쟁을 주관하시는 하나님을 그의 아버지로 칭함으로써 그가 그토록 바라는 승리를 주시기를 바라는 염원을 담고 있다. 아버지가 아들에게 아낌없이 주는 사람이라는 기본 경험을 바탕으로 그는 하나님과 자신을 아들과 아버지로 표현하였고, 이를 통하여 그가 간절히 바라는 승리를 주시기를 기원하는 마음을 표현하고 있다.

전쟁의 두려움과 공포 속에서 다윗은 얼마나 많은 순간 하나님을 '반석'으로 또 '산성'으로 표현하고 있는가?321) 반석과 같고 산성과 같은 여호와 하나님을 의지하면 두려울 것이 없다고 함으로써 다윗은 단순히 하나님이 든든한 분이라는 표현을 넘어서서 자신의 두려움과 공포를 극복하였을 것이라는 점을 추측하는 일은 어렵지 않다.

상징이 우리의 내면의 것을 표현하는 수단이 된다는 것은 물론 상

---

320) P.Biehl, Ibid., 178.
321) 시 18:2, 62:2, 62:6, 71:3, 94:22, 144:1.

징이 우리의 감정과 염원을 표현하는 통로가 된다는 것을 의미하지만, 이와 동시에 그것은 우리의 갈등을 드러내고 그 갈등과 마주하여 이를 극복하는 수단의 역할을 하게 된다는 것을 의미하기도 한다. 그래서 샤르펜베르크(J.Scharfenberg)와 켐퍼(H.Kämpfer)는 상징에는 갈등을 극복하고 치유하는 기능이 있다고 보았다.322) 또한 슈피겔은 상징에는 우리를 보호하고, 강하게 하며 위로하는 치유적 작용이 있다고 하였다.323) 그러나 상징은 한편으로는 치유적 작용을 하지만, 다른 한편으로는 우리를 위축시키거나 병들게 하는 힘도 가지고 있다.324) 성서적 예를 들어본다면, 이스라엘 백성들이 가나안을 정복하기 전 10명의 정탐군을 보냈을 때 여호수와와 갈렙을 제외한 다른 정탐꾼들은 그 땅에 거하는 '아낙자손'을 '거인'이라는 상징으로 자신들을 '메뚜기'라는 상징으로 표현한다.(민13:33) 그와 같은 상징으로 이들은 그들의 강함과 자신들의 약함을 표현하였고, 이 상징으로 인하여 이들의 절망과 두려움은 보다 더 강화되는 것을 볼 수 있다. 상징은 치유적 역할을 하는 만큼 또한 우리를 병들게 하고 위축시키는 힘이 있다는 것을 단적으로 보여주는 예라고 할 수 있다. 이렇게 볼 때 상징교수학은 단순히 상징을 이해하는 것에 초점이 맞추어지기 보다는 상징에 관한 비판적 접근을 동반해야 한다는 것을 알 수 있다.

상징이 우리 내면의 염원이나 기쁨, 아픔과 고통을 표현하는 통로가 되고, 이를 통해서 우리 내면의 문제와 갈등을 극복하고 치유하는 통로가 된다면, 상징교수학은 단순히 기독교적 상징을 이해하는 것을, 넘어서서 학습자의 내면의 문제를 상징을 통해 드러내고 극복하는 학습을 지향할 수 있다. 다시 말해서 상징교수학은 기독교전통과 학습자

---

322) J.Scharfenberg, H.Kämpfer, *Mit Symbolen leben*.
323) Y.Spiegel, *Glaube wie er leibt und lebt*, Bd1. (München, 1984).
324) Biehl, Ibid., 171.

의 만남이 보다 깊이 있는 실존적 차원에서 이루어 질 수 있는 가능성으로 열릴 수 있다는 것이다. 상징교수학은 또한 학습자가 기독교의 상징을 자신의 삶의 지평에서 만나는 것을 넘어서서, 학습자 스스로가 자신의 갈등을 극복하고 또한 자신의 삶을 통합하는 상징을 형성하는 창조적 "재상징화(Resymbolisieren)"과정을 지향할 수 있다. 샤르펜베르크와 켐퍼는 따라서 상징교수학의 내용을 그와 같은 치유와 극복이 일어나는 수단으로 구성하고 있다.325)

위에 살펴본 상징의 교수학적 기능은 상징교수학을 전개한 많은 학자들에 의하여 상징이야말로 기독교의 전통을 학습자의 경험과 매개하되, 학습자의 실존의 깊은 차원까지 영향을 미치며 자아이해를 확장하고, 변형을 초래하는 최적의 통로라고 인식되기에 이르렀다. 이들은 각자 나름대로의 강조점을 바탕으로 '상징교수학'의 모델을 전개하였다. 여기에서는 바우들러의 상관관계 교수법을 범례로 살펴보기로 하자.

3) 바우들러의 "상관관계교수학(Korrelationsdidaktik)"

바우들러는 '상징'이야말로 기독교의 전통과 학습자의 경험을 연결시키는 매개점이 된다는 점을 강조하면서, 특별히 "상관관계 교수법(Korrelationsdidaktik)"이라는 이름으로 상징교수학의 모델을 제시하였다. "상관관계"는 우리에게 틸리히(P.Tillich)에 의하여 제시된 명칭으로 익숙한 개념인데, '전통과 경험', '기독교메시지와 인간의 상황', '물음과 대답', '상황과 메시지', '인간실존과 신적 자기계시'

---

325) J.Scharfenberg, H.Kämpfer, Mit Symbolen leben.
326) P.Tillich, *Systematische Theologie*. (Berlin, 1984), 18.

들 사이의 상호작용을 가리키는 개념이다.326) 바우들러는 틸리히 뿐만 아니라 쉴레벡스(Schillebeeckx)의 이론을 수용하여 전통과 경험 간의 상호작용을 자신이 추구하는 기독교교육의 중심개념으로 전개하였다. 틸리히와 쉴레벡스는 '문화'와 '종교' 간의 상호작용, '전통과 경험' 간의 상호작용을 기반으로 하여 신학과 신앙이 형성된다고 보면서, 이 둘 간의 불가분리의 관계를 주장하였다.327) 바우들러는 이점을 바탕으로 하여 그의 '상관관계 교수법'의 궁극적 목적은 전통과 경험 간의 상호작용을 기반으로 하며 또한 그것을 지향해야 한다고 하였다.

바우들러는 기독교 전통과 경험 간의 상관관계는 단지 신학자들의 이론만이 아니라 성서가 형성된 기본 원칙이기도 하다고 하였다.328) 이를 단적으로 나타내주는 것이 예수 그리스도 사건이라는 것이다. 이스라엘 백성들이 대망하였던 메시아에 대한 전승이 나사렛 예수와 만나는 과정이 바로 그것이라고 하였다. 전승은 '정치적' 메시아, 이스라엘을 고통과 억압에서 구원할 메시아를 말하였지만, 이것이 무비판적으로 가감 없이 전수된 것이 아니라, 목수의 아들로 태어나 십자가에 죽은 예수라는 현재의 경험과 만나 갈등하고 대화하고 비판적으로 상호작용하면서 메시아로서의 '예수 그리스도'의 전승이 형성된 것이다. 이렇게 보았을 때 상관관계는 성서의 형성과 기독교 신앙 형성의 가장 근본적인 구도라고 볼 수 있다.

---

327) 쉴레벡스는 그와 같은 입장에서 출발하면서, 더 나아가 둘 간의 "비판적 상호작용(wechselseitig-kritische Interrelation)"의 개념을 제시하였다. 틸리히가 "개인의 실존적 질문에 대한 신학적 대답"이라는 구도를 말했다면, 쉴레벡스는 신앙의 전통 그 자체가 현대인들의 질문에 대한 직접적인 답이 되기보다는 답을 찾도록 하는 영감을 불러일으킨다고 하였다. 전통은 현재 안에 그대로 하나의 답이 되는 것이 아니라, 현재와의 비판적 상호작용을 통해서 답이 되면, 또한 그렇게 전수되는 것이라고 보았다. 참조, E. Schillebeeckx, *Glaubensinterpretation. Beiträge zu einer hermeneutischen und kritischen Theologie*. (Mainz 1971)

328) G. Baudler, *Korrelationsdidaktik: Leben durch Glauben erschließen*, (Schöningh, Paderborn, München1984), 56.

바우들러는 이러한 상관관계가 형성되는 핵심적 지점 중의 하나가 '상징'이라고 보았다. 상징 자체가 가지고 있는 매개하는 힘이 기독교의 전통과 현재 경험 간의 상호작용을 불러일으킨다는 것이다. 그는 상징 또한 기독교교육의 역사에서 가장 오래된 뿌리를 가지고 있다고 하면서, 그 대표적인 예가 '성례전(Sakrament)'이라고 하였다. 성례전은 초대교회 이래로 십자가에 돌아가신 예수님을 구체적으로 경험하고 기억하는 핵심적 상징이었다는 것이다.[329] 떡을 떼고, 잔을 드는 사실 자체, 물속에 들어갔다가 나오는 행동 자체는 초대교회 사람들의 일상적 경험이며 행동인데, 이 구체적 활동에 예수 그리스도의 삶과 죽음 그리고 부활과 이를 통한 하나님의 구원의 사건이라는 예수 그리스도의 전승을 담아 이 행동을 재현하는 것은 초대교회의 상징 교육적 노력이었다는 것이다.[330]

이러한 이해 위에 바우들러는 이미 1970년대부터 이와 관련된 수업모델 개발에 착수하였고, 이 관심을 발전시켜서 1982년과 1984년에 상징교수학에 관한 단행본을 출판하고, 그 이후로도 지속적으로 상징교수학과 관련된 저술들을 출판하고 있다.[331] 바우들러는 상징교수학의 핵심은 기독교의 전통과 학습자 경험 간의 상관관계를 형성하는

---

329) G.Baudler, *Korrelationsdidaktik*, 207.
330) G.Baudler, Ibid., 209. 바우들러는 성례전 안에 예수 그리스도의 사건이 구체적이고, 분명하게 보여주고, 신앙의 기초를 경험하게 하는 교수학적 구조가 그 안에 담겨 있다는 사실을 간파하고, 실제로 "성례적교수학(Sakramentendidaktik)"을 제시하기도 하였다. 같은 책 참조.
331) 바우들러가 '기독교 전통과 학습자의 경험' 간의 상호관계를 모색하면서 시도했던 교수학적 이론이 나타나는 저술들은 다음과 같다: G.Baudler, *Schulischer Religionsunterricht und kirchliche Katechese*, (Düsseldorf 1973); Die didaktische Funktion der Theologie als Bezugswissenschaft des Religionsunterrichtes, in: R. Ott/G. Miller: *Zielfelderplan. Dialog mit den Wissenschaften*, München 1976, 324-347; *Einführung in symbolisch-erzählende Theologie* (Paderborn, 1982); *Korrelationsdidaktik: Leben durch Glauben erschließen*, (Schäningh, Paderborn, München1984)

것인데, 이를 위하여는 기독교의 상징을 단순히 학습자의 삶에 전이하는 것이 아니라, 학습자의 일상적 삶의 상징과 기독교 상징 간의 상호관계를 형성해야 한다고 보았다. 일상적 상징 안에 나타난 경험의 심연과 기독교 상징 안에 나타난 인간 경험의 심연 사이에 있는 공통된 경험이 상관관계를 일으키는 출발점이 된다고 보았기 때문이다. 그는 이 둘이 단순히 서로 만나는 것에서 그치는 것이 아니라, 궁극적으로 학습자가 그 만남을 통하여서 자신을 재해석하고, 자신의 삶을 인도하는 새로운 상징을 형성하는 '재상징화(Resymbolisieren)'가 일어날 때 진정한 상징교수학, 상관관계 교수학이 일어나는 것이라고 보았다.

(1) "상관관계 교수학"의 요소와 단계들

바우들러의 상징교수학은 일반적 상징에서 시작하여 그 안에 들어 있는 심층적 의미를 발견하고, 이것과 기독교적 전승이 가지는 심층적 의미 간의 만남을 시도하는 이른바 '상관관계 모델'이다.332) 이 모델은 먼저 인간학적 경험이 첨예화된 상징을 제안하고, 이 상징에 나타나는 깊은 의미들을 탐구한 후, 그 의미들과 연결되는 성서적 상징을 연결하여, 그들 간의 상관관계를 형성하는 학습의 모델이다. 앞에서 살핀 바와 같이 상징 안에는 인간의 기본적 경험과 그 경험이 매개하는 깊이 있는 의미들이 축적되어 있다. 바우들러는 이 모델에서 먼저 일반적 상징이 내포하는 심연의 의미들을 추적해 들어감으로써 학습자를 삶의 경험과 실존의 깊이에로 초대하고 있다. 그가 1982년과 84년에 제안한 '상관관계 교수학'의 수업 내용들은, '물', '바람', '불', '길', '광야', '나무', '산', '집'과 같은 상징들을 중심으로 이루어져 있다. 이와 같은 상징을 매개로 하여 학습자들은 그 상징의 저변에 있

---

332) G.Baudler, *Korrelationsdidaktik*, 113이하.

는 이차적 의미들과 심연의 의미들에로 초대되고 있다. 그런데 그와 같은 상징들은 모두 기독교적 전승에서도 핵심을 이루는 상징들이라는 사실을 우리는 첫 눈에 알아 볼 수 있다. 이것이 바로 융이 말한 바와 같이 상징에는 세대와 세대를 이어져 오면서 축적된 인간 경험의 핵심이 천착되어 있다는 것에 대한 단적인 증명이다. 이것은 또한 왜 상징교수학이 기독교의 전승과 학습자의 경험을 연결시켜주는 통로로 사용되는지에 대한 해답이 되기도 한다. 바우들러는 '상관관계 교수학' 의 대상이 되는 상징을 선택하는 기준은 "인간의 핵심적 경험이 가장 밀도 있게 천착되어 있는 것"이라고 하였다.333)

바우들러는 이와 같은 일반적 상징을 '상관관계교수학'에서 다루게 될 때 반드시 필요한 네 단계의 핵심적 요소들이 있다고 하였는바, **"인간의 기본경험", "실재의 깊은 차원들", "매체들", "기독교 전승"** 이 그것이라고 하였다. 먼저 "인간의 기본경험"이란 해당상징에 나타난 인간의 기본경험이다. 교사는 "해당 상징 속에서 학습자들이 경험하는 가장 기본적 요소는 무엇인가"를 물으면서, 해당 상징과 연결되는 인간경험의 기초를 정의해야 한다. 예를 들면, '바람'의 경우 "생명유지를 위한 호흡"이 될 수 있고, '불'의 경우는 '따뜻함의 경험', 혹은 '삶을 위협하는 공포', '나무'의 경우 '성장'과 '변화', '보호', '유지'와 같은 기본경험과 관련되는데, 교사는 먼저 해당상징으로부터 그와 같은 인간의 기본경험을 정의해야 한다.

두 번째 요소는 '심층적 의미'이다. 상징은 앞에서 살핀 대로 들어나는 의미와 함께 던져진 숨겨진 의미, 심층적 의미를 동반한다. 따라서 해당 상징이 드러내어주는 심연의 의미들을 찾아내어야 한다. 교사는 이 단계에서 "학습자들이 기본경험의 보다 깊은 의미를 볼 수 있도

---

333) G.Baudler, Ibid., 120.

록 하기 위하여 어떠한 숨은 차원을 다룰 것인가?"라고 물어야 한다. '바람'이라는 상징을 예로 든다면, '지속성과 영원성', '힘, 동기, 목적', '도전'과 같은 의미들을 생각해 볼 수 있다. '물'의 경우는 '깨끗하게 함', '새로운 시작'과 같은 의미를 찾을 수 있으며, '나무'라는 상징의 깊은 의미는 '열매 맺음', '뿌리 내림', '끊임없는 변화'와 같은 것이 될 수 있겠다.

셋째 요소는 '매체'이다. 이 매체는 학습자들이 이해할 수 있는 매개물로서, 이것을 통하여 상징의 심층적 의미와 기독교적 전승의 개념이 서로 매개될 수 있어야 한다. 이야기, 은유, 그림, 영화, 음악, 활동 등 모든 다양한 매체들이 이용될 수 있다. '바람'이라는 상징의 경우, 바람의 깊은 의미와 성서적 바람의 상징을 연계할 수 있는 자료들, 노래, 그림, 영화, 소설 들이 이에 해당되며, 구체적 예로는 폭풍이나 바람, 공포 등을 표현할 수 있는 기본적 자료들이나, 소명, 선택, 예언자, 세계를 변화시킴, 하나님의 폭풍과 같은 좀 더 심연의 것을 표현할 수 있는 일상적, 혹은 종교적 자료들이 이에 속한다. '상관관계교수학'에서 '매체'는 인간의 기본경험과 실재의 깊은 의미, 그리고 기독교전승을 모두 연결할 수 있는 역할을 하는 핵심적 요소로서의 역할을 한다. 상징교수학이 상징 자체가 갖는 매개의 기능으로부터 출발한다는 점에서 본다면, '매체'야말로 인간의 경험과 심층적 의미 그리고 성서적 전승을 서로 연결시켜주는 상상력이 일어나고 도약이 일어나는 자리로서의 역할을 하는 것이다.

넷째 요소는 '기독교전통'이다. 이것은 성서와 신학, 교회사, 다양한 전승들, 찬송가, 성화, 아이콘, 예전, 기독교건축 등 모든 종류의 기독교전통을 포괄하는 것으로 교사는 "그 중 어떠한 전통이 해당 상징의 깊이 있는 차원을 이해하기에 적합한가?"를 물어야 한다. 예를 들어, '바람'과 관련한 기독교 전통에는 '성령', '오순절', '예수님의 세례', '인간 창조 후 생기를 불어넣음', '하나님의 나라' 등등과 같은 내용이 될 수 있겠다. '기독교 전통'은 '인간의 기본경험', '실재의 깊은 의미'와 상호작용하면서 학습자가 상징을 기독교적 안목에서 재해석하는 '재상징화(resymbolisierung)'가 일어날 수 있도록 제공되어야 한다.

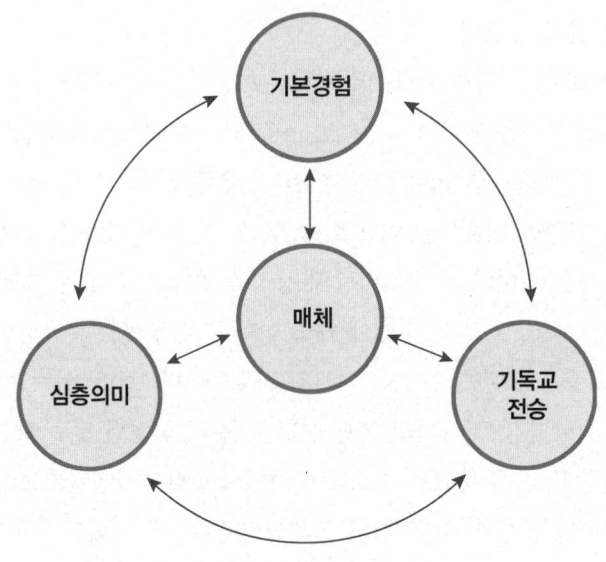

〈상관관계 교수학의 네 요소〉

위의 네 가지 요소들을 핵심적 요소로 하는 '상관관계 수업'의 실제를 살펴보면, 첫째 단계에서 인간의 '기본경험'과 '심층적 의미'가 나타나고, 둘째 단계에서는 '심층적 의미'와 '기독교 전승'이, 셋째 단계에서는 '기독교전승', '기본적 경험', '심층적 의미'가 모두 나타나는 것을 볼 수 있다. '매체'는 모든 단계에서 사용된다. 인간의 기본 경험과 심층적 의미를 연결하는 순간에, 심층적 의미와 기독교 전승이 연결되는 순간에, 그리고 기독교 전승과 개인의 경험의 을 연결하는 모든 순간에 매체가 사용된다. 바우들러가 제시하는 "종교수업 프로

젝트 - 바람"의 순서를 예로 살펴보면 다음과 같다.[334]

〈바람〉
1단계 : "공기와 호흡 - 호흡과 영"(인간 기본경험 - 심층적 의미)
2단계 : "예수의 영과 하나님의 영"(심층적 의미 - 기독교 전승)
3단계 : "바람 속에서 초월 경험하기"(기독교전승 - 기본경험 - 심층적 의미)

이와 같은 예를 통해서 보는 바와 같이 바우들러의 상관관계 수업은 네 요소가 단선적으로 관계하는 것이 아니라, 입체적으로 상호 작용하는 것을 알 수 있다. 시작은 '인간의 기본 경험'으로 시작되지만, 그것은 '기독교의 전승'과도 연결되고, 다시 '기본 경험'으로 왔다가 '심층적 의미'로 가거나 기독교 전승으로 오는 자유로운 구도 속에서 전개되고 있다. 그 요소들은 매체를 중심으로 하여 서로 서로 상호작용하면서 결국 학습자가 그들 간을 자유스럽게 넘나들게 하고, 이를 통해서 자신의 상징과 경험체계를 "재상징화"하도록 하는 것을 지향한다.

4) 해석학적 관점에서 보는 상징교수학의 특징

위에서 살펴본 대로 상징교수학은 상징 자체가 가지고 있는 해석학적 기능을 교수학의 기초로 삼고 있다. 상징교수학은 상징이야말로 기독교적 전승과 학습자의 경험이 서로 만나는 지점, 즉 과거와 현재의 지평 간에 융합이 일어나는 해석학적 자리라고 보았다. 그렇기 때문에 상징을 이해하는 것 자체가 이들에게는 곧 기독교 전통과 현재 경험 간의 만남을 불러일으키는 일이며, 동시에 상징이 가지고 있는 세계기획에 의해서 학습자의 상징체계가 재상징화 되는 사건이 되는 것이었다.

---
334) G. Baudler, *Korrelationsdidaktik*, 158-198.

상징교수학자들은 따라서 학습자의 경험과 기독교 전승 간의 만남이 보다 집중적으로 이루어지는 상징들을 선정하고 이들을 중심으로 하는 학습모델들을 전개하였다. 바우들러나 비일, 샤르펜베르크와 켐퍼 등은 '집', '물', '바람', '불', '길', '광야', '나무', '산', '집' '손', '강'과 같은 상징들을 선택하였다. 이 상징과 작업하는 과정에서 이들은 먼저 학습자를 이 상징에 나타나는 인간의 기본경험과 심층적-인간학적 의미를 해석하게 하고, 이것과 성서적 전승 간의 만남에로 인도하였다. 그 과정에서 학습자는 '상징의 일반적 의미' - '심층적 의미' - '기독교 전승의 의미' - '자신의 실존과 관련된 의미'를 서로 연결하며 일종의 '경험의 틀'을 재형성하도록 인도된다.335) 여기에서 학습자들이 발견하는 '경험의 틀'은 그들의 자아, 세계, 비전을 형성하는 중요한 틀이 되며, 이를 바탕으로 하여 현재의 행동을 결정하는 동인이 된다고 보았다. 그렇기 때문에 '경험의 틀'을 형성함이란 '상징화(symbolisieren)'의 과정이라고 할 수 있다. 상징교수학의 이와 같은 교수학적 과정은 그 자체로 해석학적 과정이라고 할 수 있다. 상징을 중심으로 전개되는 교수학적 과정 속에서 학습자는 전통의 지평과 자신의 경험의 지평 간의 만남을 경험하게 되고, 이를 통하여 실존적 의미를 주는 새로운 의미를 발견하도록 인도되는 해석적 과정을 걷게 되기 때문이다.

물론 '문제중심 종교수업'이나 '해석학적 종교교육'도 원칙적으로는 기독교 전통과 학습자의 경험 간의 만남을 목적으로 하였다. 그러나 상징교수학이 해석학적으로 특별히 의미를 갖는 것은 '학습자의 경험'과 '기독교 전통' 간의 상호작용을 보다 심층적인 차원에서 일어

---

335) 비일은 그래서 상징교수학의 가장 근본적이고 핵심적 과제는 "학습자의 삶의 세계에 나타나는 상징들을 성서적-기독교적 상징들과 만나게 함으로써, 특정한 "경험의 틀(Erfahrungs- muster)"을 발견하게 하는 것"이라고 하였다. Biehl, Ibid., 176.

나도록 시도하고 있다는 것이다. 상징교수학은 '세계'와 '자아' 그리고 '전통'의 삼 중적 대상을 '상징'을 중심으로 보다 입체적이고 다측면적으로 유도한다는 특징이 있다.

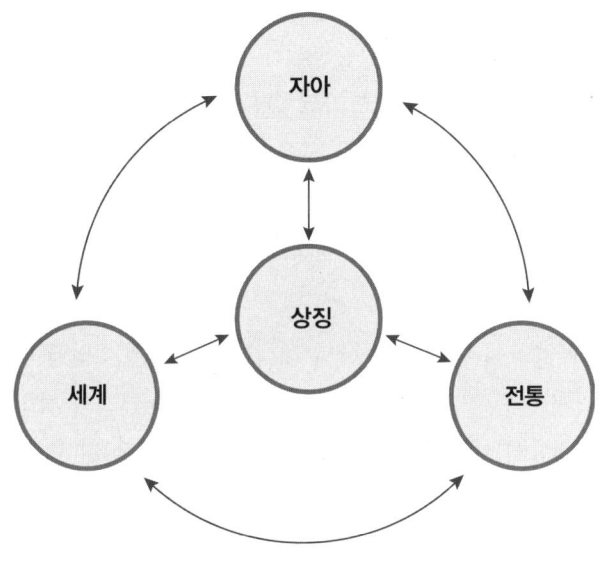

〈상징교수학의 관련성〉

예를 들어 상징교수학은 하나의 상징에 나타난 일반적 경험의 차원을 해석하는 것에서 그치지 않고, 그 상징 안에 나타난 인간의 근본적 경험, 염원, 욕구, 문제들을 해석한다. 이와 같은 인간의 근본적 염원이나 욕구 문제들은 학습자의 근본적 문제들과 관련하여 생각해보게 되고, 그 사이의 갈등을 의식화하게 된다. 이 과정에서 학습자는 보다 심층적으로 자신의 내면의 세계를 들여다보고, 이를 표현하며 해석하는 기회를 얻게 된다. 이와 같은 심층적 이해를 바탕으로 학습자는 기독교 상징과 만난다. 여기에서 기독교적 상징은 앞에서 살핀 인간의 근본적이고 심층적 경험과 창의적으로 대화하면서 해석된다. 따라서 기독교적 상징은 신학적으로만이 아니라 인간 경험적 차원에서도, 그리고 더 나아가 학습자의 자아 경험적 차원에서도 해석된다. 또한 역으로 성서적 상징과의 대화에서 학습자는 자신의 내적 사회적 갈등을 해석하고 표현하고 또 극복할 수 있는 길을 찾기도 한다. 이와 같은 점을 바탕으로 해석 보았을 때, 상징해석학은 상징자체가 내포하는 '세계관'과, '학습자의 내면', 그리고 '기독교 상징'의 세 측면이 서로서로 상호작용하면서 이를 통한 심층적 해석을 제공한다고 할 수 있다. 상징이 가지고 있는 매개적 힘에 의하여 상징교수학은 해석학이 추구하는 전통과 학습자의 경험 간의 상호작용을 보다 심층적으로 수행하게 되는 것이다.

'상징교수학'이 갖는 또 하나의 해석학적 특징은 수업에 나타난 해석학적 과정이다. 이 수업은 먼저 상징에 나타난 인간의 경험과 심층적 의미를 "이해"하는 것으로 출발한다. 여기에서 '이해'는 객관적 이해, 즉 학습자의 주관적 참여가 없는 객관적 이해가 아니라, 상징에 나타나는 의미를 학습자의 경험을 바탕으로 공감하는 해석학적 이해이다. 이 이해는 물론 기독교적 상징과도 관련된다. 기독교의 상징은 학습자의 경험의 기초에서 이해되고, 더 나아가 학습자의 실존적 차원의 갈등과 문제들과 관련시켜서 이해된다. 이 경우 상징은 학습자에게 의미를 제시하는 방향제시의 기능을 한다.

상징교수학은 그러나 '이해'에서 그치는 것이 아니라, '**표현**'을 또한 중시한다. 학습자들은 상징을 통해서, 또는 상징에 비추어 자신들의 '경험', '염원', '욕구'를 의식하고, 이를 표현하도록 초대된다. 또한 기독교 상징과의 생동적 대화를 통해서 자신들의 종교적 경험을 표현하도록 초대된다. 그래서 비일은 '상징교수학'의 핵심적 목적 중의

---

336) P.Biehl, *Symbol geben zu lernen*, 176.

하나가 학습자들이 느끼는 근심, 소망, 희망들을 표현하고, 또한 종교적 경험을 표현하는 표현능력을 배양하는 것이라고 하였다.336) 상징을 매체로 하여 자신들의 내면의 염려나 희망 등을 표현하는 순간 그들은 자신에 대한 이해에 보다 근접하게 되기도 하지만, 갈등과 문제를 극복하게 되기도 한다. 갈등을 밖으로 표현하는 것은 문제를 문제로 볼 수 있다는 것이요, 문제해결의 시작이라고 할 수 있다.

학습자들의 표현활동은 궁극적으로는 '상징화'를 지향한다. 상징교수학은 학습자가 '상징의 일반적 의미' – '심층적 의미' – '기독교 전승의 의미' – '자신의 실존과 관련된 의미'를 해석하면서 자신의 삶과 행동에 의미를 주는 상징을 내면화하게 되고, 상징을 중심으로 자신의 의미체계를 재구성하게 될 것을 지향한다. 이것은 일종의 '상징화' 과정이라고 칭할 수 있는 것으로, 이 상징화와 더불어 '상징'은 학습자의 삶을 변화시키고, 자아이해를 새롭게 하는 요소가 된다. '상징화'는 학습자가 자신의 삶을 이해하고 평가하며 미래를 전망하는 틀이 되기도 한다. 따라서 '상징화'의 순간은 해석학이 궁극적으로 추구하는 텍스트의 세계기획이 학습자의 자아이해를 확대하고 변형하게 되는 순간과 다름 아니라고 할 수 있다.

상징교수학에 나타나는 수업과정, 즉 '이해'와 '표현'과 '상징화'는 해석학이 추구하는바 인식론적 목표인, '텍스트와 해석자의 지평융합을 통한 해석자의 자아이해 확대와 자기변형'에 잘 맞아 떨어지는 수업의 과정이라고 할 수 있다. '이해'의 과정을 통해 학습자는 텍스트를(상징, 세계, 성서적 전승) 이해하고, '표현'을 통해서 텍스트 앞에 선 자신의 실존과 자아됨을 구체적으로 이해하며, '상징화'를 통해서 텍스트의 세계기획을 바탕으로 한 새로운 자아의 정체성을 형성하고, 자아를 재구성하는 변형에로 인도된다.

이러한 점들로 미루어 보았을 때 상징교수법은 '자아'와 '세계'와

'기독교 전통'이라는 삼요소를 상징을 매개로 하여 상호 관련시키고, 더 나아가 '이해'와 '표현'과 '상징화'를 통하여 해석의 과정을 매개함으로써, 해석학적 기독교교육이 추구하는 바, '텍스트와 해석자의 지평융합을 통한 해석자의 자아이해 확대와 자기변형'을 교수학적 과정을 통해 실현하려고 하였던 해석학적 모델이라고 할 수 있다.

4. 독일어권의 해석학적 종교교육에 나타난 해석학의 의미

독일 종교교육에서의 해석학의 역할은 현대 독일 종교교육이 전개되어 오면서 함께 변화해 온 것을 볼 수 있다. 먼저 "해석학적 종교교육(Hermeneutische Religionserziehung)" 시기에 있어서 해석학은 무엇보다 성서해석의 '방법'이라는 측면에 보다 초점을 두고 있는 것으로 나타났다. 이 시기에는 소위 '역사비평방법'을 종교수업에 도입하고, 역사적 문서로서의 성서를 '해석'하는 것이 종교수업의 핵심적 과제라고 하는 점이 강조되었다. 여기에서 해석학은 초기 현대 해석학에 나타난 바와 같은 '방법'으로서의 기능을 하고 있는 것을 볼 수 있다. 해석학은 성서해석학의 방법으로, 그리고 성서의 배경과 역사에 대한 이해의 수단으로서의 기능을 하였다.

그러나 "문제중심 종교수업(problemorientierter Religionsunterricht)"의 시기로 건너오면서 해석학은 단순히 성서해석의 방법론적 의미를 띠는 것에서 넘어서서 '기독교교육'과 '기독교 전통'을 보는 인식의 방식으로서의 역할을 하는 것을 볼 수 있다. '문제중심 종교수업'은 종교교육의 핵심은 기독교 전통과 학습자 경험 간의 수렴점을 찾아야 한다는 것이었다. 종교교육은 기독교 전통을 전수해야할 책임이 있지만 이것이 학습자의 경험의 지평에서 이해되지 않는 한 진정한 의미의 전통의 해석은 일어날 수 없다는 것이었다. 따라서 이들은 종교교육은 이 둘 간의 수렴점을 매개하는 것에 핵심적 목적이 있고, 종교수업은 텍스트의 지평과 해석자의 지평 간의 융합이 일어나는 '해석의 사건'이 되어야 한다고 보았다. 종교교육학 자체의 학문적 성격도 이러한 관점에서 보았을 때, 기독교 전통을 해석하는 신학에만 종속되는 학문이거나, 역으로 학습자의 지평을 이해하고 전통을 전달하는 방법으로서의 교육학의 한 영역도 아니며, 오히려 그들 간의 간학문적(interdisciplinary) 연구가 일어나는 장소라고 하는 이해를 전개하였다. 그렇게 보았을 때 해석학은 '문제중심 종교수업'에서 기독교교육의 목적 빛 방향설정, 종교수업의 모델 개발, 그리고 기독교교육학의 학문성 규명 등 모든 측면에서 하나의 통일적인 이론을 구성하는 핵심적 모티브가 되고 있는 것을 확인하게 된다. '문제중심 종교수업'에서 해석학은 교육 자체를 보는 인식의 통로 역할을 하고 있다.

"상징교수학(Symboldidaktik)"에서도 해석학은 '문제중심의 종교수업'에서 나타나는 바와 같이 기독교교육 자체를 보는 인식의 통로로서의 역할을 근본적으로 유지한다. 앞에서 살펴본 바와 같이 상징교수학은 '기독교 전통과 학습자 경험' 간의 진정한 변증법적 수렴을 지향한다는 목적으로 출발하였고 이 통로를 '상징'에서 찾았다. 다시 말하면 해석학이 지향하는 해석의 사건, 즉 '텍스트와 해석자의 지평 융합'을 상징교수학의 목적으로 삼고 있다는 말이다. 그러는 과정에서 상징교수학도 기독교교육의 학문적 성격을 '간학문성'으로 특징짓고, 특별히 신학과 다른 인접학문, 즉 교육학, 발달심리학, 여러 인문과학들, 종교학등과의 '상호관계' 안에 있는 학문으로 정의하였다.337) 상징교수학은 이와 같이 기독교교육의 전체를 보는 안목을 해석학적 지평 위에서 전개하고 있지만, '문제중심 종교수업'과 비교해 볼 때, 보

---

337) 참고, G. Baudler, *Korrelationsdidaktik*, 83.

다 더 '교수학(Didaktik)' 즉 수업모델이라는 측면에 강조점을 두고 있는 것을 볼 수 있다.

상징교수학은 수업의 과정 자체가 '해석'의 사건이 될 수 있도록 구성하였다. 상징교수학은 '자아'와 '세계'와 '기독교 전통'이라는 삼 요소를 상징을 매개로 하여 상호 관련시키고, 더 나아가 '이해'와 '표현'과 '상징화'라는 방법을 통하여 수업 자체가 진정한 의미의 해석의 사건 즉 '텍스트와 해석자의 지평융합을 통한 해석자의 자아이해 확대와 자기변형'이 일어나는 사건이 될 수 있도록 구성하였다. 상징교수학은 수업의 모델이 어떻게 해석학적으로 구성될 수 있는지를 보여 주는 해석학적 수업모델의 예라고 할 수 있다.

위에서 우리는 현대 독일의 종교교육에서 해석학의 역할은 종교교육 자체가 변화되면서 함께 변화해 온 것을 살펴보았다. 이와 같은 고찰을 통해서 우리가 발견하게 되는 것은 종교교육의 해석학적 접근이 반드시 같은 형태와 패턴으로 나타나는 것은 아니라는 사실이다. 물론 해석학적 접근에는 근본적으로 공유되는 점이 있다. 특별히 "기독교 전통과 학습자 경험 간의 만남"이라고 하는 점은 모든 해석학적 접근이 거의 공통적으로 추구하는 관심이다. 그러나 종교교육자체가 갖는 관심과 방향에 따라 해석학의 역할은 수업모델의 이론적 틀로, 혹은 종교교육의 학문적 성격에 대한 이론적 기반으로도 나타나는 것을 볼 수 있다. 그런가 하면 우리는 이 책의 1장에서 해석학 자체도 다양하게 발전되어 왔던 것을 살펴보았다. '방법'으로 '철학'으로 그리고 '비판'으로 현대해석학은 현재에도 지속적으로 확대, 심화, 변화의 길을 걷고 있다. 그러한 점을 생각하면, 해석학과 종교교육의 만남은 다양한 결과를 가져올 수 있는 실로 엄청난 가능성의 자리라고 하는 것을 예측할 수 있다.

Ⅵ. 맺는 말 – 현대 기독교교육에 나타난 해석학의 역할과 기능

위에서 우리는 현대의 기독교교육에 나타난 해석학적 접근들을 살펴보았다. 토마스 그룸, 메리 보이스, 메리 엘리자벳 무어와 같은 미국의 기독교교육학자들과 '해석학적 종교교육'과 '상징교수학' 같은 독일어권의 해석학적 접근들을 살펴보았으며, 이와 아울러 각 접근들에 나타난 해석학의 역할과 기능도 고찰하여 보았다. 그와 같은 고찰들을 종합적으로 볼 때 결론적으로 해석학이 기독교교육의 이론형성에 미치는 영향은 다음 몇 가지로 정리해 볼 수 있다.

1. 성서해석과 수업모델의 이론적 기초

기독교교육에서 해석학은 무엇보다 먼저 성서학습모델과 해석적 학습모델의 이론적 기초로서의 역할을 하고 있는 것으로 나타난다. 2장에서 살펴본 윙크와 콘라드, 포겔장, 헤스 등의 성서학습모델에서 해석학은 성서해석의 근본적 목적과 성격에 관한 방향제시의 역할을 하고 있는 것을 볼 수 있다. 특별히 "해석이란 텍스트와 해석자간의 지평융합의 사건"이라는 해석학적 입장은 이들에게 성서해석이 궁극적으로는 역사적 텍스트로서의 성서와 해석자의 지평이 만나, 해석자에게 인식과 삶의 변화를 가져오는 사건이 되어야 한다는 통찰을 제시하였고, 이 통찰을 바탕으로 '해석'의 사건이 일어날 수 있는 성서학습모델들이 개발되는 데 결정적 역할을 하였다.

그와 같은 통찰은 성서학습모델에 뿐만 아니라, '문제중심 종교수업'이나 '상징교수학', '상관관계 교수학' 등의 종교수업을 위한 학습모델 형성에 이론적 기초로서의 역할을 하였다. 이들 학습모델들은 기독교전통의 지평과 학습자가 속한 현실의 지평을 서로 연결하는 것을 목적으로 하면서, 학습자로 하여금 기독교 전통과, 학습자 자신, 그리고 학습자가 속한 현실을 이해할 수 있는 통로를 제공하고, 이들을 다양한 통로로 서로 연결하고 융합하는 학습의 과정들을 모색하였다. 상징교수학은 '이해'와 '표현'과 '상징화'의 해석적 순환이 수업과정 안에서 일어날 수 있도록 수업의 단계들을 구성하고 있는 것을 볼 수 있었다. 이 경우 해석학은 단순히 수업의 목적이나 방향에 통찰을 제시하는 것에서 넘어서서 학습의 과정 자체를 구성하는 핵심적 원리가 된다.

그와 같은 점에서 볼 때에 토마스 그룸의 '공유적 실천'의 경우도 교육적으로 의도된 해석의 활동이라고 할 수 있다. 첫 단계에서 참가자의 현재행동을 구성하는 개인적, 관계적, 사회적 상황과 그에 관련되어 있는 모든 배경들을 명명해 내는 것, 그리고 그 배경과 원인들에 대한 추론, 기억, 상상은 모두 자아와 사회에 대한 이해와 해석의 활동이고, 두 번째와 세 번째의 단계에서 기독교의 이야기와 그 이야기 안에 들어있는 기독교의 비전을 발견하는 것 자체도 이미 현재의 행동이라는 관점에서 기독교의 이야기와 비전을 해석하는 활동이다. 뿐만 아니라 기독교의 전통을 현재의 이야기와 변증법적으로 대화하는 것을 통해서 과거와 현재의 지평을 융합하고, 미래의 비전을 구상하는 것도 해석의 활동이라고 할 수 있다. 마지막 단계에서 참가자가 기독교의 비전에 비추어 현재에 실천적 응답을 결단하는 것 또한 이론을 실천과의 순환과정에서 보는 해석학적 순환의 활동이며, 기독교텍스트에 나타난 세계기획, 즉 '하나님의 나라'를 참가자 자신의 개념으로 '전유'하여 자신을 변화시키고 행동을 변화시키는 해석적 활동이라고 할 수 있다.

그룸의 공유적 실천이나, 상징교수학, 문제중심 교수학, 그리고 앞에 살펴본 여러 성경수업모델들은 모두 수업과 교육 자체를 해석학적으로 의도하고 기획한 해석학적 수업의 예라고 할 수 있다. 이들의 예에서 우리가 발견하는 것은 해석학이 기독교교육과 만날 때 기독교교육을 단순히 해석학적으로 구성하는 것에서 그치는 것이 아니라는 사실이다. 해석학이 해석현상과 앎의 현상 자체에 관하여 관심을 기울이고 있다면, 해석학적 수업의 모델들은 그와 같은 해석의 현상이 교육적으로 일어날 수 있는 보다 적극적이고 계획적인 통로를 모색한다. 이 과정에서 해석적 교육은 기독교 전통을 현재의 지평에서 이해하고, 현재의 지평을 비판적으로 해석하며, 두 지평 간의 창의적 만남을 주도할 뿐만 아니라, 해석된 것이 실천과 연결되도록 계획적이고 의도적인 괘도를 형성하는 것이다. 이것이 의미하는 것은 무엇인가? 해석학은 해석현상에 관하여 연구하지만, 해석학적 기독교교육은 해석의 사건이 바르게 일어날 수 있도록 하는 실천적 해석과정에 관여한다는 것이다. 그렇게 보았을 때 해석학이 추구하는 해석의 사건은 다른 어떤 곳에서 보다 해석적 기독교교육이라는 의도된 활동을 통해서 구체적으로 실현된다는 것을 알 수 있다.

2. 기독교교육에 대한 통전적 안목 형성

해석학은 또한 기독교교육 자체에 대한 안목을 형성하는 역할을 한다. 해석학은 기독교교육에서 단순히 수업의 방법과 관련하는 이론적 기초에만 머물러 있는 것이 아니라 기독교교육 현상 자체를 보는 안목을 제시하는 역할을 하고 있는 것을 볼 수 있다. 보이스나 무어와 같은 학자들은 기독교교육을 '해석의 과정'이라고 보았고, 그들이 기독교교육을 해석의 과정이라고 보는 순간 교육은 이들에게 단순히 지식의 전달이나 교수-학습과정에만 머물러 있는 것이 아니라, 전통의 유지와 확대 및 재창조 행위로 이해되었다. 보이스는 종교교육이란 전통이 현재와 직접적으로 만나면서 전달과 해석이 이루어지고, 이를 바탕으로 세계의 변형이 이루어지는 장소라고 보았다. 그렇게 볼 때 그녀에게서 전통의 전달과 사회의 변형이라는 기독교교육의 두 핵심적 문제는 상반된 별개의 문제가 아니라, 교육을 통해서 서로 상호작용하는 관계 안에 있는 것으로 이해된다. '해석'이라는 현상 자체가 텍스트와 해석자 간의 지평융합을 통한 삶의 변형의 사건이라고 하는 해석학적 이해가 교육을 '전통'과 '변형' 간의 상호작용으로 보게 하는 이론적 기초가 되는 것이다. 무어도 교육을 해석의 과정으로 보는 순간 교육은 그 자체로 전통을 전수하고 변형하는 적극적인 통로로 이해 되었다. 교육은 그녀에게서 단순히 전통을 전달하는 것이 아니라, 현재의 관점에서 과거의 전통을 재해석하고, 또한 미래를 전망하는 해석의 행위이고, 그렇기 때문에 교육은 전통이 이루어지는 곳, 곧 "전통화(traditioning)"의 자리가 된다고 보았다. 해석 없이 전통의 전수와 재창조가 없는 것처럼, 그녀에게서는 해석의 활동인 '교육' 없이 전통의 재창조는 있을 수 없고, 그렇기 때문에 '교육'은 전통의 형성에 핵심적 자리가 되는 것이다.

 이와 같은 보이스와 무어의 시각은 필연적으로 종교교육 개념의 확대를 가져왔다. 이들에게서 종교교육은 신학에서 제시된 전통의 내용을 응용하고 전달하는 영역이 아니라, 전통 자체를 재생산하는 가장 본질적인 자리가 된다. 따라서 이들은 교육의 목적을 전통의 '해석'과 '변화'가 조화되는 앎을 추구하는 것으로 생각하였고, 교육의 장도 전통의 전달과 변형이 일어나는 '해석적 공동체'로서 '전통화 공동체'와 '변형화 공동체'의 역할을 감당하는 장소가 되어야 한다고 보았다. 교육의 내용이나 방법도 그와 같은 목적을 수렴하는 것이 된다. 이와 같은 점들은 해석학이 기독교교육 자체의 이해와, 기독교교육의 목적 및 장, 내용, 방법 등 기독교교육의 전 구조를 보는 안목이 됨으로써, 기독교교육에로 접근하는 하나의 통로가 된다. 해석학은 소위 기독교교육에 대한 '해석학적 접근'이라는 안목이 되는 것이다.

3. 기독교교육학의 학문적 성격 규명

해석학은 기독교교육을 '해석'의 사건으로 보도록 하는 통찰과 아울러서 기독교교육학의 학문적 특성을 자리매김하는 통찰을 제시한다. 해석이 "텍스트와 해석자 간의 지평융합 사건"이라면 해석의 사건으로서의 기독교교육은 단지 텍스트와만 관여하는 학문이 아니라, 해석자의 지평과 그 둘 간의 지평융합에도 관여하는 학문이어야 한다는 것을 시사하여 준다. 그것은 기독교교육학이 기독교의 전통에 관하여 연구하는 신학과 밀접한 관계 안에 있지만, 동시에 해석자인 학습자의 삶의 지평을 이해하고 연구하는 교육학과 인문사회과학과 밀접한 관계 안에 있어야 한다는 것을 의미한다. 기독교교육학의 역사를 보면 기독교교육학의 학문적 위치를 신학 안에서 보는 입장이 있었는가 하면 교육학이나 인문사회과학의 한 영역으로 보아야 한다는 입장이 있었다. 그러나 해석학적 통찰은 기독교교육학의 학문적 자리가 신학이나 교육학의 어느 한 영역에 속하는 것일 수 없음을 시사해 준다.

그래서 닢코는 기독교교육학을 해석학적 과점에서 "간학문성(interdisciplinarität)"을 바탕으로 하는 학문이라고 규정하였다. 기독교교육학은 한 편으로는 기독교의 전승에 대하여 이해를 발전시켜야 하지만, 다른 한 편으로는 학습자의 현재의 경험과 사회문화적 배경들에 관한 전문적 입장을 갖고 있어야 한다는 점에서 다양한 인접학문들과의 대화가 없이 전개될 수 없는 학문이고, 그런 점에서 '간학문성'이 기독교교육학의 본질적 특성일 수밖에 없다는 것이다. 그러나 닢코는 기독교교육학과 인접학문과의 이와 같은 관계를 "상대적 자율성(relative Autonomie)"라고 표현하였는데, 기독교교육학은 신학으로부터 기독교전통과 초월적 차원의 통찰을, 교육학 및 인문과학으로부터 학습자의 경험에 대한 통찰을 얻는다는 점에서 그들에게 의존되어 있지만, 그렇다고 그들과 종속관계에 있는 것이 아니라는 것이다. 기독교교육학 나름대로 독자적 입장에서 그들을 비판적으로 판단하고 선택적으로 수용을 하는 상대적 자율성의 관계에 있다는 것이다. 같은 입장에서 바우들러도 자신의 '상관관계교수법'은 한 편으로는 신학으로부터 기독교의 전승에 관한 이해에 관하여, 다른 한 편으로는 교육학 및 인문과학으로부터 인간과 사회이해에 관하여 통찰을 얻지만, 그들은 어디까지나 '인접학문'으로서의 역할을 한다고 하였다. 해석학은 이처럼 기독교교육학의 학문성에 관한 통찰과 학문적 자리매김에 대한 이론적 기초로서의 역할을 한다.

위에서 우리는 해석학이 기독교교육학 안에서 해석학적 성서학습이나 종교수업 모델의 이론적 기초의 역할을 하기도 하고, 또 기독교교육학의 학문적 성격을 규정하는 방향제시 기능을 하기도 하지만, 무엇보다 기독교교육 자체를 보는 통전적 안목이 되기도 한다는 점을 살펴보았다. 다시 말해서 해석학은 기독교교육의 이론형성을 위한 하나의 통일적인 '접근 방법'이 되어서 기독교교육 전반을 해석학적으로 재구성하는 통로가 되기도 한다는 말이다. '기독교교육의 해석학적 접근'이라는 이름으로 묶이는 일련의 학자들과 그들의 시도들이 대부분 공통된 전제와 기독교교육의 목적, 장, 방법, 내용 등을 공유하는 것은 그들이 해석학적 접근을 통해 기독교교육을 재구성하고 있기 때문이다.

4장 기독교교육의 해석적 모델

I. 들어가는 말

II. 왜 해석적 접근인가?
   1. 패러다임 전환
   2. 해석과 교육
   3. 해석과 신앙
   4. 다학문적 접근

III. 해석적 교육의 원리
   1. 순환성
   2. 관계성
   3. 중심성

IV. 해석적 교육의 구조
   1. 교육의 정의
   2. 교육의 목적
   3. 교육의 장
   4. 교육의 내용 및 과정
   5. 교육의 방법과 교수-학습 과정
   6. 교사-학생의 관계

V. 맺는 말

기독교교육의 해석적 모델

I. 들어가는 말

이 장에서는 앞 장에서 고찰된 해석학적 연구들, 접근들을 바탕으로 기독교교육의 해석적 모델을 제시해보고자 한다. '해석적 접근'이란 '해석학적 안목'으로, 혹은 '해석'이라는 관점에서 기독교교육의 이론과 실천을 해명하고 방향을 제시하는 일체의 시도이다. 이 시도는 우리가 3장에서 살펴본 바와 같이 다양한 각도에서 다양한 강조점을 가지고 일어날 수 있어서, 해석적 접근이라는 이름으로 하나의 일괄적 교육모델을 형성하게 되는 것은 아니라는 것을 알 수 있다. 어쩌면 하나의 부동의 모델을 구성하는 것은 기독교의 전승을 변화하는 시대의 지평과 지속적으로 만나게 한다는 해석학의 기본적 관점과 상치되는 것일 수도 있다. 따라서 여기에서 제시되는 해석적 모델도 해석적 기독교교육의 하나의 이상적 모델로서가 아니라, 해석학의 변화와 기독교교육 자체의 변화에 의해서 일어날 수 있는 다양한 모델 중의 하나로서의 의미를 갖는다고 할 수 있겠다.

Ⅱ. 왜 해석적 접근인가?

'해석적 접근'이란 '해석학적 안목'으로, 혹은 '해석'이라는 관점에서 기독교교육의 이론과 실천을 해명하고 방향을 제시하는 일체의 시도이다. 우리는 위에서 해석학이 단순히 성서나 텍스트의 해석방법을 제시해 주는 방법론만이 아니라, 기독교교육 전체를 보는 안목이고, 접근의 통로라고 하는 점을 확인한 바 있다. 따라서 해석적 접근이라 함은 단순히 교육을 해석학적으로 일어나도록 하는 방법적 문제에 그치는 것이 아니라, 기독교교육 전체를 해석학적으로 보는 통일적 관점으로서, '교육'을 어떻게 이해할 것인지, 교육의 목적, 교육의 장, 교육 방법 등을 어떻게 이해하고 구성할 것인지 등, 기독교교육 전반을 고찰하고 해명하는 접근 방식이라고 할 수 있다. 여기에서는 해석적 모델을 제시하기에 앞서 왜 기독교교육이 해석적으로 접근되어야 하는지에 관한 필요성을 먼저 짚어 보고자 한다. 기독교교육이 왜 해석학적으로 접근되어야 하는가의 필요성에 대하여는 사실 앞의 고찰들에서 이미 그 핵심적 원인들이 들어 났지만, 여기에서 다시 한 번 요약적으로 정리해 보자.

1. 패러다임 전환

해석학적 접근은 기존 기독교교육 이론이 가지고 있었던 양자택일적 물음들을 새로운 각도에서 접근한 패러다임 전환적 성격을 띠고 있다. 이 책의 1장에서 살펴본 바와 같이 해석학적 인식론은 기독교교육의 고전적인 양자택일식의 물음, 즉 '학교식 모델인가 신앙공동체인가?', '전통인가 경험인가?', '전통의 전달인가 전통의 창조인가?'와 같은 물음들 중 어느 한 편을 선택하는 것이 아니라, 그 둘이 함께 갈 수 있는 가능성을 제시하는 인식적 틀이다. 따라서 기독교교육을 해석학적으로 접근함은 그러한 고전적 문제를 극복하는 새로운 기독교교육의 패러다임을 형성하는 통로가 되는 것이다. 실제로 미국이나 독일에서 시도된 해석학적 접근은 그 이전에 나타났던 양자택일적 흐름들을 종합하는 새로운 패러다임의 형태를 띠고 있다.[338]

유럽의 종교교육학자들이 대거 참여하여 출판된「해석학과 종교교육」을 편집한 롬바르츠(H. Lombaerts)와 폴리파이트(D.Pollefeyt)도 현대의 종교교육에 나타난 해석학적 접근에 나타나는 네 가지의 특징 중 첫 번째의 것이 "패러다임 전환"이라고 하였다.[339] 이들은 현대 혹은 포스트모던 시대를 맞이하여 기존 종교교육의 의사소통 형식인 일방적 진리전달 형식이 더 이상 설득력을 가질 수 없게 되면서, 종교교육의 패러다임 전환이 요청되었는데, 그것이 해석학적 접근에 반영되었다는 것이다. 이것은 무엇보다 기존의 종교적 의사소통 모델, 즉 '단선적이고, 위에서 하달하는 식(top-down model)'의 진리전달형식이 더 이상 '개방적이고 상호작용적 의사소통의 형식'을 요청하는 현대 사회의 학습자들에게 적합하지 않다는 점에서 나타났다고 하였다.[340] 그러나 이것보다 더 결정적인 것은 현대의 학습자들이 더 이상 기독교 전통이 자명한 권위를 갖는 사회에서 살고 있지 않다는 점이라고 하였다. 이러한 현대사회 자체의 문제와 맞물려서 종교교육은 그 어느 때 보다 기독교 전통과 학습자의 경험세계를 서로 연결하는 과제를 심각하게 받아들여야 하는 상황에 직면하게 되었고, 그런 상황에서

---

[338] 참조, 이 책의 1장의 IV, 3장의 V.
[339] H.Lombaerts & D.Pollefeyt ed), *Hermeneutics and Religious Education*, (Leuven Paris, Leuven University Press, 2004) 20. 이들이 말하는 현대 종교교육에 나타난 해석학적 접근의 네 가지 특징은 '패러다임전환', '주체와 정황성', '다학문적 틀', '기관적 컨텍스트'라고 하였다.
[340] Ibid., 23.

해석학적 접근은 전통과 학습자의 경험을 보다 본질적으로 연결하는 종교교육의 패러다임 전환을 시도하였다는 것이다. 이와 같은 점을 바탕으로 해서 보았을 때 해석학적 접근이 '패러다임 전환'의 역할을 하게 되었던 것은 해석학 자체가 갖는 인식론적 특징과, 포스트모던적 시대의 요청이 함께 맞물려 이루어진 결과라고 할 수 있겠다.

시대적 요청의 측면에서는 '주체와 정황성'의 문제도 빼 놓을 수 없겠다. 롬바르츠와 폴리파이트는 "주체성와 정황성(subjectivity and contextuality)"을 현대 종교교육의 해석학적 접근이 가지는 두 번 째 특징으로 꼽고 있는데, 이들에 의하면 과거에는 교회의 교리가 삶의 의미와 개인의 가치판단에 결정적 역할을 하였다면, 현대에는 개인과 그의 상황(context)이 가치판단 과정의 중심에 놓이게 되었다는 것이다.[341] 특별히 기독교문화가 지배적이었던 유럽의 경우 종교는 전통적으로 공공(publicity)의 영역에 속하는 문제였다면, 현대에 와서는 개인적(private) 영역의 문제라는 인식이 확산되었다는 것이다. 이러한 상황에서 '해석'의 문제는 결국 학습자라는 '주체(subjectivity)' 안에서 이루어지는 인식 없이 이루어 질 수 없고, 학습자가 처해 있는 삶의 정황은 해석에서 그만큼 중요한 요소가 되었다는 것이다. 이렇게 주체와 주체의 삶의 정황이 중시되면서 해석학적 접근은 시대 필연적이게 되었다는 것이다. 해석학적 인식은 텍스트의 지평만이 아니라 해석자의 지평을 중시하며 둘 간의 융합을 해석의 사건으로 이해하기 때문이다. 종교교육은 더 이상 기독교의 전통을 전달하는 것으로만 머물러 있을 수 없고, 보다 적극적으로 학습자가 속한 상황과 학습자의 경험과의 관계성 속에서 모색되어지지 않으면 안 되었는데, 바로 그러한 욕구를 해석학적 접근이 수렴한다는 것이다. 해석학적 접

---

341) Ibid., 31.

근은 이러한 시대적 상황과의 관계 속에서 종교교육의 패러다임 전환을 가져올 수 있는 이론적인 틀이 될 수 있었다.

2. 해석과 교육

"왜 해석적 접근인가?"의 두번째 요인은 해석적 접근이 기독교교육의 가장 핵심적 문제와 맞닿아 있다는 점이다. '기독교교육'의 가장 핵심적 문제가 무엇인가? 기독교교육을 형성해온 핵심적 요소인 기독교 전통을 학습자에게 매개하여 기독교적 변화가 일어나도록 돕는 일이다. 이것은 해석학에서 보면 바로 '해석'의 사건 그 자체이다. 이 책의 1장에서 살펴본 바에 의하면 해석의 사건이란 텍스트 즉 기독교의 전승 자체를 이해하고, 그 텍스트에 비추인 해석자의 자아와 세계를 이해하며, 더 나아가 텍스트가 지시하는 세계기획에 따라 해석자의 자아가 변형되는 사건이다. 이런 점에서 볼 때 기독교교육은 곧 '해석의 사건'이 되어야 한다는 점을 알 수 있다.

'왜 해석적 접근인가?' 라는 물음은 따라서 해석학이야말로 기독교교육의 기본적 조건이라고 하는 것으로 대답될 수 있다. 슈바이쩌는 기독교의 전통과 역사를 현재의 상황에 매개해야 하는 과제가 기독교교육의 기본 과제인 한에 있어서 해석학은 기독교교육의 '기본 조건(condition)'이고, 선택사항이 아니라 필수 사항이라고 하였다.[342] 그런 의미에서 해석학은 단순히 해석적 접근이라는 특별한 입장에만 국한되는 것이 아니라, 기독교교육이 본질에 충실하려는 곳에서라면 어디에서든지 반드시 고려되어야 하는 요소라고 할 수 있다. 기독교교육은 그것이 어떠한 관점에서 접근되는지와 상관없이 텍스트인 기독교

---

342) Fr.Schweitzer, "Hermeneutic condition of Religious Education", H.Lombaerts& D.Pollefeyt ed), *Hermeneutics and Religious Education*, 86

의 전통과 학습자가 서 있는 지평 간의 만남이 되도록 해야 하며, 이를 통하여 학습자가 기독교적 세계기획에 따라 변형되는 해석의 사건이 되도록 해야 하는 데 역점을 두어야 하는 것이다.

'해석'이 이처럼 모든 기독교교육의 기본 조건이라면, '해석적 접근'이 기독교교육의 다른 접근들과 구별되는 점은 무엇인가? 3장에서의 고찰을 바탕으로 해서 볼 때, 해석적 접근은 기독교교육 자체가 보다 구체적으로 '해석'의 사건이 될 수 있도록 교육의 과정(process)을 구성하는 것에 관심을 집중하고 있는 것을 볼 수 있다. 토마스 그룹의 '공유된 실천(shared praxis)'과 같은 경우나, '문제중심 종교수업 (Themenorientierter Religionsunterricht)'과 '상징교육학(Symboldidaktik)'의 경우도 교육 자체, 수업 자체가 해석의 과정이 될 수 있도록 구성한 경우라고 할 수 있다.343)

무어나 보이스는 좀 더 광의의 입장에서 해석의 사건을 접근한 예로서, 이들은 교육을 통해서 이루어지는 해석의 활동이 곧 전통을 전달하고 재창조하는 과정이라는 점에 관심을 집중하였다. 해석이란 거시적 관점에서 보았을 때 텍스트인 전통이 현재의 지평과 만나면서 그의 시간적 간격에도 불구하고 단순히 과거사로서 남는 것이 아니라 우리의 삶과 사고에 영향을 미치는 '영향사(Wirkungsgeschichte)'적 작용이라고 할 수 있다. 이 영향사적 과정에서 전통은 한 편으로는 현재에 영향을 미치면서, 다른 한 편으로는 현재의 지평과 지속적으로 마주치고 변형되는 과정을 걷는다. 이 과정에서 전통은 끊임없이 재창조되는 것이다. 무어는 전통의 변형 과정을 곧 교육의 과정으로 보았고, 교육이 그러한 전통의 전수와 변형이 일어나는 해석의 과정이 될 수 있도록 교육의 목적 및 교육의 장, 교육의 내용 및 방법 등을 구성하였다.

---

343) 이 책의 III장 참조.

'왜 해석학적 접근인가?' 해석적 접근은 기독교전통을 학습자의 현재의 지평과 연결하는 기독교교육의 기본적 구조를 해석의 사건으로 보면서, 그것을 교육의 이론과 실천의 장에서 구체적으로 구현하는 길을 모색한다는 점에서 기독교교육적 과제 수행의 가장 본질적인 부분과 관련을 맺는다. 그런 의미에서 해석적 접근은 시대가 바뀌고 기독교교육의 컨텍스트가 바뀌어도 기독교교육의 핵심적 관심영역으로 남을 것이다.

3. 해석과 신앙

'왜 해석적 접근인가?' 해석학이 기독교교육의 핵심적 영역과 맞닿아 있다는 점은 앞에 언급한 기독교 전통과 학습자의 지평 간의 만남을 모색한다는 측면 뿐 만이 아니라, 기독교교육의 핵심적 과제인 '신앙'과 연결되어 있다는 점에서도 그러하다. 신앙은 우리의 삶 전체에 방향을 제시하는 일종의 '의미체계'이다. "믿음은 바라는 것들의 실상이요 보지 못하는 것들의 증거니"(히 11:1)와 같은 성서의 말씀처럼, 신앙(믿음)은 우리가 바라는 바 삶의 비전이고, 또한 그를 바탕으로 우리의 현재의 삶을 결정하게 하는 가치체계요 의미 체계이다. 이와 같은 맥락에서 파울러(J.Fowler)는 신앙이란 인간의 소망과 노력, 생각과 행동에 방향을 제시하는 궁극적 의미와 같은 것이라고 하였다. 신앙이란 우리의 마음 향함과 같은 것으로 우리가 충성을 바치고, 헌신하며, 그를 바탕으로 삶의 비전과, 인격형성, 그리고 행동양식을 결정하게 되는 통전적 의미체계와 같은 것이라는 것이다.[344]

이렇게 보았을 때 '신앙'은 해석과 불가분리의 관계라는 것을 알

---

344) J.Fowler, *Stages of Faith. The Psychology of Human Development and the Quest for Meaning.* (Sanfrancisco Harper&Row, 1981), 사미자 역, 「신앙의 발달단계」, 대한예수교장로회 총회출판국, 38.

수 있다. 해석이란 의미를 추구하고 발견하는 활동이기 때문이다. 앞에서 우리는 해석의 사건을 '텍스트의 지평과 해석자의 지평 간의 융합을 통해서 해석자의 자기이해와 세계이해가 확대되고, 더 나아가 텍스트의 세계기획에 자아를 변형하는 사건'이라고 정의하였다. 이 해석의 사건은 한마디로 표현하면 해석자의 '의미 발견 활동'이라고 할 수 있는 것이다. 텍스트의 지평과 해석자의 지평 간에 일어나는 '지평융합'이란 다른 말로 표현하면 해석자가 텍스트와의 관계성 속에서 새로운 의미를 발견하게 되는 의미생성의 과정이요, 생성된 이 의미로 인하여 해석자가 자신과 세계를 보는 새로운 의미체계를 획득하게 되는 과정인 것이다. 해석자는 이 새로운 의미를 바탕으로 자신을 변형시키고 더 나아가 사회를 변형시키는 활동을 하게 된다. 결국 **해석의 사건이란 의미를 발견하고, 그 의미를 바탕으로 자아와 세계를 재구성, 혹은 재중심화 하는 활동**이라고 할 수 있다.

'의미'라고 하는 것은 우리의 삶과 생각과 행동을 통전적으로 묶는 중심점이다. 신앙이 우리가 충성을 바치고, 헌신하고, 삶의 비전과 인격형성 그리고 행동양식을 결정하는 중심점이 되는 것은 그것이 '의미체계'이기 때문이다. 특별히 신앙은 궁극적 가치, 즉 하나님과의 관계성 속에서 형성되는 의미체계로서, 우리의 삶의 목적과 비전, 자기이해와 행동결정 전체를 통합시켜나가는 특별한 응집력을 가진 의미체계이다. 우리의 삶 전체를 통합시키는 응집력을 가진 의미체계로서의 신앙에는 따라서 지적, 감정적, 행동적 요소, 개인적이고 사회적인 요소들이 모두 포함되어 있다. 파울러는 신앙의 의미체계를 구성하는 요소를 7가지고 설명한 바 있는데, 논리의 형태, 관점의 채택, 도덕 판단의 형식, 사회의식의 테두리, 권위의 장소, 세계관의 형태, 상징적 기능이 그것이라고 하였다.[345] 신앙은 논리적이고 인지적 요소 뿐만 아니라, 사회적인 차원, 도덕적 차원, 세계관과 가치관의 차원이 모두 포함된다는 말이다.

　파울러는 그러나 이와 같은 일곱 가지의 요소들은 각각 구별된 채로 작용하는 것이 아니라 전체적 이미지를 형성하는 상상의 힘에 의하여 서로 통합되어 작용한다고 하였다. 그는 특별히 신앙의 요소 중 '상징적 기능'이 그와 같은 통합의 역할을 한다고 보았는데, 그것은 상징이 불러일으키는 '상상력' 작용 때문이라는 것이다. 신앙이란 결국 우리의 중심을 '궁극적 가치'에 연결시키고, 그것들을 포괄적 이미지로 구성하여, 우리의 정체성을 형성하고 궁극적 가치에 대한 신뢰와 헌신을 하게하며, 우리의 행동을 구성하게 하는 상상적 힘인데, '상징'은 바로 그러한 상상력의 작용을 가져오는 매개 역할을 한다는 것이다.[346]

　'신앙'이 이처럼 '궁극적 가치' 즉 하나님과의 관계에서 우리의 삶 전체를 통합시켜 나아가는 응집력을 가진 '의미체계'이고, '해석'이 앞에서 살펴본 바와 같이 '의미발견의 활동'이라면 우리는 신앙의 형성과 성장이 결국 해석의 활동에 달려 있다는 결론에 도달하게 된다. 성서에 이런 구절이 있다: "네 몸의 등불은 눈이라, 네 눈이 성하면 온 몸이 밝을 것이요, 만일 나쁘면 네 몸도 어두우리라, 그러므로 네 속에 있는 빛이 어둡지 아니한가 보라 네 온 몸이 밝아 조금도 어두운 데가 없으면 등불의 빛이 너를 비출 때와 같이 온전히 밝으리라."(눅11:34-36). 이 구절에서 눈은 몸의 등불이고, 눈이 성하여야 온 몸이 밝아진다고 하였다. 이 비유에 비추어 볼 때 신앙은 우리의 삶 전체를 중심화하는 지점으로 '눈'과 같은 역할을 한다고 할 수 있다. '의미 창조' 활

---

345) Ibid., 466.
346) J.Fowler, Stages of Faith. 58 이하, 참조, Fr.Schweitzer, *Lebensgeschichte und Religion: religioese Entwicklung und Erziehung im Kindes- und Jugendalter*, (Guetersloh, Chr.Kaiser/Guetersloher Verlagshaus, 1999)

동으로서의 해석은 바로 이 눈을 밝게 해줌으로써 온 몸을 밝게 할 수 있는 역할을 하는 것이다.

해석의 문제는 따라서 '중심'의 문제이다. 해석은 의미 창조행위이며, 그런 의미에서 신앙의 문제이고, 또한 지속적으로 우리의 삶을 재중심화하는 사건이다. 그것은 우리의 삶을 전인적으로 통합시킬 뿐만 아니라, 우리의 과거와 현재와 미래를 통전적으로 서로 연결시키는 재중심화의 활동이다. "왜 해석적 접근인가?" 해석은 기독교교육의 핵심적 문제인 신앙의 형성과 성장에 가장 본질적인 문제의 하나이고, 그런 의미에서 해석적 접근은 기독교교육을 가장 중심으로부터 이해하는 통로가 되는 것이다.

4. 다학문적 접근

해석학적 접근은 또한 기독교교육의 다학문적 틀에 대한 이론적 기초가 된다. 앞에서 언급한 바 있는 롬바르츠와 폴리파이트도 "다학문적 틀(multidisciplinary frame)"을 현대 종교교육의 해석학적 접근의 중요한 특징의 하나로 지적한 바 있다.347) 이들은 해석학적 종교교육이 단순히 기독교 전통을 전달하는 것에 그치는 것이 아니라 그것과 학습자의 경험과의 만남을 지향하는 과정에서 학습자에 대한 이해, 학습자가 속한 세계에 대한 이해, 그 뿐만 아니라 현대의 종교 현상에 대한 이해, 그리고 종교교육 자체에 대한 이해에 이르기까지의 다양한 이해가 요청되었고, 이를 위하여서는 다학문적 접근이 필연적이라고 하는 사실을 간파하였다. 실제로 여러 학자들에 의해 시도된 해석학적 접근에는 심리학, 교육학, 종교학, 철학 및 인문사회과학들과의 간학문적 접근이 나타난다.

---

347) H.Lombaerts& D.Pollefeyt, Ibid., 38.

우리가 3장에서 살펴본 해석학자들도 다양한 형태의 다학문적, 혹은 간학문적 접근을 하고 있는 것을 볼 수 있다. 메리 보이스는 특별히 종교교육학이 '전통과 변형'에 동시에 관여하기 위하여서는 성서의 현대적 연구와 밀접한 관련성 안에서 이루어져야 한다고 하였다.348) 그녀는 성서학자와 종교교육가 사이에 현존하는 틈은 극복되어야 하고, 이를 위해서 종교교육학은 성서연구 영역에 나타난 변화에 발맞출 수 있어야 한다고 하였다. 그러기 위하여 종교교육학자는 무엇보다 성서 자체에 대한 지식과, 해석의 역사, 해석이론이라는 삼중적 차원의 이해를 가지고 있어야 하지만, 또한 동시에 성서 연구를 전문적 종교교육 커리큘럼 구성을 통해서 교회의 삶 안으로 구체적으로 통합시키는데 기여하여야 한다고 하였다. 윙크의 경우에도 성서해석학적 숙고를 위해서 성서신학 뿐만 아니라, 철학과 심리학 등 다양한 학문들과의 다학문적 접근을 하고 있는 것을 살펴본 바 있다.349) 어디 이들 뿐인가? '공유된 실천'을 제시한 토마스 그룹의 「기독교적 종교교육」을 보라. 거기에는 그의 실천적 인식론에 관한 철학적 이해들, 학습자와 신앙의 이해를 위한 심리학적 연구들, 성서신학적 연구 등 다학문적 접근의 흔적이 가득하다. '문제중심 종교수업'과 '상징교수학'도 발달심리학, 종교심리학, 철학, 신학 등의 다학문적 대화와 토론을 통해서 발전된 모델들이다.

해석학적 접근은 이렇게 다학문적 접근을 하는 것에서 그치는 것이 아니라, 기독교교육학의 학문성 자체를 "간학문성(interdisciplinary)"으로 자리매김하였다. 닢코는 기독교 전승과 학습자의 현재 경험 간의 수렴을 모색하는 기독교교육학은 그 본질상 "간학문성(inter-

---

348) Mary C. Boys, *Biblical Interpretation In Religious Education*, (Birmingham, Alabama, REP, 1980) 288.
349) 참조, 이 책의 II장.

disciplinarität)"을 바탕으로 하는 학문이라고 규정하였다. 기독교교육학은 한 편으로는 기독교의 전승에 대하여 이해를 발전시켜야 하지만, 다른 한 편으로는 학습자의 현재의 경험과 사회문화적 배경들에 관한 전문적 입장을 갖고 있어야 한다는 점에서 다양한 인접학문들과의 대화가 없이 전개될 수 없는 학문이고, 그런 점에서 '간학문성'이 기독교교육학의 본질적 특성일 수밖에 없다는 것이다. 그렇게 볼 때 해석학적 접근은 기독교교육학의 학문적 특성에 대한 통찰을 제시해 주는 기독교교육의 통전적 접근이라고 할 수 있다.

"왜 해석적 접근인가?" 위의 고찰을 통해서 보았을 때 해석적 접근은 시대를 넘어서서 기독교교육의 가상 기본적 문세와 맞닿아 있으면서도, 동시에 포스트모던 시대라고 하는 오늘의 시대적 상황과 요청을 수렴할 수 있는 접근이라고 할 수 있겠다.

Ⅲ. 해석적 교육의 원리

위에 살펴본 해석적 접근의 필요성과 해석학적 인식론의 통찰을 바탕으로, 해석적 교육을 구성하는 원리를 '순환성', '관계성', '중심성'의 세 측면에서 제안하고자 한다.

1. 순환성

해석적 교육 모델이 해석학적 근거 위에서 전개되는 모델이라고 할 때 이 교육은 무엇보다 "순환성"을 지향해야 함이 자명해 진다. 해석학적 인식론의 핵심은 소위 '해석학적 순환'의 개념이다. 해석학적 순환이란 인식 사건이 하나의 아르키메데스적 기점에서 시작되어서 어떤 지점에서 끝나는 폐쇄적 과정이 아니라, 우리 삶과의 관계성 속에서 지속적으로 상호순환 되는 과정 가운데에 있다는 개념이다.

이 순환성이 해석적 교육모델의 원리가 되어야 한다. 순환성은 첫째, 폐쇄성이 아니라 **개방성**을 의미한다. 의미가 지속적으로 새롭게 창조되는 과정에 있다는 것이다. 이 순환성이 해석적 교육 모델의 원리가 된다는 것은 해석적 교육은 '의미 개방적'이 되어야 한다는 것을 뜻한다. 그것은 교육이 어떤 고정되고 폐쇄된 의미체계를 수용하고 그를 전달하는 과정이 아니라, 그 자체로 의미를 추구하고 발견하는 과정이 되어야 한다는 것을 의미한다. 그것은 기독교교육이 신학으로부터 전달받은 화석화된 기독교 전통을 교육의 내용으로 학습자에게 전달하는 통로가 되는 것을 의미하는 것이 아니라, 학습자가 서 있는 상황과 지평과 기독교 전통과의 대화를 시도하고, 그 둘 간의 만남을 시도함으로써, 전통을 재해석하고 재창조하는 통로가 되는 것을 의미하는 것이다. 그와 같은 의미의 개방성은 단순히 교육에 관한 이해 뿐만 아니라, 교육의 목표, 내용이나 방법 등에 구체적으로 반영되어야 함을 의미한다.

순환성의 원리는 둘째, **앎과 삶 간의 순환성**을 의미하기도 한다. 해석학적 순환이란 앎이라는 인식의 활동이 삶이라는 경험의 활동과 서로 순환하는 관계에 있다는 점으로부터 출발한다. 따라서 우리의 인식은 언제나 이미 삶을 통한 전이해(Vorverständniss)로부터 출발하고, 우리의 이해는 우리의 전이해에로 되돌아가 다시금 그것을 변화시키고, 이를 통하여 삶이 변화되는 순환의 구조를 가지고 있다는 것이다. 해석적 교육의 모델이 순환성의 원리를 바탕으로 한다는 것은 해석학적 교육은 앎과 삶이 서로 순환적 구조를 형성하도록 구성되어야 한다는 것을 뜻한다. 삶과 거리가 있는 앎이나, 앎과 거리가 있는 삶이 아니라, 학습자의 삶의 지평과 마주치는 앎이 되고, 또한 앎이 학습자의 삶에 영향을 미치고 그를 변형시킬 수 있도록 교육의 과정이 구성되어야 한다는 것이다. 해석적 모델은 그렇기 때문에 고전적인 양자택일의 문제, 즉 전통이냐 경험이냐의 어느 하나를 선택하지 않고 그 둘을 순환의 관계에서 수렴해야 한다. 전통은 학습자의 경험의 지평에서 이해되도록 하고, 또한 학습자의 경험은 전통의 지평에서 해석되고 평가되어야 한다. 그 둘 간의 상호작용을 통해 해석적 교육은 학습자의 인식을 변화시킬 뿐만 아니라 학습자의 삶을 변화시키는 교육이 되기를 시도해야 한다. 전통과 경험 간의 순환성은 성서와 생활간의 순환성, 전통과 현재의 상황간의 순환성으로도 표현될 수 있다.

순환성의 원리는 셋째, **개인과 환경 간의 순환성**이기도 하다. 의미를 형성하는 것은 개인 안에서 일어나는 현상이지만, 그것은 개인이 속한 공동체의 삶과 사회적 상황, 문화와의 상호작용 속에서 형성되는 것이다. 역으로 사회는 개인의 참여 없이 이루어질 수 없고 또한 변화될 수도 없다. 기독교교육이 순환성의 원리를 바탕으로 한다는 것은 학습자 개인과 신앙공동체 그리고 사회와의 상호작용을 담보하는 교육을 의미한다. 의미형성의 과정에서 학습자 개인의 삶의 역사를 통해서 형성된 의미체계, 그들의 발달적 특성, 잠재적 가능성과 성향들이 고려되면서, 동시에 그것들과 학습자가 속한 신앙 공동체의 이야기, 역사, 기독교 전통 전체와의 역동적 상호작용이 일어나도록 구성되어야 한다. 개인과 사회와의 순환성을 바탕으로 하는 기독교교육은 개인이 신앙공동체의 한 부분이지만 동시에 개인으로서의 독특성과 개별성을 잃지 않도록 공동체의 경험이 구성되어야 하고, 또한 역으로 신앙공동체의 정체성을 심화하고, 신앙공동체의 새 이야기를 이어가며 전통이 재창조될 수 있도록 개인의 참여와 활동을 구성해야 할 것이다. 이와 같은 순환성을 통하여 개인과 공동체의 전체적인 의미체계가 확대 심화되는 구조가 형성되어야 할 것이다.

순환성의 원리는 넷째, **부분과 전체의 순환성**에도 관련된다. 해석적 방법론에 의하면 문장은 문맥과, 문맥은 전체 텍스트와의 순환관계에서 이해되어야 한다. 또한 하나의 텍스트는 그 텍스트가 출현한 시대와의 문맥에서 이해되어야 할 뿐만 아니라, 그 텍스트를 해석해 온 전체 역사 속에서 함께 이해되어야 한다. 이러한 부분과 전체의 순환 속에서 텍스트의 의미는 지속적으로 새롭게 형성되고, 새롭게 해석되면서 영향사적인 의미를 갖게 된다. 순환성의 원리를 바탕으로 하는 기독교교육도 이와 마찬가지로 부분과 전체 간의 상호순환성을 중시하여야 한다. 기독교 전통은 현대의 학습자에게 적합한 경험으로 제시되어야 하고, 또한 학습자가 처한 시대적 콘텍스트와 마주치는 경험이 되어야 하지만, 동시에 그것은 기독교 전통이라는 전체적 콘텍스트와의 관계성 안에 서 있는 것이어야 하며, 기독교의 세계기획과 비젼을 수렴하는 것이어야 한다. 해석학적 교육은 오늘이라는 시간과 공간을 수렴하지만, 오늘이라는 부분에서 머물러 있는 것이 아니라 전체 기독교의 구원의 드라마와 세계기획과의 순환적 관계 안에 서 있어야 한다. 그럼으로써 교육은 오늘에 이루어지는 것이지만, 과거와 연결되고 또한 미래를 창조하는 영향사의 장이 되어야 한다.

이와 같은 순환성의 원리는 앎과 삶, 개인과 공동체, 부분과 전체, 기독교의 전통과 현재의 경험, 과거와 현재, 미래 등의 관계와 관련될 뿐만 아니라, 구체적인 기독교교육의 영역에서도 교육의 목표와 내용의 관계에서, 교육의 내용과 방법에서, 교사와 학생의 관계에서도 천착되어야 할 해석적 기독교교육의 핵심적 원리가 되는 것이다. 순환성의 원리는 의미추구의 활동인 기독교교육으로 하여금 개방성과 창조성을 담보하는 교육의 원리가 된다.

2. 관계성

해석적 교육 모델이 기초해야할 또 하나의 교육원리는 **"관계성"** 이다. 그것은 해석의 사건이 관계의 사건이기 때문이다. 해석이 '지평 융합'의 사건이라는 것이 무엇을 의미하는가? 그리고 이 지평융합을 통하여 해석자의 '자아변형'이 이루어지는 사건이라는 것이 무엇을 의미하는가? 텍스트와 해석자 간의 '관계'와 '만남'이 생긴다는 뜻이다. 해석의 사건은 텍스트와의 적극적 만남의 사건이고, 그 속에서 대화가 형성되는 사건이고, 인격적 참여와 관계가 형성되는 사건이다.

근대 이래로 교육을 지배해 왔던 과학주의적 사고는 '객관성'에 그 기반을 두는 것이었다. 과학주의는 사물을 조금의 오차도 없이 정확하게 설명해야한다는 전제 아래 관찰자의 모든 주관적 사고를 배재하고 철저한 객관성과 철저한 가치중립성을 지향하였다.350) 이와 같은 과학주의적 사고는 교육의 현장에도 영향을 미치게 되어, 교육은 객관적 지식을 전달하는 현장이 되었고, 그 지식은 학습자의 인격을 형성하거나 삶을 이끌어가는 힘이 되기보다는, 학습자의 삶을 위해 이용되는 도구적 지식이 되었다. 그러한 현대 교육의 결과는 결국 비인간화와 환경의 파괴, 기술문명의 절대화와 같은 결과들을 낳았다.

반면에 해석학적 지식은 관계성을 지향하는 지식으로, 학습자와 인격적으로 관계를 맺고, 학습자의 삶에 의미를 주며, 그 의미에 삶을 헌신하고 행동을 결정 하도록 하는 그러한 관계적 지식을 말한다. 이와 같은 지식은 "여호와를 경외하는 것이 지식의 근본"이라는 성서적 지식개념과 일치하는 인격적이고 관계적인 지식을 의미하는 것이다.

그러면 기독교교육이 '관계성'을 교육의 원리로 한다는 것은 무엇

---

350) 이규호, 「앎과 삶」 P. 122이하.

을 의미하는가? 이것은 무엇보다 먼저 기독교교육이 학습자로 하여금 관계성을 형성하는 통로가 되도록 하는 것을 의미한다. 교육의 핵심을 관계성으로 삼고, 학습자가 하나님과의 관계를 형성하고 이를 바탕으로 나, 이웃, 신앙공동체, 세계와의 관계를 형성하도록 지원하는 것이다. 이를 위하여 교육은 학습자에게 실존적 만남의 장이 될 수 있도록 구성되어야 한다. 기독교의 전통과 성서를 객관적 지식의 조각으로 전달하는 것이 아니라, 학습자로 하여금 그것과의 실존적 만남을 경험할 수 있도록 구성하고, 그를 통해 하나님과의 관계, 자신과의 관계, 이웃과의 관계에서 변화가 일어나는 것을 지향 한다는 것이다.

3. 중심성

해석적 교육의 또 하나의 핵심적 원리는 "중심성"이다. 위에서 우리는 해석의 사건이란, 의미를 발견하고 그 의미를 바탕으로 자아와 세계를 재구성, 혹은 재중심화 하는 활동이라고 하는 것을 살펴보았다. 의미라는 것은 단순히 지적인 탐구 대상을 뜻하는 것이 아니다. 의미는 우리의 삶의 목적을 결정하고 모든 행동을 결정하며, 우리의 인간관계를 결정하고, 우리의 충성과 헌신을 이끌어가는 구심점이 되는 역할을 하는 것이고, 그래서 우리의 과거와 현재 그리고 미래를 연결시켜서 해석하는 연결점이 된다. 그렇게 볼 때 의미란 우리의 삶을 이끌어가는 중심점이다. 따라서 의미 발견행위로서의 해석은 바로 우리 삶을 '재중심화' 하는 사건이다. 새롭게 획득된 의미체계를 중심으로 삶을 다시 형성하는 사건이 된다는 것이다. 바로 이러한 점 때문에 해석은 신앙과 불가분리의 관계에 있는데, 신앙은 우리의 삶을 통합하는 일종의 의미체계이고, 해석은 의미발견을 통해서 신앙형성을 지지하여, 우리의 삶을 통합하고, 우리의 인격, 행동양식, 헌신과 비전을 궁극적 가치인 하나님과의 관련성 속에서 재구성하도록 하는 통로가 되는 것이다. 그렇게 볼 때 해석적 교육의 기본 원리 중의 하나는 '중심성'이라고 할 수 있다.

'중심성'을 교육의 원리로 삼는다는 것은 무엇을 뜻하는가? 그것은 첫째, '전인성'을 요청하는 교육이라고 할 수 있다. '중심성'이 있는 교육이란 교육의 모든 측면들, 구성요소들이 하나의 구심점을 중심으로 수렴되는 교육을 말한다. 거기에는 지적, 정서적, 의지적 측면 뿐만 아니라, 심리적, 사회적, 신체적, 도덕적, 영적 측면들이 모두 포괄되면서 통합되고 수렴되는 교육이다. 학습자는 전인으로서 이해되고, 학습자의 모든 측면들이 기독교교육의 영역에서 진지하게 고려되는 교육이다. '전인성'을 추구하는 기독교교육은 따라서 인간과 관련된 모든 측면에 대한 폭넓은 이해들을 기반으로 해야 한다. 인간의 발달적 특성에 대한 이해 뿐 아니라, 심리적 사회적 도덕적 차원의 이해를 돕는 다학문적(multidisciplinary) 연구가 이를 위해서 요청되고, 그들을 통합적인 시각으로 보는 통찰이 또한 요청된다. '전인성'은 교육의 목표에서부터 내용, 방법 등에 이르기까지 교육의 모든 영역에서 고려되고 천착되어야 한다.

'중심성'을 교육의 원리로 삼는다는 것은 둘째, '상상력'을 기반으로 하는 교육을 의미한다. 교육의 모든 구성요소들, 인간의 모든 측면들이 전인적으로 고려되는 것은 가능하지만 이들이 어떤 점을 중심으로 통합된다는 것은 창조적 '상상력'과 상상적 도약의 작용 없이 이루어질 수 없다. 인간의 모든 측면들이 어떻게 하나의 구심점으로 통합되고, 재중심화 할 수 있는가? 상이한 여러 측면들이 하나의 의미체계로 수렴되면서 응집되어 통일성 있는 그림으로 그려지기 위해서는 이미지를 통합하는 상상력의 작용이 필요하다. 이것은 논리적이거나 이성적인 차원으로만이 아니라, 논리를 뛰어 넘는 통전적 사고, 도약적 사고를 통해서만 가능하다.

따라서 기독교교육은 그러한 상상력을 불러일으키는 이야기, 네러티브, 상징, 비유, 예술과 같은 통로들이 적극적으로 수용하여야 한다. 이야기나 상징 비유와 같은 것은 우리의 삶을 통합하는 힘이 있다. 파울러는 신앙 형성이란 일종의 메스터스토리를 갖는 것이라고 하였다.[351] 스토리란 우리 삶의 궁극적 의미를 해명하는 활동적인 힘의 패턴으로 특징 지울 수 있다. 성공신화를 메스터스토리로 갖고 있는 사람은 성공추구만을 위해 살아가고, 예수의 이야기를 삶의 메스터스토리로 하는 사람은 섬김과 사랑과 봉사의 삶을 살려 노력한다. 스토리뿐만 아니라 상징, 비유와 같은 것들도 상상력을 불러일으키면서 우리의 삶을 통합하는 힘이 있다. 우리가 앞에서 살펴본 독일의 '상징교수학'은 바로 상징의 그러한 기능을 바탕으로 하는 교수학이다. 상상력을 기반으로 하는 교육은 따라서 논리적인 차원, 언어적인 차원에만 머물러 있는 것이 아니라, 비논리적, 비언어적 차원을 교육의 영역에서 통합하고, 이를 바탕으로 한 '재중심화'에 기여하도록 한다.

'중심성'을 교육의 원리로 한다는 것은 셋째, **"계시성"**을 기반으로 하는 교육을 의미한다. 해석이 '재중심화'를 일으키는 사건이 된다는 것은 논리적이냐 비논리적이냐의 물음이 아니라, 의미의 학습자를 사로잡고 변화시키는 힘에 달려있는 것이다. 해석은 텍스트의 세계기획이 해석자 앞에 열리며 그 세계기획의 힘으로 해석자의 자아가 변형되는 사건이다. 텍스트의 세계기획이 해석자에게 상징성을 갖고 해석자의 삶을 이끌어가는 힘이 된다는 것이다. 이것이 무슨 의미인가? 해석의 사건은 진리가 계시되는 사건이라는 뜻이다. 해석자가 텍스트와 만나면서 성서 텍스트 속에 숨겨진 진리가 탈은폐하여 계시되고 해석자

---

351) James W. Fowler, *Stages of Faith* (San Francisco: Harper and Row, 1981) P. 277.

를 사로잡는 사건이다. 따라서 해석의 사건은 해석자가 진리를 계시하는 초월적 존재 앞에서의 경외감으로 시작되어야 하는 사건이고, 텍스트의 타자성(the Otherness)을 존중하고 인정하는 것에서 시작되어야 하는 사건이다. 해석은 초월적 하나님의 자기계시의 자리인 것이다.352)

교육이 해석의 사건이 되어야 한다는 것은 따라서 교육을 초월적 하나님의 "자기계시"의 자리가 되도록 함을 의미한다. 해석적 기독교 교육은 기독교의 역사와 전승이 하나님의 자기계시의 자리가 되어왔던 것처럼, '교육'을 통해서 하나님의 자기계시를 지속한다는 자기정체성으로부터 출발해야 한다. 이 말은 무엇보다 먼저 교육의 주체가 진리와 진리를 계시하는 하나님에게 있다는 것을 인정하는 것을 의미한다. "교육은 진리가 스스로를 가르칠 수 있는 공간을 창조하는 것"이라고 정의했던 파커 팔머(Parker Palmer)의 말처럼, 교육은 하나님이 스스로를 드러내는 계시의 자리가 된다는 것을 전제로 하는 것이다.353) 그것은 학습자와 교사가, 모든 회중이 진리와 진리를 계시하시는 하나님에게 공간을 마련하는 것이고, 이와 같은 교육은 따라서 신비의 공간이요 영성의 공간이 된다. 교육은 따라서 고백의 자리이고,

---

352) 앞에서 '상상력'이 인간의 모든 측면들을 하나의 구심점으로 통합되고 재중심화할 수 있는 통로라고 하였지만, 그와 같은 창조적 상상력이 어디에서 비롯되는 것인가? 게럿 그린(G.Green)은 상상력을 하나님의 계시가 일어나는 자리라고 하였다. 초월적 하나님의 신적 계시와 인간적 차원의 이해 및 반응은 상이할 수밖에 없고, 따라서 계시를 이해할 수 있는 접촉점이 있어야 하는데, 상상력의 하나로 묶는 역할이 바로 그러한 접촉점으로서의 자리의 역할을 할 수 있다는 것이다. 보이지 않는 것을 표상하고 이미지화하는 기능을 통해서 상상력은 초월적 하나님을 인간이 이해하고 느끼고 그와 관계할 수 있는 통로가 될 수 있는 것이다. 따라서 게럿 그린은 상상력을 "계시가 일어나는 자리이며 계시가 일어나는 방식"이라고 하였다. 참조 G.Green, Imagining God, 장경철 역,「하나님 상상하기」, 한국장로교출판사, 2003, 67.

353) P.Palmer, To know as we are known, (SanFrancisco, Harper, 1984), 이종태역,「가르침과 배움의 영성」, (IVP, 1993), P. 107이하.

예배의 자리이며, 순종의 자리이고, 초월성과의 일치를 경험하는 자리가 되어야 한다. 이러한 차원에서만 교육은 참된 '재중심화'의 통로가 될 수 있는 것이다.

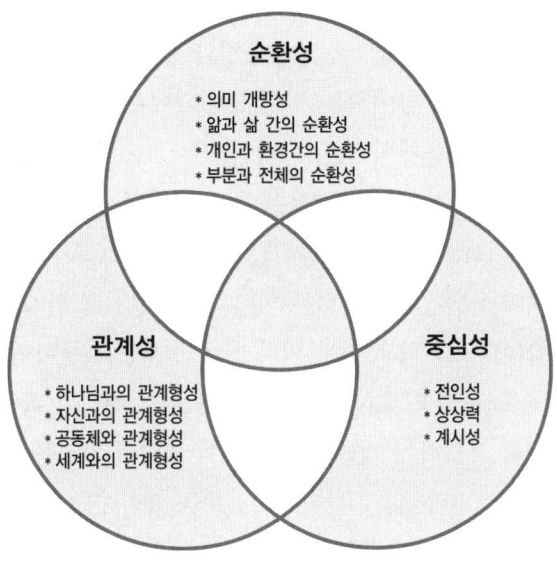

〈해석적 교육의 원리〉

IV. 해석적 교육의 구조

위의 해석적 교육의 원리를 바탕으로 이제 해석적 교육의 구조를 살펴보자. 교육의 가장 기본적인 중심 주제, 즉 교육의 이해, 교육목적, 교육의 장, 교육내용, 방법, 교사-학생의 관계 등의 핵심적 주제를 중심으로 해석적 교육을 재구성 해보자.

1. 교육의 정의

해석적 입장에서 보았을 때 교육은 "해석"의 과정이다. 해석의 과정으로서의 "기독교교육은 회중들이 기독교 전통을 통해 자신을 계시하시는 하나님과의 만남을 통하여 새로운 의미를 형성함으로써, 삶을 재중심화 하고, 자아와 신앙공동체와 세계와의 관계를 변형하며, 전통의 재창조에 참여하는 전생애적 의미추구의 과정이며, 이를 동반하는 신앙공동체의 모든 노력이다."

위의 정의에 나타난 기독교교육은 첫째, "의미추구의 과정"이다. 해석으로서의 기독교교육은 학습자들로 하여금 기독교전통과의 만남을 통하여 의미를 발견하도록 하는 의미추구와 발견의 과정이라고 할 수 있다. 여기에서 '기독교 전통'이라 함은 성서를 비롯하여 모든 기독교 전승, 즉 교회의 가르침 및 신앙공동체 안에 천착된 기독교적 삶의 양식 전체를 포괄하는 개념이다. 따라서 의미의 발견은 개인 안에서 일어나는 것이지만, 그것은 기독교전통을 육화하는 신앙공동체와의 상호작용 속에서만 일어날 수 있고, 그런 의미에서 교육은 신앙공동체에 의하여 동반되는 의미추구의 과정이라고 할 수 있다. 의미의 추구과정이란 앎의 과정에만 국한되는 것이 아니라 삶과의 순환적 과정에 있는 것이고 따라서 교육은 앎을 매개하는 교수-학습과정에만 국한되는 것이 아니라, 신앙공동체 속에서의 삶과 모든 경험으로부터 출발하여 보다 체계적이고 의도적인 해석 과정 모두를 포괄하는 과정이다.

해석적 교육은 둘째, 전생애적 과정이다. 인간에게서 의미를 추구하는 것은 일정시간에 제한되어 있는 것이 아니라 평생에 걸친 과정이듯이, 의미추구로서의 교육은 어린이로부터 노인에 이르기까지 전생애적 과정을 동반하는 신앙공동체의 노력이다. 교육은 한 인간의 성장

발달적 특성과 개개인의 내적 환경적 요인들과 기독교 전통 사이의 상호작용을 통해서 일어나는 의미발견 과정 전체를 포괄한다. 기독교전통이 전달되어 오는 과정에서 지속적으로 하나님의 자기 계시가 이루어 졌듯이, 한 인간이 성장하는 과정에서의 삶의 역사(life history)와 이 삶의 해석과정을 통해서도 하나님의 자기 계시가 지속적으로 이루어진다는 것을 전제하며 이 과정을 동반하는 노력이다.

교육은 **셋째, 한 인간의 전생애적 차원일 뿐만 아니라 전역사적 차원이기도 하다.** 교육은 우리의 시대와 공간에서 이루어지는 것이지만 이것은 보다 넓게 기독교 역사의 한 부분으로서 전통을 이어가고 재창조하는 기능을 담당한다. 따라서 교육은 역사 속에서 지속되는 하나님의 계시적 사건이 오늘의 '교육'을 통해서 연속된다는 영향사적 의식 아래, 자신을 하나님의 계시를 육화하는 통로가 되도록 자신을 비우는 끊임없는 노력이다.

이와 같은 의미추구 과정으로서의 교육은 세 가지 측면의 교육으로 구체화 되는바, 삶의 '**재중심화**', '**관계 재형성**', '**변형**'이 그것이다. 변형은 새로 형성된 의미를 중심으로 자신, 공동체, 세계를 변형하는 것을 의미하며, 이는 거시적으로 볼 때, 전통의 변형에 참여하는 것이기도 하다. 이와 같은 세 가지의 측면은 의미추구로서의 해석적 교육이 추구해야할 교육의 목적이기도 하다.

2. 교육목적

해석적 교육은 교육을 '해석'의 사건으로 이해한다. 따라서 해석적 교육의 목적은 '해석'을 통한 '**의미형성**'에 있다고 할 수 있다. 좀 더 구체적으로 말한다면 기독교교육은 학습자로 하여금 기독교 전통과의 만남을 통하여 기독교적 세계기획에 터한 의미를 형성하는 것을 목적으로 한다. 기독교적 세계기획에 터한 의미의 형성은 위의 교육에 대한 정의에 의하면 다음 세 가지의 구체적 목표를 가진다.

첫째, 해석적 교육은 "재중심화"를 목표로 한다. 재중심화란 '의미'를 중심으로 전인적 차원의 삶이 재구성되는 것을 의미한다. 의미는 우리 삶의 목적, 행동, 인간관계를 결정하며 우리의 삶의 헌신과 충성을 이끌어가는 구심적 역할을 한다. 따라서 의미추구로서의 교육은 무엇보다 먼저 의미를 중심으로 우리의 전인적 삶을 '재중심화' 하는 것을 목적으로 한다. 재중심화를 통하여 학습자는 과거와 현재와 미래를 통전적으로 연결하는 의미체계를 형성하고 이 의미체계를 중심으로 자아정체성을 형성하며, 삶의 목적과 비전을 구성할 수 있도록 인도된다. 재중심화의 목표는 따라서 기독교적 의미의 탐구와 발견, 의미의 내면화, 의미를 바탕으로 한 변화와 의미체계의 재구성과 같은 하위목표들을 포괄한다.

의미가 학습자의 삶 전반을 재중심화하는 것은 영적, 창조적 상상력과 도약의 과정을 포함한다. 텍스트의 세계기획은 학습자의 기존의 의미체계와의 연속성(continuity) 상에서 이해되지만, 이에서 더 나아가 기존의 의미체계를 극복하고 새로운 삶의 차원으로 재구성하는 불연속성(discontinuity)의 사건을 포괄하면서 재중심화를 이룬다. 이와 같은 순간은 텍스트의 세계기획이 해석자 앞에 열리며 그 세계기획의 힘으로 해석자의 자아가 변형되는 순간이다. 재중심화라는 목표는 따라서 진리를 드러내고 깨닫게 하시는 초월적 하나님의 '계시사건'을 목표로 하는 것이고, 기독교적 세계기획이 학습자를 변형시키는 사건을 목표로 하는 것이라고 할 수 있다. 따라서 재중심화의 목표는 해석적 교육이 인간의 인지적, 논리적 설득능력에 의지하는 것이 아니라, 텍스트 자체의 변형시키는 힘에 의지하는 교육이라는 것을 분명히 하여준다.

둘째, 해석적 교육은 관계형성을 목표로 한다. 의미형성을 목표로 하는 해석적 교육은 필연적으로 관계형성을 목표로 하지 않을 수 없다. 의미형성이란 결국 학습자가 기독교전통을 인격적으로 만나고 '관계'를 형성할 때 이루어질 수 있는 사건이기 때문이다. 그렇기 때문에 해석적 교육은 무엇보다 학습자와 기독교 전통 간의 '만남'을 통한 의미발견을 조력하는 것에 중점을 두어야 한다. 기독교 전통과의 관계형성을 위해서는, 학습자가 해석의 주체로 만남에 참여하는 것만큼 기독교 전통도 인격적으로 이해되어야 한다. 관계와 만남이란 쌍방적인 것이기 때문이다. 기독교 전통은 혼 없고 생명 없는 지식의 조각으로가 아니라, 학습자에게 말 걸어오고 초대하는 하나님의 말씀으로 이해되어야 한다. 그러기에 성서는 학습자의 지평 위에서 이해되어야 하기도 하지만 동시에 그 "타자성"이 인정될 때 쌍방적 만남이 이루어진다. 성서의 타자성이 인정되지 못하고 단지 학습자의 지평에서만 해석되면 임의적 해석이 되고, 비평적 해석에만 머물러 있으면 전통과 학습자와의 관계는 형성될 수 없다. 따라서 의미를 추구하는 해석적 교육은 학습자 편에서의 질문과 탐구를 중시하면서 동시에 텍스트로부터 '들음'과 '청종'이 있는 교육이어야 한다.

기독교 전통에 나타난 의미, 즉 세계기획과의 관계를 형성한다는 것은 더 나아가 하나님, 자신, 공동체, 세계와의 관계를 재형성하는 것을 의미하는 것이기도 하다. 기독교 전통 안에 나타난 '하나님 나라'라는 세계기획은 하나님을 그 나라의 주권과 통치권을 가진 분으로 이해하게 할 뿐만 아니라, 우리 자신을 하나님 나라의 시민으로 이해하게 하고, 더 나아가 세계를 점진적으로 확대될 잠정적 하나님의 나라로 재해석하게 한다. 따라서 의미형성을 지향하는 기독교교육은 학습자로 하여금 하나님, 자신, 공동체, 세계와에 관계 재형성을 지향하는 교육이다.

셋째, 해석적 교육은 "변형"을 목표로 한다. 관계의 재형성이란 결국 변형의 과정으로 연결되어야 한다. 하나님, 자신, 공동체, 세계와의 관계를 재형성한다는 것은 그들과의 재형성된 관계를 바탕으로 삶을 살아가는 것을 의미한다. 기독교의 세계기획에 따라 하나님 나라의 시민으로서 세상에서 살아가는 것이다. 하나님 나라의 시민으로서 하나님의 통치아래 자신을 열고, 예수 그리스도의 장성한 인격의 분량에 이르도록 지속적 성화의 과정을 걸어갈 뿐만 아니라, 신앙공동체의 일원으로써 예배와 친교와 봉사와 사랑을 실천하고, 세상에서 정의와 평화의 하나님의 나라를 확장하는데 참여하는 하나님 나라 시민으로써의 삶을 살아가는 것이다. 이와 같은 삶은 결국 자신을 변형하고, 공동체를 변형하며, 세상을 변형시키는 삶이다. 이것은 또한 거시적인 안목으로 볼 때 기독교의 전통을 변형하는 삶에 참여하는 것이다. 기독교 전통을 변형한다는 것은 기독교의 전통의 내용을 임의적으로 바꾸는 것을 의미하는 것이 아니라, 기독교의 세계기획을 세상에서 구체화함을 통하여 일어난다. 한 시대와 상황에서, 한 신앙공동체에서, 더 나아가 가정과 개인의 삶 속에서 하나님 나라를 구현하고 이를 구체화하는 과정을 통해서 전통은 현재의 지평과 만나 지평융합이 일어나고, 이를 통하여 전통의 변형(transformation)이 이루어지는 것이다. 따라서 해석적 교육의 목적은 개인과 공동체, 세상을 변형 하는 것이며, 또한 이를 통한 기독교의 전통이 변형이라고 할 수 있다.

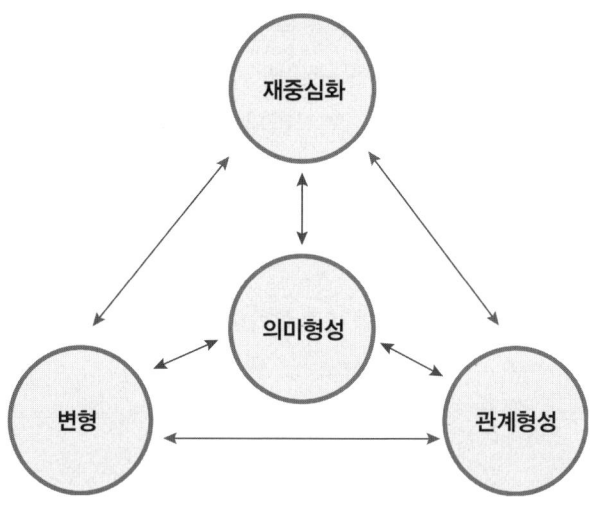

〈해석적 교육의 목적〉

3. 교육의 장

앞의 교육 개념에서 이미 언급한 바와 같이 해석적 교육이 일어나는 장은 '신앙공동체'이다. 해석적 교육이 추구하는바 기독교 전통과의 만남을 통하여 의미를 추구하고 발견하는 과정은 바로 그 기독교 전통이 육화된 장소인 신앙공동체 안에서의 상호작용 속에서만 일어날 수 있다. 그런 의미에서 해석적 교육은 신앙공동체에 의하여 동반되는 의미추구의 과정이라고 할 수 있는 것이다.

그러면 어디가 신앙공동체인가? '신앙공동체는 기독교의 전통이 삶에서 육화된 장소로서, 그 안에서 기독교 전통이 다양한 의사소통 형식을 통해서 제시되고 공유되며, 해석되고, 변형되는 장소'라고 할 수 있다. 신앙공동체는 첫째, "기독교 전통의 제시와 공유가 이루어지는 곳"이다. 신앙공동체 안에서 기독교의 전통은 '말씀의 선포'와 '가르침'을 통해서 제시되기도 하고, 예배와 예전, 공동의 신앙고백과 비전나눔을 통해서 제시되기도 한다. 기독교 전통은 또한 신앙공동체 안에서의 삶의 공유, 즉 사랑의 나눔, 사귐과 참여, 섬김과 봉사와 같은 전통의 육화된 삶의 양식을 통해서 제시되고 공유된다.

신앙의 공동체는 둘째, 보다 구체적으로 **"전통의 해석과 발견이 이루어지는 곳"**이다. 기독교 전통은 신앙공동체의 삶을 통해 육화된 형태로 회중들에게 제시되고 공유되기도 하지만, 해석을 지향하는 공동체는 이에서 더 나아아가 기독교 전통에 대한 바른 해석과 비판적 성찰이 이루어지는 곳이다. 그것은 특별히 전문적으로 기획된 '말씀의 선포'와 '성경공부'를 비롯한 다양한 '교수-학습' 과정을 통해서도 이루어지며, 공동체의 정체성 모색과 비전 형성을 위한 다양한 모임들과 회의 등을 통해서도 이루어진다. 기독교 전통의 해석과 발견이 이루어지는 장은 질문과 탐구, 신학적 성찰, 비판적 성찰이 추구되는 장이다.

신앙공동체는 셋째, **"전통의 변형이 이루어지는 곳"**이다. 신앙공동체는 전통을 육화하는 과정 속에서 이미 전통의 변형에 참여하고 있다고 할 수 있다. 전통을 육화하는 과정은 전통과 공동체 사이의 만남이 있었다는 것을 의미하며, 그 사이에 지평융합이 이루어졌음을 의미한다. 따라서 이미 신앙공동체의 존재 양식 자체는 전통의 변형에 참여하는 것이라고 할 수 있다. 전통의 육화는 이렇게 공동체의 삶, 즉 예배와 친교, 말씀과 사랑의 나눔과 같은 기본적 삶의 양식을 통해 이루어지지만, 이에서 더 나아가 보다 적극적 의미의 변형에 참여하는 것이기도 하다. 신앙공동체는 기독교적 세계기획에 터한 미래의 비전을 가지고 현재를 살아가는 공동체이다. 그것은 '하나님 나라'라는 비전을 '현재'라는 시간과 '세상'이라는 공간 속으로 침투시킴으로서 현재와 세상을 변형시키는 과제를 가진 공동체이다. 따라서 신앙공동체는 기독교 전통의 세계기획인 하나님 나라의 비전을 오늘의 세상 속에서 구체화시킴을 통해서 전통의 변형을 이루는 공동체이다. 따라서 신앙공동체는 '선교의 공동체', '봉사의 공동체' '섬김의 공동체' '생태공동체', '정의와 평화공동체'와 같은 실천공동체로서의 정체성을 갖는 공동체이다.

전통의 '제시와 공유', '해석과 발견', '변형'이 이루어지는 신앙공동체는 해석적 교육이 일어나는 장이 되기 위하여 앞에 제시한 바 있는 해석적 교육의 원리가 지배하는 공동체가 되어야 할 것이다. 해석적 교육의 원리가 지배하는 신앙공동체는 첫째, '**순환성**'의 원리가 나타나는 장이 되어야 할 것이다. 순환성이 나타난다는 것은 공동체의 의사소통 형식이 폐쇄적이 아니라 개방적이 되어야 함을 의미한다. 의미형성은 앎과 삶, 개인과 공동체, 부분과 전체 사이의 끊임없는 상호순환 관계 속에서 일어나는 사건으로 폐쇄되고 정체된 의사소통구조에서는 일어날 수 없다. 따라서 해석적 공동체는 무엇보다 순환성을 지원하는 개방적 의사소통의 구조를 형성해야 할 것이다.

해석적 교육의 원리가 지배하는 공동체는 둘째, '**관계성**'의 원리가 지배하는 공동체이어야 한다. 관계성의 원리가 지배하는 공동체란 '참여'와 '대화', '나눔'이 있는 공동체이다. '참여(participation)'란 공동체의 한 부분(part)이 되는 것으로써 참여가 있는 공동체란 모든 회중이 공동체의 일부분으로서 인정되는 공동체이다. '대화(dialog)'란 일대일의 쌍방적 의사소통으로 대화가 있는 공동체란 어느 한 쪽이 일방적으로 주체가 되지 않고, 회중들의 관계성 속에서 진리가 발견될 수 있음을 인정하는 공동체이다. 대화가 있는 공동체는 상호성, 존중, 청종이 있는 공동체이다. 또한 '나눔(sharing)'이 있는 공동체는 공동의 신앙고백과 공동의 예배, 공동의 비전이 있는 공동체로서 공동체의 과거와 현재와 미래가 공유되는 공동체이다. 공동체는 공동체 모두를 하나로 묶는 결속의 끈을 가지고 있다.

　해석적 교육의 원리가 지배하는 공동체는 셋째, '중심성'의 원리가 지배하는 공동체이다. 중심성이 있는 교육은 앞에서 살핀 대로 "계시성"을 기반으로 하는 교육이다. 해석이 재중심화를 일으키는 사건이 되는 것은 학습자를 변화시키는 진리의 사건이 일어났다는 뜻이고, 그것은 교육이 하나님의 계시의 자리가 되어야 함을 의미한다는 것을 살펴보았다. 따라서 해석적 교육의 원리가 지배하는 공동체는 초월적 하나님의 자기계시가 일어나는 자리라는 것을 의미한다. 초월적 하나님의 자기계시가 일어나는 자리로서 신앙공동체는 초월적 언어들이 이해되고 수용되며, 의미형성의 중요한 요소로 통용되는 곳이다. 그곳은 또한 학습자들이 하나님과의 영적 교제가 지원되는 곳이고, 영적 성장을 위한 환경적 구성이 이루어지는 곳이어야 한다. 그리고 무엇보다 신앙공동체는 하나님의 자기계시의 자리가 되기 위하여 언제나 자신의 현재적 상황과 관심과 문제들을 비울 수 있고 포기할 수 있는 자리가 되어야 한다.

4. 교육의 내용 및 과정

　해석적 교육이 추구하는 '해석의 사건으로서의 교육'은 학습자로 하여금 전통과의 만남을 통해서 의미를 형성하고, 그 의미를 바탕으로 '재중심화'와 '관계형성' 그리고 '변형'을 이루는 교육이다. 이와 같은 해석적 교육의 목표를 위해 경험되어야 할 가장 핵심적 교육의 내용은 물론 **'기독교의 전통'**이다. '기독교 전통'은 그러나 앞 장에서 지적한 바와 같이 불변의 내용으로 고정 된 것이 아니라, 해석자와의 만남을 통해서, 해석자의 앞에 새로운 의미를 끊임없이 새롭게 드러낸다. 다시 말하면 기독교 전통은 학습자의 지평과의 상호 순환성에서 경험되고 해석되면서 새로운 의미를 드러낸다는 것이다. 그렇기 때문에 해석 즉 교육의 과정 그 자체가 기독교 전통의 의미형성과 변형의 통로가 되는 것이다. 따라서 해석적 교육의 내용은 처음부터 고정되어 있는 자료들의 나열이 아니라, 교육의 과정에서 관찰과, 탐구와, 상상과 만남을 통해서 새롭게 열리고 창조되는 개방적 의미구조를 가지고 있다.

또한 해석적 교육의 내용은 전통과 경험 간의 이분법적 선택을 지양하고, 그 둘을 상호 순환적으로 수렴하는 구조를 띠게 된다. 전통이 해석자와 지평융합을 이룰 때 '해석'의 사건이 일어나는 것이라면, 전통은 학습자의 경험적 지평에서 이해되어야 하고, 또한 학습자의 경험은 전통의 지평에서 해석되는 상호관련성 안에 서 있는 것이다. 따라서 해석적 교육은 기독교의 전통을 핵심적 내용으로 하지만, 그 전통은 경험과의 상호작용 속에서 '해석'이라는 교육의 사건이 된다. 따라서 해석적 교육의 내용으로서 기독교의 전통은 학습자의 경험과의 관련성 속에서 제시되고 경험되는 특성을 띠어야 한다.

또한 해석적 인식론에 근거해 보았을 때 앎이란 삶과 별개의 것으로 일어나는 것이 아니라, 삶 속에서 이미 시작되고, 다시 삶으로 돌아가는 순환 과정 속에 있다. 따라서 이러한 앎과 삶 간의 순환성을 바탕으로 한 교육의 원리는, 기독교전통이 학습자들에게 인지적 탐구의 대상으로 만나지기 이전, 먼저 학습자들이 삶 속에서 경험됨으로부터 시작되어야 한다는 통찰을 준다. 기독교 전통에 대한 비판적 이해와 해석을 접하기 이전 공동체 안에서의 예배와 예전, 친교와 봉사의 삶을 통해 전통과 만남으로써 학습자들의 기독교 전통에 대한 이해가 시작되는 것이다. 따라서 이와 같은 순환성의 원리를 바탕으로 하는 해석적 교육은 공동체의 삶의 표현들 안에 천착된 기독교의 전통을 삶으로 나누는 공동체의 경험을 기독교교육의 핵심적 내용으로 삼지 않을 수 없다. 해석적 교육이 신앙공동체를 떠나서 이루어 질 수 없는 이유가 여기에 있다.

위와 같은 점들을 바탕으로 해서 보았을 때 '기독교 전통'은 해석적 교육의 핵심적 교육 내용이지만, 그것은 폐쇄적 의미체계로 고정된 교육의 내용이 아니라, 학습자의 지평과의 만남을 통해서, 또 학습자의 경험과의 상호관련 속에서, 삶과의 순환관계 속에서 경험되고 해석될 때 그 의미가 열리는 개방적 특성을 띠고 있다. 그렇기 때문에 '기독교 전통'과 '기독교교육' 사이에서도 일종의 순환관계가 성립되는 것을 볼 수 있다. '기독교 전통'은 '기독교교육'에게 내용을 제시하지만, 또한 '기독교교육'은 '기독교 전통'에 새로운 의미를 부여하고 변형하게 하는 통로가 됨으로써, 서로가 서로에게 본질적인 의미가 되는 순환관계가 성립되는 것이다.

○○ 의미형성을 위한 교육의 과정

이상과 같은 해석적 교육 내용의 기본적 특성 위에 전개되는 세부적인 교육 과정들을 교육목적과 관련하여 살펴보자. 해석적 교육의 일차적 목적은 위에서 제시한 대로 해석을 통한 "의미형성"에 있다. 학습자는 기독교 전통에 나타난 세계기획과의 만남을 통해서 새로운 의미를 형성하고, 이를 바탕으로 '재중심화'와 '관계형성' 그리고 '변형'을 이루는 것이 목표이다. 따라서 '의미형성'을 위한 교육과정은 '재중심화'와 '관계형성'과 '변형'의 목표 모두가 공유하는 공통분모적 교육의 과정이 되어야 한다고 할 수 있다. 의미형성을 위한 교육의 과정은 무엇보다 "기독교 전통과의 만남과 체험", "기독교 전통에 나타난 의미의 탐구와 발견", "기독교 전통과 학습자의 지평융합", "의미체계의 재형성"이라는 과정들을 포괄해야 한다.

✱ 기독교 전통과의 만남과 체험
✱ 기독교 전통에 나타난 의미의 탐구와 발견
✱ 기독교 전통과 학습자의 지평융합
✱ 의미체계의 재형성(재중심화, 관계형성, 변형)

먼저 "기독교 전통과의 만남 및 체험"의 단계에서는 신앙공동체를 통해서 공유되는 기독교적 세계기획과 삶의 양식들을 접하고 이와 만나며 이를 경험하는 단계를 의미한다. 이것은 '말씀 선포'와 '가르침'을 통해서 접하게 되는 기독교 전통과의 만남 뿐만 아니라 '예배', '봉사', '친교' 등 신앙공동체의 기본적인 존재양식에 참여하고 이를 경험함으로 접하게 되는 것을 모두 포괄하는 것이다.

"기독교 전통에 나타난 의미의 탐구와 발견"의 단계에서는 학습자들이 접하고 경험한 기독교 전통과 세계기획을 보다 의식적으로 탐구하고 그 의미를 발견하며 성찰하는 단계로서, 의도적 '가르침'과 '교수-학습' 과정, 이를 가능케 하는 모든 형태의 '회중의 모임'들을 포괄한다.

"기독교 전통과 학습자의 지평융합"의 단계는 학습자 안에서 일어나는 일종의 의미형성의 과정으로서 기독교 전통이 학습자의 실존과 이해체계와 마주치면서 새로운 '의미의 형성'이 일어나는 단계이다.

"의미체계 재형성"의 단계는 새로 형성된 의미체계가 학습자의 전인적 의미체계를 재구성하는 단계로서, "재중심화", "관계형성", "변형"으로 나타나는 과정이다. 이 네 단계는 그 어떤 시점에서 시작될 수도 있고, 순서적으로 일어날 수도 있지만 또 경우에 따라서는 어느 단계를 뛰어 넘어 다음 단계로 도약할 수도 있다. 의미체계 형성으로서의 교육의 과정은 폐쇄적으로 일정 시점에서 끝나거나, 반드시 어느 시점에서 시작되어야 하는 것이 아니라 지속적으로 순환이 된다는 것이다. 학습자들은 어떤 시점에서도 의미체계 형성으로서의 순환적 교육과정에 참여할 수 있고, 어느 누구도 이 과정에 참여할 수 있는 전 생애에 걸친 과정이다. 이 과정을 표로 나타내 보면 아래와 같다.

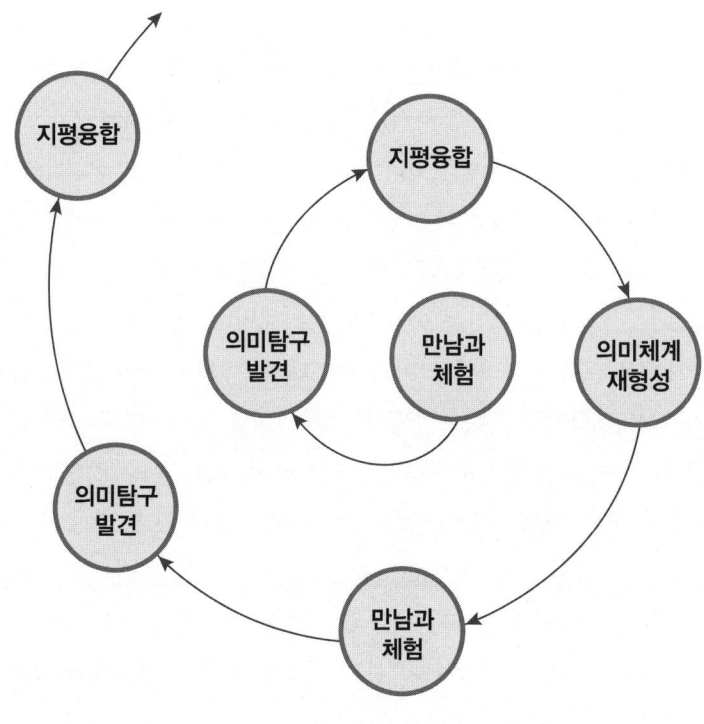

〈의미 형성을 위한 교육과정〉

앞에서 언급한 바와 같이 "의미체계 재형성"의 단계는 "재중심화", "관계형성", "변형"의 구체적인 목표들을 지향한다. 각 목표들과 관련된 교육의 과정을 살펴보자.

◯◯ 재중심화를 위한 교육의 과정

'재중심화'란 학습자가 전통과의 만남을 통하여 형성된 '의미체계'를 재구성하고, 이를 중심으로 전인적 차원의 삶을 재구성하게 되는 과정을 의미한다. 따라서 재중심화는 앞에 서술한 의미형성의 과정을 포괄하면서, 새롭게 형성된 의미체계를 바탕으로 학습자의 전인적 차원이 재중심화 되는 과정을 의미한다. 재중심화 과정은 학습자의 기존 의미체계를 포괄하는 연속성을 지니지만, 동시에 이를 뛰어넘어 불연속적인 도약의 과정을 요청한다. 이와 같은 순간은 텍스트의 세계기획이 해석자 앞에 열리며 그 세계기획의 힘으로 해석자의 자아가 변형되는 순간이며, 진리를 드러내는 초월적 하나님의 '계시'가 일어나는 순간이다. 이와 같은 재중심화의 과정은 따라서 초월적 경험의 차원을 바탕으로 하여 전인적 변화가 일어나는 과정이고, 그런 의미에서 '재중심화'를 위한 교육의 과정은 **"영성적 교육과정"**이라고 특징지울 수 있다. '영성'이란 초월적 존재와의 관련성 안에서 형성하는 인간의 전인적 존재양식을 지칭하는 것이다. 따라서 재중심화를 위한 교육과정은 초월적 하나님의 계시사건 속에서 학습자가 전인적 자기초월을 이루어갈 수 있도록 돕는 영성적 교육의 과정이어야 한다.

○○ 관계형성을 위한 교육의 과정

관계형성을 위한 교육의 내용은 앞에 서술한 의미형성 교육과정의 바탕 위에서 학습자들이 하나님, 자신, 공동체, 세계와의 관계형성을 지향하는 교육의 과정이다. 관계형성은 특별히 기독교의 세계기획인 '하나님 나라'라는 의미체계를 형성하는 것으로부터 시작되어야 하는 과정으로, 철저히 기독교의 세계기획에 나타난 의미체계의 형성 위에 전개되어야 한다. 관계형성을 위한 교육과정의 강조점은 "공동체적 경험"이다. 관계는 관계 속에서만 형성되기 때문이다. 관계성이란 회중 상호간의 친교와 상호작용이 일어나는 곳에서 형성되고, 교사와 학습자의 인격적 관계가 있는 곳에서 형성된다. 일방적 학습이 일어나는 곳에서가 아니라, 공동의 삶과 신앙의 고백, 공동의 예배와 비전이 있는 곳에서 형성된다. 따라서 '관계형성'을 위한 교육의 과정은 "공동체적 교육과정"이라고 특징지울 수 있다.

○○ **변형을 위한 교육의 과정**
"변형"을 지향하는 교육의 과정은 기독교의 세계기획에 따라 '하나님 나라'의 시민으로서 자신과 공동체, 세상을 변형할 수 있는 삶을 살도록 하는데 기여하는 교육의 과정을 의미한다. 하나님 나라의 시민으로서 하나님의 통치아래 자신을 열고, 예수 그리스도의 장성한 인격의 분량에 이르도록 지속적 성화의 과정을 걸어갈 뿐만 아니라, 신앙 공동체의 일원으로써 예배와 친교와 봉사와 사랑을 실천하고, 세상에서 정의와 평화의 하나님의 나라를 확장하는데 참여하는 하나님 나라 시민으로써의 삶을 살아가는 것이다. 따라서 변형을 위한 교육의 과정은 "실천적 교육과정"이라고 특징지울 수 있다.

그렇게 보았을 때, 해석적 교육의 목적에 비추어 본 기독교교육의 과정은 '의미형성을 위한 교육과정'의 기초 위에 '영성적 교육과정', '공동체적 교육과정', 그리고 '실천적 교육과정'을 포괄하는 통전적 교육의 과정이라고 할 수 있다. 해석은 앎과 삶 간의 순환적 관계 전체를 통해서 이루어진다. 따라서 해석적 교육의 과정도 단순히 전통을 인지적으로 탐구하고 해석하는 과정만이 아니라, 그 해석, 즉 의미형성이 시작되는 삶 속에서의 모든 경험의 과정으로부터 시작하며, 의미의 형성이 가져오는 변형의 과정 즉 '재중심화', '관계형성', '실천적 삶' 전체를 포괄하는 교육의 과정 전체이다. 해석적 교육의 과정은 그런 의미에서 신앙적인 앎과 삶의 순환 과정 전체를 동반하는 통전적 기독교교육의 과정이라고 할 수 있겠다. 이와 같은 통전적 교육과정으로서의 해석적 교육의 과정을 표로 나타내 보면 아래와 같다.

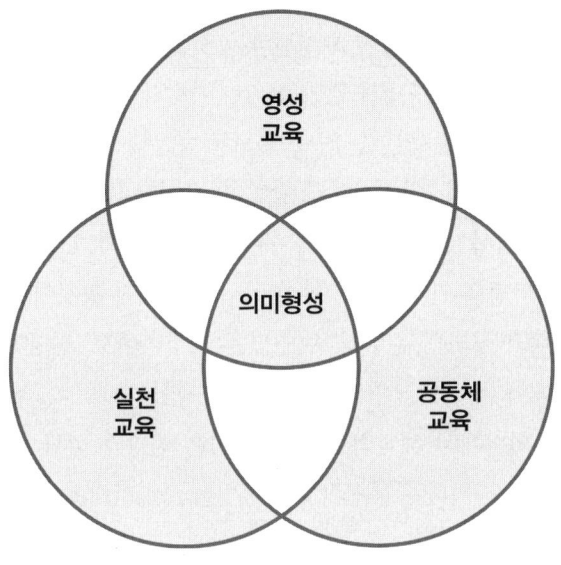

〈해석적 교육의 과정〉

5. 교육의 방법과 교수-학습 과정

위의 해석적 교육과정에서 살펴본 바와 같이 해석적 교육의 과정은 신앙적 앎과 삶의 모든 순환과정, 기독교적 의미추구와 의미 형성의 모든 과정을 포괄하는 통전적 교육의 과정이라고 할 수 있다. 이러한 통전적 해석의 과정으로서의 교육은 따라서 특정의 교육방법과 관련되는 것이 아니라 신앙을 형성하고, 의미체계를 형성하는 과정에서의 모든 경험과 관련 있고, 그 경험을 매개할 수 있는 모든 다양한 방법들과 관련이 된다.

위에서 제시한 바 있는 "의미형성을 위한 교육의 과정"을 생각해 볼 때, 첫 단계인 '기독교 전통과의 만남과 체험'의 단계에서 접근될 수 있는 교육의 방법만 하더라도 기독교의 전통을 학습자가 친숙하게 접할 수 있는 모든 방법들이 요청된다는 것을 알 수 있다. 소위 '정보전달'을 위한 교육의 방법들 뿐만 아니라,[354] 기독교의 삶의 양식들이 체험되는 '예전', '봉사', '친교' 등의 모든 공동체적 활동이 포함되고, 또한 만남을 가능케 하는 실존적 방법이나, 예술적 방법 등 학습자에게 전통을 경험하고 만날 수 있게 하는 모든 형태의 방법들이 요청된다. 해석의 과정은 인지적 과정만이 아니라 전인적 과정이고, 앎의 과정만이 아니라 삶과의 순환성 속에 있는 과정이어서, 신앙적 삶과 공동체적 삶에서 이미 시작되는 모든 형태의 경험이 교육의 과정에 포함된다. 그런 의미에서 해석적 교육의 방법은 신앙적 삶과 의미형성의 모든 측면들을 지원하는 통전적 교육방법을 요청한다고 할 수 있는 것이다.

둘째 단계인 '기독교 전통에 나타난 의미의 탐구와 발견' 과정 역시 '교수-학습'에 국한되어 있는 과정이라고는 할 수 없다. 의미에 관하여 숙고하고 탐구하며 발견하게 되는 모든 공동체적 경험이 이에 포함될 수 있기 때문이다. 그럼에도 불구하고 이 단계는 첫 단계와는 구별되게 보다 체계적 교수-학습의 과정을 요청하는 단계라고 할 수 있다. 따라서 이 단계는 보다 체계적인 의미의 탐구와 발견의 방법으로 지원되어야 할 단계이다. 전통과 성서에 관한 다양한 해석적 방법들, 즉 "의심의 해석학", "회상의 해석학", "비판적 해석학" 등이 제공되어야 하고, 소위 '역사비평방법'과 같은 성서비평학 방법들이 제공되어야 하며, 학습자의 지평에서 기독교 전통을 이해하고 접근할 수 있는 다양한 방법적 통로들이 지원되어야 할 것이다.

---

354) S.Little, *To Set one's heart*, (Atlanta, Georgia, John Knox Press, 1983), 사미자 역, 「기독교교육 교수방법론」, (한국장로교출판사, 1988), P. 91이하.

셋째 단계인 '기독교 전통과 학습자의 지평융합'의 단계는 기독교의 전통과 학습자의 지평이 서로 융합되어야 할 단계로 또한 이를 지원할 수 있는 방법적 통로들이 지원되어야 할 것이다. 앞 장에서 살핀 것처럼 '지평융합'이란 이성적인 측면을 포함하지만 또한 서로 다른 것을 하나로 묶는 창조적 도약이 일어나야 하는 단계로서, 창조적 상상력이 요청되는 단계이다. 해석이란 인지적 활동만이 아니라, 우리의 모든 사고 방법, 즉 좌뇌적 사고와 우뇌적 사고, 선적(linear)사고와 입체적 사고, 개념적 사고와 이미지적 사고를 모두 포괄하는 활동이다. 따라서 이 단계는 학습자의 지평을 기독교 전통의 지평과 비교하고, 공통점과 상이성을 찾으며, 성서의 지평에서 자신을 돌아보는 숙고적 방법도 필요하지만, 동시에 그 둘 간의 상이성을 뛰어 넘는 '관상'이나 '묵상'의 방법, 영화나 그림, 시각적, 청각적 예술의 사용, 이야기와 상징 은유를 통한 방법들이 통로로 사용될 수 있다.

넷째 단계인 '의미체계의 재형성'은 앞에서 살핀대로 '재중심화'와 '관계형성'과 '변형'을 가져오는 단계이다. '재중심화'는 '영성적 교육과정을', '관계형성'은 공동체적 교육과정을 '변형'은 실천적 교육과정을 포함한다. 이 또한 각각의 특성에 맞는 교육의 방법들이 지원되어야 한다. '재중심화'를 위한 교육과정은 의미체계의 재형성이라는 목표를 지향하여 앞의 단계에서 새로 형성된 의미체계와 대면할 수 있는 방법들, 그리고 그 의미체계를 중심으로 자신의 삶의 정체성을 재구성할 수 있는 방법들, 더 나아가 재중심화 이루는 도약적이고 영성적 방법들을 비롯하여, 자신의 재중심화를 검증하는 방법들에 이르기까지 다양한 방법들이 지원되어야 한다.

'관계형성'을 위한 공동체적 교육과정에는 공동체 안에서의 상호작용을 돕는 다양한 방법적 요소들이 지원되어야 한다. 신앙공동체의 기본적 삶의 방식인 '말씀선포', '가르침', '예전', '친교', '봉사'와 같은 기본적 삶의 양식들이 공유되어야 함을 통해서 공동의 삶과 신앙고백, 공동의 비전공유들이 일어나야 한다. 관계성이란 회중 상호간의 친교와 상호작용이 일어나는 곳에서 형성되고, 교사와 학습자 간의 일방적 관계가 아닌, 인격적 상호작용이 있는 곳에서 형성된다. 따라서 공동체적 교육의 방법에서는 '참여' 와 '대화' 가 기본적 원리가 되어야 할 것이다. '참여(participation)' 란 학습자가 관객이 되는 것이 아니라 공동체의 한 부분(part)이 되도록 하는 방법으로, 그것은 다른 무엇보다 공동체의 과거와 현재와 미래를 공유하는 것으로 나타나야 한다. 과거의 부분이 된다는 것은 과거를 기억함을 통해서 이루어진다. 영어의 '기억'을 의미하는 단어는 "re-member"로 '다시 일원이 되다' 는 의미를 내포한다. 따라서 기억하는 것은 단순히 공동체의 과거 사건과 이야기를 알게 되는 것이 아니라, 그것을 재현하는 것이고, 그 사건을 다시 경험하고, 그 사건에 동참하는 것이다. 이것을 통해서 경험된 공동체의 이야기는 학습자의 이야기가 되는 것이다.

공동체의 부분이 된다는 것은 과거의 이야기를 재현하고 그 이야기에 참여하는 것 뿐만 아니라, 그 이야기의 현재에 동참하는 것이어야 한다. 이것은 학습자의 현재의 삶이 그 이야기를 구체화하는 삶을 살도록, 다시 말하면 그 이야기를 육화하는 삶을 살도록 하는 교육이라는 것이다. 예수님의 삶이 말씀이 육신이 되신 성육신적 삶이었던 것처럼, 우리의 삶도 공동체의 이야기, 기독교의 이야기를 육화하는 성육신적 삶이 되어야 한다는 것이다. 그렇게 될 때 우리의 삶은 그 자체로 공동체의 이야기의 일부가 되고, 그렇게 그 이야기의 생명력을 연장하는 역할을 하는 것이다.

공동체의 부분이 되는 것은 또한 공동체의 미래와 비전을 공유하는 것이다. 기독교의 가장 핵심적인 비전인 '하나님의 나라' 는 그것을 볼 수 있고 어린아이 같이 영접할 때에 현재화되는 나라이다. 공동체의 미래와 비전을 공유하는 것은 하나님의 나라의 비전을 공유하고, 그것을 오늘에 이미 선취하는 삶을 사는 것이다. 공동체성을 추구하는 교육은 공동의 과거이야기를 자신의 이야기로 고백하고, 또한 미래의 비전을 공유하면서 그 비전을 바탕으로 현재의 삶을 함께 살고 나눌 수 있도록 인도하는 교육이다.

공동체성을 지향하는 교육은 또한 '대화(dialog)'를 방법적 원리고 하는 교육이다. '대화' 란 쌍방적인 의사소통의 형식으로, '관계' 가 형성되는 기본적 통로이다. 대화를 기본적 의사소통의 형식으로 한다는 것은 교사와 학습자, 공동체의 회중들 사이에 동등한 상호관계를 기초로 하는 의사소통 형식을 의미한다. 동등한 상호관계에 기초한 대화는 해석을 지향하는 공동체에게 특별히 의미를 가진다. 해석적 공동체는 화석화된 전통을 전달하기 위해서 존재하는 곳이 아니라, 전통이 재창조되는 곳이기 때문이다. 진리는 고정되어 있는 것이 아니라 감추어진 것이 '탈은폐' 되고 드러나면서 지속적으로 새롭게 계시되는 것이다. 공동체가 하나님의 계시의 자리인 한, 공동체의 의사소통 방식은 진리가 스스로 자신을 들어낼 수 있도록 구성되어야 한다. 진리는 어떤 특정의 인물이 소유하는 것이 아니라 관계 안에 있고, 사람과 사람 사이에 있다. 교육이 의미 탐구와, 진리 탐구의 해석의 과정인 한 그것은 늘 새롭게 계시되는 진리를 인정하고 소중히 여기며 공동체 안의 상호관계와 의사소통 구조를 '대화' 의 관계로 구성할 수 있어야 할 것이다.

마지막으로 **"변형"**의 교육과정은 학습자가 기독교의 세계기획을 통하여 얻는 새로운 의미체계를 바탕으로 자신과 공동체와 세계를 변형시키는 것을 목표로 한다. 따라서 변형을 위한 교육은 실천적인 교육과정을 지원하는 교육의 방법들이 요청된다. 소위 "행동-반성(action-reflection)"의 방법이 이를 지원하는 대표적인 방법적 통로가 된다. '행동-반성'의 방법을 바탕으로 하는 실천적 교육방법은 기본적으로 학습자들로 하여금 기독교의 세계기획에 따른 비전 발견하기를 돕고, 더 나아가 그 비전을 학습자의 삶의 콘텍스트에서 구체화하며, 비전 실천을 구상하는 과정을 도와야 한다. 이에서 더 나아가 학습자들이 삶의 현장에서 비전을 실천할 수 있는 기회를 제공하고, 그 실천을 비전에 비추어 반추하며 반성할 수 있는 기회를 지원해야 한다.

- 기독교의 세계기획에 따른 비전 발견하기
- 비전 구체화하기
- 비전 실천 구상하기
- 실천하기
- 비전에 비추어 실천 반성하기

이와 같은 변형을 위한 교육의 과정들도 각 단계에 적합한 방법적 도구들이 지원되면서, 학습자들이 걷는 행동과 반성의 지속적 순환의 여정을 동반할 수 있어야 한다.

'교육의 방법'은 위에서 살펴본 바와 같이 '교수-학습'의 방법보다 넓은 의미를 포괄하는 개념이다. 여러 차례에 걸쳐 강조된 바와 같이 해석학적 교육은 교육의 현상을 '해석'의 사건으로 본다. 그것이 의미하는 것은 학습자가 앎과 삶의 순환 과정, 인식과 삶의 순환 과정 전체를 통해서 걷게 되는 의미형성의 과정 전체가 교육의 과정이 된다는 것이다. 따라서 교육의 방법이란 교수-학습의 상황에서 일어나는 가르침(teaching)의 상황에만 국한되는 것이 아니라, 학습자가 의미형성의 과정에서 경험하는 모든 측면들을 조력하는 방법적 통로가 되는 것이다. 그렇기 때문에 해석학적 교육의 방법은, 인간의 의미형성과정 자체가 전인적으로 이루어지는 것과 마찬가지로, 전인적이고 통전적이며 다양한 방법적 특성을 갖는다고 할 수 있다. 해석적 교육의 방법은 의미형성의 과정, 재중심화 과정, 관계형성의 과정, 변형의 과정을 동반하는 교육의 방법으로서 다양성과 전인성을 특징으로 한다고 할 수 있다.355)

6. 교사 - 학생의 관계

해석적 교육은 교육을 '해석'의 과정으로 이해하는 것으로부터 시작한다. 그러면 이러한 '해석'의 관점에서 보는 교사와 학생은 누구이며, 이들은 서로 어떠한 관계를 맺고 있는가? 먼저 **학생**에 관하여 생각해 보자. 해석이란 의미추구의 행위이며, 그런 의미에서 학생은 의미추구라는 지속적 여정 가운데에 있는 사람이다. 세이모어가 표현한 대로 해석적 교육에서 보는 학습자는 **"의미를 향한 순례의 길에 있는 순례자"**이다.356) 학습자가 의미의 추구를 향한 순례자라면 학습자는 신앙의 여정 위에 있는 모든 사람들이 된다. 인간의 삶의 여정 자체가 의미를 추구하는 여정이고, 신앙의 삶 자체가 궁극적 가치인 하나님과의 관계를 중심으로 의미를 통합하여 가는 지속적 여정 위의 삶이기

---

355) 위에서 해석적 교육의 '교육 방법'을 살펴보았다면, 우리는 또한 구체적 '교수-학습' 과정의 해석적 구성에 관하여 묻지 않을 수 없다. 이에 관해서는 이 책의 2장에서 필자가 제안한 성서학습의 모델이 예시적 의미를 지닐 수 있으리라 생각된다. "해석학적 성서학습"의 모델로 제시된 이 모델은 성서학습을 '해석'의 사건이 되도록 구성한 교수학습모델로써, "성서의 지평과 학습자의 지평 간에 융합이 이루어지도록 함으로써 학습자에게 성서의 세계기획에 따른 변형이 일어나며, 더 나아가 성서의 세계기획이 그들의 삶 속에서 구체적으로 육화되어 새로운 지평이 창조되도록 하는 것"을 목적으로 하는 교수-학습의 모델로서, "지평드러내기", "지평발견하기", "지평 비교하기", "지평 융합하기" 그리고 "지평에 형태부여하기"의 다섯 단계로 구성되어 있다. 참조, 이 책의 2장.

356) J.L.Saymour, D.E.Miller, *Contemporary Approaches Christian Education*, 총회교육부 역, 오늘의 기독교교육 연구, (한국장로교출판사, 1982), 206.

때문이다. 모든 신앙인들은 잠재적 신앙인을 포함하여 의미를 향한 순례의 길을 걷는 학습자라고 할 수 있다.

해석은 의미추구의 과정이고, 의미의 형성은 의도적 해석의 행위 이전 일상적 삶 속에서 시작되는 것이라서, 모든 삶의 과정을 곧 의미추구의 과정으로, 그래서 모든 사람을 학습자로 폭넓게 정의할 수 있다. 그러나 그럼에도 불구하고 좀 더 촘촘한 의미의 의식적 해석의 과정을 주목해서 학습자를 본다면, 학생은 "읽는 사람(reader)"이라고 정의할 수 있겠다. 해석은 텍스트를 읽는 것으로부터 시작된다. 텍스트는 성서나 교리문답, 기독교적 서적과 같은 문서를 포함하여, 기독교 공동체의 여러 모양의 유산들, 전통들, 삶의 양식들을 포함한다. 학습자는 그와 같은 기독교 전통을 읽는 사람이다. 읽는다는 것은 의도적 행위이다. 눈앞에 책이 산더미 같이 쌓여 있어도 읽는 사람이 그 책을 열고 책의 세계로 들어가지 않으면 읽는 일은 일어나지 않고, 해석의 사건도 일어나지 않는다. 기독교의 전통들, 성서의 이야기들은 학생의 읽음이라는 행위로 연결 될 때 학생의 의미형성에 영향을 미칠 수 있다. 학생은 또한 기독교의 전통 뿐만 아니라 자신을 읽고, 자신이 속한 공동체와 사회와 세상을 읽는 사람이다. 기독교 전통의 눈으로 자신과 세계를 읽고, 또한 자신의 눈으로 성서적 전통을 읽으며, 자신 안에서 그들 사이의 연결고리를 형성하고 자신의 의미체계를 형성하는 사람이다.

학생이 "읽는 사람"이라는 것은 그런 의미에서 적극적으로 텍스트의 의미형성 과정에 참여하는 사람이라는 뜻이 되기도 한다. 기호학적으로 보았을 때 텍스트의 기호를 기호로 받아들이고, 더 나아가 텍스트의 기호가 갖는 새로운 의미를 발견하는 사람은 해석자 즉 읽는 사람이다. 이 말은 읽는 사람이 텍스트의 의미형성 과정에 참여하는 사람이라는 뜻이다. 텍스트만이 아니라 읽는자도 텍스트의 의미 형성과정에서 중요한 요인이 된다는 것이다. 우리는 앞에서 해석의 사건이란 텍스트와의 만남을 통해 의미를 형성하고, 이 의미를 바탕으로 삶과 세상을 변형하는 것을 포함한다고 하는 점을 살펴보았다. 삶과 세상을 변형하는 과정은 곧 텍스트의 변형과정에 참여하는 것이라고 할 수 있다. 텍스트가 읽는 자와 만나고, 읽는 자의 삶 속에서 의미를 육화할 때, 텍스트의 새로운 의미가 탄생하는 것이고 그를 통해 텍스트의 변형이 일어나는 것이다. 그런 의미에서 읽는 자는 텍스트의 생명력을 이어가고 변형하는 과정의 주체가 되는 것이다.

이와 같은 점을 바탕으로 해서 보았을 때 학습자를 '읽는 사람'으로 정의하는 것은 보다 능동적으로 해석과정에 참여하고 텍스트의 의미형성 과정에 참여하는 학습자로서의 의미에 강조점을 두는 것이라고 할 수 있다. 앞의 '의미를 추구하는 순례자'의 개념이 모든 신앙의 순례 과정에 참여하는 사람들을 총칭하는 좀 더 느슨한 의미의 학습자 개념이라면, "읽는 사람'은 그를 바탕으로 하면서 좀 더 촘촘한 의미의 해석자, 즉 능동적이고 적극적으로 해석의 과정에 참여하는 학습자를 지칭하는 개념이라고 할 수 있다.

학생이 '의미를 추구하는 순례여행자' 요, '읽는 사람'이라면, 교사는 어떠한 사람인가? 교사를 넓은 의미에서 '의미를 추구하는 순례여행의 안내자'라고 한다면, 우리는 먼저 누가 교사인가의 문제를 좀 더 넓게 볼 수 있다. 학생의 '의미추구 여행'에는 반드시 '교사'라는 직을 수행하는 사람만이 아니라, 공동체 전체에 속한 회중들이 안내자의 역할을 할 수 있고, 더 넓게 보면 공동체 자체가 또한 안내자가 될 수 있다. 기독교의 전통 자체, 성서 자체가 안내자의 역할을 하며, 전통을 통해서 자신을 계시하시는 하나님과, 예수의 영인 '성령'도 안내자의 역할을 한다.

그러나 좀 더 범위를 좁혀서 학습자를 "읽는 사람"이라고 이해했을 때의 교사는 '안내하는 읽는 사람' 즉 "leading reader"라고 정의할 수 있다. '안내하는 읽는 자'로서의 교사는 물론 넓은 의미에서 스스로도 신앙인으로서 '의미를 추구하는 순례여행자'의 대열에 함께 서 있는 사람이지만, 단지 학습자와 함께 여행을 하는 동일 시대, 동일 공간의 동반자라는 의미를 넘어서서 보다 적극적으로 학습자의 '읽기'를 안내하는 사람이다.

'안내하는 읽는 자'로서의 교사는 무엇보다 먼저 스스로 '읽는 사람'이다. 교사 자신이 먼저 '읽는 사람'으로서 기독교 전통을 읽어야 한다는 것이다. 성서를 비롯하여 기독교 공동체의 여러 유산들, 삶의 양식들, 전통들을 읽고, 해석하고, 텍스트와의 관계형성을 통한 의미형성에 참여하여야 한다는 것이다. 그는 또한 '자기 자신'을 읽는 사람이고, 자신의 삶과 자신이 속한 공동체 그리고 세상을 읽을 수 있는 사람이어야 한다. 그리고 더 나아가 '읽기'를 통하여 기독교의 세계기획을 자신의 삶과 언어와 세계관과 관계구조에서 육화하는 사람이어야 한다. 따라서 교사는 학생에게 그 시대의 그 공동체의 전통을 대표하는 사람이 된다.

'안내하는 읽는 자'로서의 교사는 또한 더 나아가 학생을 읽고, 학생의 관심과 의미체계를 읽으며, 학생이 속한 공동체와 사회와 세상을 읽는 사람이다. 학습자의 의미형성과정을 읽고 예측하며 안내하는 사람이다. 그는 학습자의 의미형성의 지평에서 전통을 바라볼 수 있는 자이어야 하고, 학습자의 지평에서 해석된 전통을 제시할 수 있는 사람이어야 한다. 이렇게 보았을 때 '안내하는 읽는 자' 로사의 교사는 의미형성의 **"제사장적 기능"**을 담당한 사람이라고 할 수 있다. 학습자에게는 전통을 대표하고, 또한 전통에 대해서는 학습자의 지평에서 접근함으로써 그 둘 간의 만남과 관계형성을 돕는 '의미의 제사장'이라고 할 수 있다. 넓은 의미의 교사의 정의, 즉 '의미추구의 순례여행의 안내자'가 학생 안에서 일어나는 의미추구 여행을 인정하면서, 그들 동반하는 좀 더 느슨한 역할을 감당한다면. '안내하는 읽는 사람'으로서의 교사는, 전통의 지평과 학습자의 지평 사이에서 교사의 지평을 제시하며 이 셋 간의 상호작용을 이루어가는 보다 적극적인 읽기의 안내자 역할을 한다고 할 수 있다.

해석적 교육은 따라서 넓은 의미의 '순례 안내자'로서의 교사들, 즉 회중, 공동체, 기독교 전통, 성서, 하나님, 예수님의 영인 성령과, 좁은 의미의 '안내하는 읽는 사람' 사이의 상호관계 속에서 이루어지는 느슨하면서도 촘촘하고, 촘촘하면서 느슨한 '읽기 여행'과 '의미추구 여행'의 과정이라고 할 수 있겠다.

V. 맺는 말

기독교교육에게 있어서 해석학적 접근은 시대적 요청, 전통과 학습자 사이의 매개라는 기독교 교육의 핵심적 과제, 신앙성장과 해석간의 불가분리의 관계, 그리고 다학문적 접근 등의 문제와 맞물리면서 현대와 현대 이후시대 기독교교육의 이론과 실천에 방향을 제시하는 중요한 하나의 흐름이 되었다.

그러나 우리가 위에서 살펴본 것과 같이 기독교교육의 해석학적 접근은 단순히 어느 한 시대에만 의미를 가지는 하나의 접근이라는 의미를 넘어서서, 전통을 오늘의 콘텍스트에 사는 학습자에게 매개해야한다는 과제가 기독교교육의 본질적 과제인 한 지속적으로 기독교교육의 기본적 관심이 될 것이고, 되어야 할 것으로 보인다.

그런 의미에서 우리의 과제는 해석학 자체가 지속적으로 변형되어 왔던 것처럼, 기독교교육의 해석적 접근을 하나의 개념으로 고정하는 것이 아니라, 기독교교육 콘텍스트와의 순환성 속에서 지속적으로 변형해 가는 것이라고 할 수 있다. 이를 통해서만 해석적 접근은 기독교교육으로 하여금 올바른 전통 변형의 장이 되도록 하는데 기여하는 이론적, 실천적 안목을 지속적으로 제시할 수 있을 것이다.

참 고 문 헌

고용수, 2003, 『현대 기독교교육 사상』, 장로회신학대학교출판부.
권홍성, 2002, "폴 리쾨르(Paul Ricoeur) 해석학의 기독교교육적 적용", 장로회신학대학교 대학원 석사학위논문.
김영한, 1987, 『하이데거에서 리쾨르까지』, 박영사.
양명수, 1996, "리쾨르의 해석학과 현상학", 서강대학교 신학연구소.
윤철호, 2001, 『기독교인식론과 해석학』, 서울,한국장로교출판사.
이규호, 1965, 『현대철학의 이해』, 민영사.
이규호, 2001, (초판,1972), 『앎과 삶, 해석학적 지식론』, 좋은날.
정기철, 1997, "리쾨르의 악의 상징", 정기철 편, 철학과 신학, 서울, 한들출판사, P. 216

Amstutz, J, 1984, "Was ist ein Symbol?" Gesellschaft für Symbolforschung (ed), *Symbolforschung*, Bern, p.9-10.

Aulen, G, 1965, *Das Drama und die Symbole*, Goettingen.

Baudler, G,1984, *Korrelationsdidaktik: Leben durch Glauben erschließen*, Schöningh, Paderborn, München.

Baudler, G, 1973, *Schulischer Religionsunterricht und kirchliche Katechese*, Düsseldorf;

Baudler, G, 1976, "Die didaktische Funktion der Theologie als Bezugswissenschaft des Religionsunterrichtes" R. Ott/G. Miller, 1976, *Zielfelderplan. Dialog mit den Wissenschaften*, München.

Baudler, G, 1982, *Einführung in symbolisch-erzählende Theologie*, Paderborn.

Baudler, G,1984, *Korrelationsdidaktik: Leben durch Glauben erschließen*, Schöningh, Paderborn, München.

Biehl, P, 1989, *Symbole geben zu lernen, Einführung in die Szmboldidaktik anhand der Szmbole Hand, Haus und Weg*, Neukirchener Verlag, Neukirchen Vluzn.

Bockwoldt, Gerd, 1977, *Religionspädagogik*, Stuttgart.

Bollnow, O. Fr, 1975, *Das Doppelgesicht der Wahrheit*, Stuttgart, Kohlhammer.

Bollnow, O. Fr, 1981, *Philosophie der Erkenntnis; Das Vorverständnis und die Erfahrung des Neuen*, Stuttgart, Kohlhammer, 백승균역, 1993, 『인식의 해석학: 인식의 철학』, 서광사.

Boys, Mary. C, 1980, *Biblical Interpretation In Religious Education*, Birmingham, Alabama, REP.

Boys, Mary. C, 1979, "Access to Traditions and Transformation", Padraic O'Hare(edited), *Transformation and tradition in Religious Education*, Birmingham, Alabama, Religious Education Press.

Bleicher, J,1983, *Contemporary hermeneutics, Hermeneutics as method, philosophy and critique*, 권순홍 역, 1983, 현대 해석학, 한마당.

Coe, J.A, 1930, *"What Is Christian Education?"*, New York: Scriber's.

Coe, J.A, 1917, *A Social Theory of Religious Education*, New York: Schribner's.

Conrad, R, 1986, "Hermeneutic for Christian Education", Religious Education, Vol 81 No3, Summer, p.397.

Dilthey, W, 1824, *Gesammelte Schriften Bd. V*, Leipzig, Berlin.

Dilthey, W, 1927, "Der Aufbau der geschichtlichen Welt in den Geisteswissenschaften", *Gesammelte Schriften, Bd.7*, Leipzig /Berlin.

Eliade, M, 1976, *Die Religionen und das Heilige. Elemente der Religionsgeschichte*, Darmstadt, 1976.

Fowler, J. 1981, *Stages of Faith. The Psychology of Human Development and the Quest for Meaning*. Sanfrancisco Harper&Row, 사미자역, 1987, 『신앙의 발달 단계』, 대한예수교장로회 총회출판국.

Fuller, R, 1983, *Who Is This Christ? Gospel Christology and Contemporary Faith*, London, SCM.

Gadamer, H. G, 1974, "Hermeneutik", Historisches Wörterbuch der Philosophie, Bd3, Hrsg.v.J.Ritter, Basel.

Gadamer, H. G, *Wahrheit und Methode*, Tübingen, 1960.

Green,G. 1998, *Imagining God*, Wm. B. Eerdmans Publishing Company, 장경철 역, 2003,『하나님 상상하기』, 한국장로교출판사.

Groome, Th, 1980, *Christian Religious Education*, Sanfrancisco, Harper& Row Publishers, 이기문역, 1983,『기독교적 종교교육』, 한국장로교출판사.

Habermas, J. 1971, *Zu Gadamers "Wahrheit und Methode"*, Hermeneutik und Ideologiekritik, Frankfurt.

Halbfas, H. 1982, *Das dritte Auge, Relgionsdidaktische Anstöβe*, Patmos, Düsseldorf.

Heidegger, Gadamer, 이한우 역,1988,『해석학이란 무엇인가』, 문예출판사.

Heidegger, M, 1953, *Sein und Zeit*, Tübingen, (7판).

Heidegger, M,1967, "Vom Wesen des Grundes", Wegmarken, Frankfurt a.M, P. 28.

Hess, Ernst, 1993, "Practical Biblical Interpretation" *Religious Education*, Vol.88, p.192-210.

Johnson, M, 1987, *The Body in the Mind, The Bodily Basis of Meaning, Imagination, and Reason*, The University of Chicago Press, Chicago.

Kant, Immanuel, *Kritik der reine Vernunft*.

Kaufmann, H. B, 1968, "Muβ die Bibel im Mittelpunkt des Religionsunterrichts stehen?" G.Otto, H.Stock(ed), *Schule und Kirche vor den Aufgaben der Erziehung, Festschrift M.Stallmann*, Hamburg, 1968. p79

Kaufmann, H. B, ed, 1973, *Streit um den problemorientierten Unterricht in Schule und Kirche*, Frankfurt, Deisterweg.

Kittel, H, 1957, *Vom Religionsunterricht zur Evangelischen Unterweisung*, Berlin, Hanover.

Little, S, 1983, *To Set one's heart*, Atlantqa, Georgia, John Knox Press, 사미자 역, 1988,『기독교교육 교수방법론』, 한국장로교출판사.

Lombaerts, H. & Pollefeyt, D. 2004, "The Emergence of Hermeneutics in

Religious Education Theories An Overview", edited by Lombaerts, H. & Pollefeyt, *Hermeneutics and Religious Education*, Leuven Paris, Leuven University Press.

Lorenzer, A, 1972, *Kritik des psychoanalytischen Symbolbegriffs*, Frankfurt a. M.

Lohff, W, 1974, *Glaubenslehre und Erziehung*, Göttingen.

Moran, G, 1970, *Design for Religion*, Herder and Herder, Yew York, 1970.

Moore, Mary. Elizabeth, 1983, *Education for Continuity & Change, New Model For Christian Religious Education*, Nashville, Abingdon Press, 1983, 이정근, 박혜성 역, 1991, 『기독교교육의 새로운 모형』, 대한기독교교육협회.

Nelson, E. E, 1979, "Our Oldest Porblem", P.O'Hare(ed) *Transformation and Tradition*, Birmingham, Alabama, REP.

Nipkow, A. Feige, 1982, *Erfahrungen mit Kirche*, Hannover, Lutherisches Verlagshaus.

Nipkow, K. E, 1971, *Schule und Religionsunterricht im Wandel, Ausgewählte Studien zur Pädagogik und Relgionspädagogik*, Heidelberg, Quelle & Meyer.

Nipkow, K. E, 1987, *Erwachen werden ohne Gott*, München, Kaiser Verlag.

Pöggeler, O, 1972, *Hermeneutische Philosophie*, München, Nymphenburger Verlagshandlung, 박순영역, 1993, 『해석학의 철학』, 서광사.

Palmer, P. 1984, *To know as we are known*, SanFrancisco, Harper, 이종태 역, 1993, 『가르침과 배움의 영성』, IVP.

Palmer, R, 1969, *Hermeneutics Interpretation Theory in Schleiermacher, Dilthey*.

Schweitzer, Fr, 2004, "The Hermeneutic Condition of Religious Education", edited by Lombaerts, H, & Pollefeyt, D, *Hermeneutics and Religious Education*, Leuven Paris, Leuven University Press, p.80.

Otto, G, 1961, *Schule-Religionsunterricht-Kirche*, Göttingen.

Rad, G.v. 1965, *Old Testament Theology II*, New York: Harper and Row.

Reumann, John, 1969, "Methods in Studying the Biblical Text Today",

Concordia Theological Monthly, XL, 10. p 655-681.

Ricoeur, P, Interpretation Theory Discourse and the surplus of meaning, 김윤성, 조현범 역, 1994, 『해석이론』, 서광사.

Ricoeur, P, 1967, The Symbolism of Evil. New York: Harper & Row.

Ricoeur, P, Le Conflit des Interpretations, 양명수 역, 2001, 『해석의 갈등』, 서울, 아케넷.

Ricoeur, P, "Hermeneutique de I'Idee de Revelation", 이병호 역, "계시관념의 해석학(II), 신학전망, 제 66호, P. 33.

Ricoeur, P, 1981, "Phenomenology and Hermeneutics" (1975), Hermeneutics and The Human Sciences, de. by J. B.Thompson, London, Cambridge University Press, P. 101

Ricoeur, P, 1967, Interpretation Theory, Discourse and Surplus of Meaning, Fort Worth; Texas Christian University Press.

Ricoeur, P, "The Model of the Text: Meaningful Action Considered as a Text", Social Research, vol. 38, no.3, P. 532 김영한, 1987, 『하이데거에서 리쾨르까지』, 서울: 박영사.

Ricoeur, P, 1974, "Philosophische und Theologische Hermeneutik", dt. v. K.Stock, P.Ricoeur, E.Jüngel, "Methpher". Zur Hermeneutik relieiöser Sprache, München.

Rogers, Karl, 1962, On Becoming a Person, Boston: Houghton Mifflin Co.

Russell, Letty. M, 1979, "Handing on Tradition and Changing the World", Padraic O'Hare(edited), Transformation and tradition in Religious Education, Birmingham, Alabama,

Saymour, J.L, & Miller, D. E, Contemporary Approaches Christian Education, 총회교육부 역, 1982, 『오늘의 기독교교육 연구』, 한국장로교출판사.

Schleiermacher, 1959, Hermeneutik Nach den Handschriften neu herausgegeben und eingeleitet von H. Kimmerle, Heidelberg.

Schweitzer, Fr, 2004, "The Hermeneutic Condition of Religious Education", edited by Lombaerts, H, & Pollefeyt, D, Hermeneutics and Religious Education, Leuven Paris, Leuven University Press, Religious Education Press, p.77-87

Schillebeeckx, E, 1971, *Glaubensinterpretation. Beiträge zu einer hermeneutischen und kritischen Theologie*, Mainz.

Schleiermacher, 1838, *Friedrich Schleiermacher's sämtliche Werke*, Berlin, 1838.

Schweitzer, Fr, 1987, *Lebensgeschichte und Religion*, München, Kaiserverlag.

Schweitzer, Fr, 1999, *Lebensgeschichte und Religion: feligioese Entwicklung und Erziehung im Kindes- und Jugendalter*, Guetersloh, Chr.Kaiser/Guetersloher Verlagshaus.

Souza, Cyri.l De, 2004, "A Growing Drift Between Contemporary Culture and Religious Education", Lombaerts, H, & Pollefeyt, D. ed, *Hermeneutics and Religious Education*, Leuven-Paris-Dudley, Leven University Press.

Stallmann, M, 1958, *Christentum und Schule*, Stuttgart, Schwab.

Stock, H, 1959, *Studien zur Auslegung der synoptischen Evangelien im Unterricht*, Gütersloh, Mohn.

Sturm, Wilhelm, 1971, *Religionsunterricht Gestern Heute Morgen*, Stuttgart, Calwer Verlag.

Spiegel, Y, 1984, *Glaube wie er leibt und lebt*, Bd1. München.

Tillich, P, 1984, *Systematische Theology*, Berlin.

Tillich, P, 1961, *Recht und Bedeutung religiöser Symbole*. Bd. V, Stuttgart.

Tillich, P, 1978, *Gesammelte Werke*, Bd. V, Stuttgart.

Vogelsang, J. D,1993, "A Hermeneutics of Reconsturction", Religious Education, Vol.88

Wegenast, K. "Lernwege der Religionspädagogik in der zweite Hälfte des 20. Jahrhunderts", http://www.evrel.ewf.uni-erlangen.de/diana/wegenast/Lernwege.htm.

Westerhoff III, J ,1976, *Will Our Children Have Faith?*, New York, Seabury Press.

Weber, H. R, *Jesus und die Kinder*, 양금희 역, 2000, 『예수님과 어린이』, 서울, 장로회신학대학 출판부.

Wink, Walter, 1973, *The Bible in Human Transformation*,

Philadelphia, Fortress Press.

Wink, Walter, 1980, *Transforming Bible Study*, Nashville: Abingdon, 1980, 이금만 역, 2000, 『창의적 성경공부』, 한신대학교 출판부.